Bescherelle

L'orthographe pour tous

L'orthographe d'usage

L'orthographe grammaticale

Vocabulaire

Tolérances orthographiques

Lexique

HATIER

© **HATIER** - **Paris** 1997 - **ISBN** 2-218-71717-4 — **ISSN** 0990 3771

AVANT-PROPOS

Un *Bescherelle* pour maîtriser l'orthographe

L'édition 97 du *Bescherelle Orthographe* s'est donné pour mission de répondre en termes simples à toutes les difficultés orthographiques que pose la langue française.

Grâce à de très nombreuses listes pratiques et à des règles simples, le *Bescherelle Orthographe* permet de maîtriser la ponctuation et l'orthographe des mots tels qu'ils apparaissent dans le dictionnaire (l'*Orthographe d'usage*), ainsi que le pluriel des noms et des adjectifs, l'orthographe des verbes, et les accords des mots dans la phrase (l'*Orthographe grammaticale*).

Des listes d'homonymes, illustrées par des exemples, associent orthographe et sens et facilitent la mémorisation de ces mots.

Quelle est la structure du *Bescherelle Orthographe* ?

Le *Bescherelle Orthographe* compte cinq grandes parties.

* **L'Orthographe d'usage**

En français, un son peut s'écrire de différentes façons ; inversement, une lettre peut se prononcer de plusieurs manières : c'est pourquoi le *Bescherelle Orthographe* part de la prononciation des sons pour amener l'utilisateur aux différentes façons de les écrire.

L'*Orthographe d'usage* (bandeau vert) consacre à chaque son du français un chapitre divisé en deux parties : les graphies et les régularités. Un glossaire placé au début de cette partie vous donne le sens des termes grammaticaux employés.

– Les graphies

Chaque paragraphe propose l'analyse détaillée des orthographes possibles. Celles-ci sont classées en fonction de leur fréquence et de leur complexité (des plus simples ou des plus fréquentes aux plus complexes ou aux plus rares).

Les listes de mots données en exemple sont classées selon la place de la graphie dans le mot (au début, au milieu, à la fin).

– Les régularités

On trouvera dans cette partie toutes les règles qui peuvent guider l'apprentissage de l'orthographe des mots.

- L'Orthographe grammaticale

  Divisée elle aussi en chapitres et en paragraphes, cette partie (bandeau violet)
  développe, sous forme de tableaux clairs et pratiques, les règles à connaître
  sur la formation des féminins et des pluriels, sur l'orthographe de
  la conjugaison, sur l'accord des noms, des adjectifs, des verbes…

- Vocabulaire

  De nombreux mots de la langue française se prononcent de la même façon
  mais diffèrent par l'orthographe : ce sont les homonymes. La partie *Vocabulaire*
  (bandeau bleu) comprend une importante liste d'homonymes utilisés dans des
  phrases, pour que leur sens apparaisse clairement.
  D'autre part, de nombreux mots sont formés à partir des racines grecques ou
  latines. Les racines les plus fréquentes sont présentées dans des tableaux
  récapitulatifs, qui donnent également leur sens et un ou deux exemples.

- Tolérances orthographiques

  Cette partie (bandeau brun) résume clairement les rectifications
  orthographiques recommandées par l'Académie (*Journal officiel, 6 - 12 - 1990*).

- Lexique

  Le lexique (bandeau jaune) répertorie l'orthographe de 23 000 mots (noms,
  adjectifs, verbes), et renvoie, pour chacun, aux règles développées
  dans le corps de l'ouvrage ; c'est un outil précieux pour celui qui souhaite
  systématiser l'apprentissage de l'orthographe.

Comment utiliser le *Bescherelle Orthographe* ?

Les numéros qui figurent dans le *lexique* vous indiquent à quel paragraphe vous
devez vous reporter. Ils sont de la couleur de la partie à laquelle ils renvoient.
Vous hésitez sur l'orthographe d'un mot ?
Consultez le lexique final. Vous trouverez le mot suivi d'un nombre en bleu qui
vous renvoie à la liste des homonymes.

Exemple : coq   359   *le coq du poulailler*   *un œuf à la coque*
                        un maître-coq   *le coke de la chaufferie*
                        la coque du navire

Sans avoir étudié le latin ni le grec, vous désirez découvrir la composition de
certains mots ? Consultez la partie *Étymologie*.

Exemple : kinésithérapeute   *kinési-*   gr.   mouvement
                              thérap(eu)- gr.   soigner

ORTHOGRAPHE D'USAGE

Écrire les sons	1-235
Utiliser le tréma	236-237
Utiliser les signes de ponctuation	238-247
Abréviations	248-251
Mots invariables	252

ORTHOGRAPHE GRAMMATICALE

Le genre des noms	253-256
Le genre des adjectifs	257-273
Le pluriel des noms	274-285
Le pluriel des adjectifs	286-294
L'accord du verbe	295-303
Les homophones grammaticaux	304-321
Le trait d'union	322
La majuscule	323-325
L'orthographe des verbes	326-352
Les homophonies verbales	353-356

VOCABULAIRE

Les homonymes	357-377
L'homonymie entre noms et formes verbales	378-379
Les difficultés liées au découpage des mots	380-381
L'étymologie	382-384

TOLÉRANCES ORTHOGRAPHIQUES

	385-393

LEXIQUE

Les numéros renvoient aux numéros des paragraphes.

Symboles utilisés

REM

attire l'attention
sur une nuance importante.

⚠

signale une exception.

⟶

invite à se reporter à un ou plusieurs
autres paragraphes pour
des informations complémentaires
ou plus approfondies.

⟨??⟩

signale que la phrase donnée
en exemple n'est pas correcte.

ORTHOGRAPHE D'USAGE

Écrire *a*	1-9
Écrire *è*	10-21
Écrire *é*	22-29
Écrire *i*	30-40
Écrire *o*	41-52
Écrire *eu*	53-57
Écrire *eu*	58-61
Écrire *in*	62-71
Écrire *an*	72-79
Écrire *on*	80-84
Écrire *oi*	85-92
Écrire *oin*	93-96
Écrire *ill*	97-103
Écrire *ch*	104-106
Écrire *p* et *b*	107-114
Écrire *t* et *d*	115-123
Écrire *f*	124-130
Écrire *g*	131-138
Ecrire *gn*	139-141
Écrire *j*	142-146

Écrire *c*	147-158
Écrire *l*	159-162
Écrire *m* et *n*	163-169
Écrire *r*	170-176
Écrire *s*	177-185
Écrire *z*	186-191
Écrire *tiaire*	192-198
Écrire *tiel*	199-203
Écrire *tien*	204-208
Écrire *tieux*	209-213
Écrire *tion*	214-219
Écrire le *e muet*	220-228
Les consonnes muettes	229-235
Utiliser le *tréma (¨)*	236-237
Les signes de ponctuation	238-247
Abréviations	248-251
Mots invariables	252

Les numéros renvoient aux numéros des paragraphes.

GLOSSAIRE DES TERMES GRAMMATICAUX

Sont expliqués ici les termes signalés par un astérisque (*) dans la partie *Orthographe d'usage*, ainsi que d'autres termes moins fréquents employés en raison de leur utilité pratique.

Dérivé

Un mot dérivé est un mot issu d'un autre mot ayant la même racine.

Exemple : Le nom *cyclisme* est dérivé du nom *cycle*.

Les mots dérivés interviennent dans la formation des familles de mots ; les connaître permet souvent de deviner l'orthographe d'un mot apparenté *(lait, laitier)*. On peut, de plus, établir des régularités dans les alternances orthographiques à l'intérieur d'une même famille de mots *(bête, bétail)*.

E muet

On appelle *e* muet le *e* qui ne s'entend pas à l'oral. Il est souvent placé à la fin d'un mot, mais on le trouve aussi au milieu d'un mot. Néanmoins, ce *e* peut se trouver prononcé, notamment dans le Sud de la France.

Exemples : *la chance − il joue − dévouement*

Étymologie

L'étymologie étudie l'origine des mots. Les mots français sont souvent d'origine latine ou grecque, mais ils peuvent aussi venir d'autres langues.

En fonction de leur origine, les mots auront tendance à comprendre certaines lettres ou à se prononcer différemment.

Exemple : *un jean* (mot anglais, le son [i] s'écrit *ea*, le son [dʒ] s'écrit *j*)

Finale ⟶ *Position*

Graphie

La graphie d'un mot ou d'un son est sa représentation écrite, son orthographe.

La première partie de chaque chapitre de l'*Orthographe d'usage* donne les graphies possibles d'un son, c'est-à-dire toutes les façons de l'écrire.

Exemple : Le son [a] peut s'écrire *a, à, â, e* :

a, à, â, e sont les graphies possibles du son [a].

Homonyme

Des mots homonymes se prononcent de la même façon tout en s'écrivant différemment. La deuxième partie de chaque chapitre de l'*Orthographe d'usage* (*Les régularités*) propose des séries d'homonymes pour habituer l'utilisateur à bien les distinguer. Exemple : Les homonymes en [o] : *saut, sceau, seau, sot*

Initiale ⟶ *Position*

Médiane ⟶ *Position*

Position

Les exemples sont classés en fonction de la position de la graphie étudiée dans le mot. Un son et sa représentation écrite peuvent se trouver à l'initiale (en début de mot), en position médiane (à l'intérieur d'un mot, ou devant un *e* muet final), en position finale (complètement à la fin d'un mot). Il arrive en effet qu'un son et sa graphie n'apparaissent qu'au début, à l'intérieur ou à la fin d'un mot. Grâce à ce classement, vous mémoriserez plus facilement leur orthographe.

Exemple : Dans le mot *acteur,* le *a* est en position initiale. Dans le mot *guitare,* le *a* est en position médiane. Dans le mot *cinéma,* le *a* est en position finale.

Régularités

La deuxième partie des chapitres de l'*Orthographe d'usage* propose des règles ou des tendances générales d'écriture des mots : c'est ce que l'on appelle des régularités.

Exemple :

7 Les mots en -*iatre*

Dans le vocabulaire de la médecine, les mots composés du suffixe grec -*iatre* (= *médecin*) ne prennent pas d'accent.

ALPHABET PHONÉTIQUE (A.P.I.)

Il s'agit de la notation adoptée par l'Association Phonétique Internationale pour désigner les sons. L'alphabet phonétique est placé entre crochets.

VOYELLES		SEMI-VOYELLES	CONSONNES	
[a] cinéma	[œ] fleur	[j] lieu	[b] baba	[ʀ] roi
[ɑ] château	[u] chou	[w] oui	[d] déjeuner	[s] sel
[e] dé	[y] illusion		[f] faim	[t] table
[ɛ] mets	[ɑ̃] chanter		[g] gâteau	[v] valise
[ə] petit	[ɛ̃] jardin		[k] cadeau	[z] maison
[i] souris	[ɔ̃] ronfler		[l] lait	[ʃ] chocolat
[o] rose	[œ̃] brun		[m] miel	[ʒ] ange
[ɔ] océan			[n] nappe	[ɲ] ignorer
[ø] jeudi			[p] pain	[ŋ] parking

ÉCRIRE *a* t*a*ble

LES DIFFÉRENTES GRAPHIES

1 *a* comme p*a*nor*a*m*a*

INITIALE*		MÉDIANE*		FINALE*		
abri	agile	baccara	gare	acacia	cinéma	opéra
absent	ami	bar	guitare	agenda	cobra	panorama
accès	analyse	car	mare	alinéa	colza	tapioca
acteur	argent	cigare	phare	boa	delta	tombola
affaire	assez			camélia	extra	véranda
				caméra	gala	
				choléra	mimosa	

REM Le son [a] s'écrit *ao* dans un seul mot : *paonne*.

2 *â* ou *à* comme *â*ne ou voil*à*

On rencontre *â* au début et à l'intérieur d'un mot.
On ne rencontre *à* qu'à la fin des mots.

- *â*

INITIALE	MÉDIANE				FINALE
âcre	acariâtre	câble	gâche	râle	
âme	albâtre	câpre	grâce	râteau	
âne	bâbord	châssis	hâte	relâche	
âpre	bâillement	châtain	infâme	saumâtre	
âtre	bâtiment	château	mâchefer	tâche	
	bâton	crâne	mâle	théâtre	
	blâme	débâcle	pâture		

- *à*

INITIALE	MÉDIANE	FINALE			
		à	celui-là	holà	voilà
		au-delà	ceux-là	là	
		celle-là	déjà	par-delà	

3 e comme femme ou ardemment

Le son [a] s'écrit e dans trois mots isolés :

femme   couenne   solennel

Le son [a] s'écrit e dans les adverbes en -emment dérivés d'un adjectif terminé par -ent.

ardent   → ardemment
conscient   → consciemment
décent   → décemment
différent   → différemment
éminent   → éminemment
fréquent   → fréquemment
imprudent   → imprudemment
indifférent   → indifféremment
prudent   → prudemment
récent   → récemment
violent   → violemment

REM Les adverbes en **-ment** dérivés d'un adjectif terminé par **-ant** s'écrivent **-amment**.

brillant   → brillamment
bruyant   → bruyamment
complaisant   → complaisamment
constant   → constamment
courant   → couramment
galant   → galamment
incessant   → incessamment
indépendant   → indépendamment
savant   → savamment
suffisant   → suffisamment
vaillant   → vaillamment

4 Tableau des graphies du son [a]

Le [a] de papa	INITIALE	MÉDIANE	FINALE
a	anis	mare	tombola
â	âcre	bâton	.
à	.	.	déjà
e (nn)	.	solennel	.
e (mm)	.	prudemment	.

5 Les homophones en *a*

L'accent circonflexe permet de distinguer les homophones.

acre — âcre   mal — mâle
age — âge   patte — pâte
chasse — châsse   tache — tâche

6 *a* ou *â* dans les mots de la même famille

Dans les mots d'une même famille, le *a* peut s'écrire *a* ou *â*.
On écrit *â* quand le *a* est suivi d'une *consonne + e muet.*

a   *â*

acrimonie   âcre
encablure   câble
gracieux   grâce
infamie   infâme

7 Étymologie : les mots en -*iatre*

Dans le vocabulaire de la médecine, les mots composés du suffixe grec -*iatre*
(= *médecin*) ne prennent pas d'accent.

pédiatre   psychiatre

8 Les noms en -*as*

On trouve la graphie *as* (comme dans *bras*) dans de très nombreux
noms masculins terminés par le son [a].

bras   choucas   fracas   matelas
cabas   coutelas   frimas   repas
canevas   débarras   galetas   taffetas
chas   fatras   lilas   trépas

9 Les noms en -*at*

On trouve la graphie *at* (comme dans *format*) dans de très nombreux
noms masculins terminés par le son [a].

achat   lauréat   plat
candidat   magistrat   reliquat
carat   magnat   résultat
climat   odorat   syndicat
format   plagiat   thermostat

ÉCRITE **è** *chèvre*

LES DIFFÉRENTES GRAPHIES

10 è ou ê comme flèche ou pêche

C'est le cas le plus simple. Pour un son entendu, nous n'aurons qu'à écrire une lettre et un accent.

En dehors du mot *être*, les graphies ê et è n'apparaissent jamais ni à l'initiale ni en finale.

■ è

INITIALE*	MÉDIANE*			FINALE*
.	algèbre	crème	hygiène	poème	.
.	anathème	dièse	liège	remède	.
.	arène	ébène	mèche	siège	.
.	artère	emblème	mélèze	solfège	.
.	ascète	éphèbe	modèle	stèle	.
.	bibliothèque	espèce	nièce	stratagème	.
.	blasphème	fève	obscène	système	.
.	brèche	fidèle	oxygène	théorème	.
.	cèdre	flèche	pièce	tiède	.
.	chèque	gangrène	piège	zèle	.
.	clientèle	glèbe	pinède		.
.	crèche	homogène	plèbe		.

⚠ è peut se trouver dans la dernière syllabe d'un mot :
  – devant s final prononcé : *aloès, cacatoès.*
  – devant s muet final : *abcès, accès, décès, excès, procès, succès.*

■ ê

INITIALE	MÉDIANE			FINALE
.	alêne	champêtre	fenêtre	honnête	.
.	arête	chêne	fête	pêche	.
.	baptême	conquête	frêle	rêve	.
.	bêche	enquête	grêle	revêche	.
.	bête	extrême	guêpe	salpêtre	.
.	carême	fêlure	hêtre	trêve	.

11   *ai* ou *aî* comme *ai*gle ou ch*aî*ne

- *ai*

INITIALE	MÉDIANE			FINALE
*ai*de	ar*ai*gnée	*fr*aise	*mi*graine	*b*ai
*ai*gle	aubaine	gaine	mortaise	balai
*ai*gre	braise	glaise	raide	délai
*ai*le	cimaise	glaive	rengaine	essai
*ai*ne	*f*alaise	maigre	vingtaine	gai
*ai*se	*f*ontaine	malaise		geai

- *aî*

INITIALE	MÉDIANE			FINALE
*aî*né	ch*aî*ne	chaînette	chaînon	

12   *ei* comme p*ei*gne
Cette graphie n'apparaît ni à l'initiale ni en finale.

INITIALE	MÉDIANE				FINALE
	bal*ei*ne	haleine	peine	seize	
	beige	neige	reine	treize	
	enseigne	peigne	seigle	veine	

⚠   *ei*der **(initiale).**

13   *et* ou *êt* comme bouqu*et* ou for*êt*
On ne rencontre ces graphies qu'à la fin des mots.

- *et*

INITIALE	MÉDIANE	FINALE			
		alphab*et*	complet	guichet	secret
		bouquet	couplet	jet	sujet
		budget	effet	juillet	volet
		cabinet	filet	muguet	
		chevet	guet	projet	

⚠   **Dans le mot** *m*et*s*, *et* **est suivi d'un** *s* **muet.**

- ê**t**

INITIALE	MÉDIANE	FINALE
.	.	apprêt
.	.	arrêt
.	.	benêt
.	.	forêt
.	.	genêt
.	.	intérêt

14 *e(lle), e(mme), e(nne), e(sse), e(tte)* comme raquette

Non moins fréquente, mais plus complexe, la graphie *e + double consonne* : -*e(lle)*, -*e(mme)*, -*e(nne)*, -*e(sse)*, -*e(tte)* peut aussi transcrire le son [ɛ] à la fin des mots.

e(lle)	*e(mme)*	*e(nne)*	*e(sse)*	*e(tte)*
aisselle	dilemme	antenne	faiblesse	baguette
chapelle	flemme	benne	forteresse	brouette
dentelle	gemme	méditerranéenne	princesse	raquette
vaisselle		parisienne	sécheresse	squelette

△ *e*lle, *e*nnemi (initiale).

15 *es, ex, ec, et* comme escargot, examen

Devant une consonne, à l'initiale et en position médiane, le son [ɛ] est souvent obtenu par la seule présence du *e*.

INITIALE		MÉDIANE	FINALE	
eczéma	ethnie	dessert	abdomen	mer
escabeau	examen	sexe	actuel	nef
escalier	excellent	texte	auquel	ouest
escargot	excessif	zeste	bief	requiem
esclave	excursion		cancer	sec
escrime	exemple		cep	sept
espace	exercice		chef	spécimen
			ciel	teck
			concert	test
			est	totem
			hôtel	

REM Certains noms propres se terminent par -*ez* : Rodez, Suez.

16 *ey* ou *ay* comme pon*ey* ou Paragu*ay*

La graphie *ey* (empruntée à l'anglais) apparaît à la fin de quelques mots.

■ *ey*

INITIALE	MÉDIANE	FINALE	
.	.	hock*ey*	pon*ey*
.	.	jock*ey*	voll*ey*

REM La graphie *ay* est employée dans de nombreux noms propres.

Bomb*ay*   *É*pern*ay*   Tok*ay*   Du Bell*ay*   Paragu*ay*   Urugu*ay*

17 Tableau des graphies du son [ɛ]

Le [ɛ] de *mère*	INITIALE	MÉDIANE	FINALE
è	.	m *è*che	.
ès	.	.	abc *ès*
ê	.	extr *ê*me	.
ai	*ai*de	ar *ai*gnée	bal *ai*
aî	*aî*né	ch *aî*ne	.
ei	.	r *ei*ne	.
et	.	.	juill *et*
êt	.	.	arr *êt*
e (ll, mm, nn, ss, tt)e	.	.	b *e*lle
e (s, x, c, t, p, r, m, l)	.	*e*space	m *er*
ey	.	.	pon *ey*

LES RÉGULARITÉS*

18 Les noms et adjectifs en *-enne*

On utilise la finale *-enne* pour obtenir le féminin des noms et adjectifs désignant les habitants d'un pays ou d'une ville.

algéri*enne*   parisi*enne*   ukraini*enne*

19 *é* ou *ê* dans les mots d'une même famille

Dans les mots d'une même famille, le son [ɛ] s'écrit parfois *é*, parfois *ê*.
On écrit *ê* quand la voyelle *e* est suivie d'une *consonne + e muet.*

é	*ê*
bétail	*bâte*
conquérant	*conquête*
crépu	*crêpe*
extrémité	*extrême*
mélange	*mêlée*
tempétueux	*tempête*

20 Les mots en -*ais*

On trouve la graphie *ais* (comme dans *anglais*) dans la grande majorité
des mots masculins terminés par le son [ɛ].

anglais	*jais*
biais	*laquais*
bordelais	*marais*
charentais	*niais*
engrais	*rabais*
irlandais	*relais*

21 Les graphies *aie, aid, ait, aix*

Outre les conjugaisons, où ces graphies apparaissent très souvent,
on rencontre la graphie *ai* + *lettre muette* dans quelques mots.

ait	*aie*	*aix*	*aid*
bienfait	*baie*	*faix*	*plaid*
lait	*futaie*	*paix*	
parfait	*haie*	*Roubaix*	
souhait	*pagaie*		

REM

On se reportera au *Bescherelle conjugaison* pour les terminaisons verbales
en -*ai*, -*ais*, -*ait*, -*aient*, -*aie*, -*et*, -*ets* :
je chanterai, tu chantais, elles allaient, que j'aie, je mets, il met...

ÉCRIRE *é*   *été*

LES DIFFÉRENTES GRAPHIES

22 é comme émission

La graphie simple *é* se trouve en toute position.

INITIALE*		MÉDIANE*		FINALE*	
écho	épreuve	célébrité	récépissé	acidité	pâté
éclat	équipe	déréglé	téléspectateur	beauté	pavé
éclipse	été	désespéré	témérité	comité	pré
électrique	éveil	déshérité	véracité	côté	quantité
émission				faculté	thé
				gaieté	traité

23 ecc, eff, ell, ess comme effacer

Au début des mots, le son [e] peut s'écrire *e + double consonne* (*cc, ff, ll, ss*).

INITIALE				MÉDIANE	FINALE
ecchymose	effet	effusion	essaim	.	.
ecclésiastique	efficace	ellébore	essence	.	.
effacer	effort	ellipse	essentiel	.	.
effarant	effroi	essai	essor	.	.

24 er comme chanter, voilier

En position finale, le son [e] est très souvent rendu par -er, aussi bien pour l'infinitif des verbes (*chanter*, *aller*), pour le masculin de certains adjectifs (*dernier*, *premier*), que pour un grand nombre de noms (notamment de métiers).

INITIALE	MÉDIANE	FINALE			
.	.	acier	charcutier	escalier	plâtrier
.	.	atelier	charpentier	février	premier
.	.	banquier	chevalier	infirmier	singulier
.	.	boulanger	coucher	luthier	sommier
.	.	cahier	déjeuner	mobilier	souper
.	.	calendrier	dîner	ouvrier	voilier
.	.	cendrier	droitier	palier	
.	.	chantier	entier	passager	

25 *ed, ez, ef* ou *œ* comme pi*ed* ou ph*œ*nix

Ce sont quelques graphies rares et plus complexes.

ed	*ez*	*ef*	*œ*
pi*ed*	ass*ez*	cl*ef* (**ou** clé)	*Œ*dipe
	chez		*œ*nologue
	nez		*œ*sophage
			ph*œ*nix

26 Tableau des graphies du son [e]

Le [e] de *bébé*	INITIALE	MÉDIANE	FINALE
é	*é*cho	g*é*n*é*reux	beaut*é*
e (cc, ff, ll, ss)	*e*ssence	.	.
er	.	.	chanti*er*
ed, ez, ef	.	.	pi*ed*
œ	*œ*nologie	ph*œ*nix	.

LES RÉGULARITÉS*

27 Les noms en *-ée*

Un certain nombre de noms (le plus souvent féminins) se terminent par *-ée*.

FÉMININ

bouch*ée*	chaussée	*fée*	marée	plongée
bouée	durée	*fusée*	orchidée	risée
buée	épée	idée	pâtée	traversée

Les dix noms suivants sont du masculin :

apog*ée*, caducée, coryphée, lycée, mausolée, musée, périgée, périnée, pygmée, scarabée.

28 Les noms en *-té* ou *-tié*

On trouve *é* en finale dans les noms féminins terminés par *té* ou *tié* qui indiquent une qualité.

absurdit*é*	antiquité	loyauté
activité	autorité	moitié
adversité	bonté	pitié
agilité	difficulté	sûreté
amabilité	fidélité	vanité
amitié	inimitié	

29 é ou è dans les mots d'une même famille

Dans les mots d'une même famille, le son [e] peut s'écrire parfois é et parfois è. On écrit è quand la voyelle e est suivie d'une *consonne + e muet*.

è	é	è	é
algèbre	algébrique	mèche	éméché
allègre	allégrement	modèle	modélisation
artère	artériel	mystère	mystérieux
ascète	ascétique	obèse	obésité
athlète	athlétique	obscène	obscénité
bibliothèque	bibliothécaire	oxygène	oxygéné
brèche	ébréché	phénomène	phénoménal
célèbre	célébrité	pièce	rapiécé
chèque	chéquier	plèbe	plébéien
chimère	chimérique	poème	poésie
crème	écrémé	poète	poétesse
diabète	diabétique	prophète	prophétique
fidèle	fidélité	règle	réglage
fièvre	fiévreux	scène	scénique
gène	génétique	sèche	sécheresse
grève	gréviste	siècle	séculier
homogène	homogénéité	sincère	sincérité
hygiène	hygiénique	synthèse	synthétique
intègre	intégrité	système	systématique
lèpre	lépreux	zèbre	zébré
lièvre	lévrier	zèle	zélé

REM

Lièvre et *lévrier* sont bien de la même famille : le *lévrier* est un chien employé pour chasser le *lièvre*.

De même, *siècle* et *séculier* sont de la même famille : le mot *séculier* caractérise le clergé vivant dans le *siècle* (dans le monde).

ÉCRIRE *i*   *idée*

LES DIFFÉRENTES GRAPHIES

30 *i* comme fourm*i*

Le son [i] s'écrit *i* en toutes positions.

INITIALE*	MÉDIANE*			FINALE*	
ici	actrice	biche	fils	abri	jeudi
icône	alpiniste	cantine	girafe	ainsi	oui
idéal	arithmétique	cime	humide	apprenti	parmi
idée	auditif	comestible	liste	canari	qui
illettré	banquise	épique		épi	tri
ironique				étui	voici

31 *i*(lle) comme v*i*lle

Dans quelques mots comportant la graphie *ille*, le *i* se prononce [i].

bacille	Lille	pupille (de la nation)	ville (et ses composés)
codicille	mille	tranquille	

32 *î* comme d*î*ner

On rencontre la graphie *î* le plus souvent à l'intérieur du mot.

INITIALE	MÉDIANE				FINALE
	abîme	dîner	gîte	presqu'île	
	dîme	épître	huître	puîné	

⚠ *île*, *îlien* (initiale).

33 *ï* comme ma*ï*s

On rencontre la graphie *ï* le plus souvent à l'intérieur du mot.

INITIALE	MÉDIANE				FINALE
	alcaloïde	exiguïté	maïs	ouïe	
	cycloïde	héroïque	naïf	stoïque	

⚠ *inouï* (finale).

34 y comme style

La graphie y se trouve le plus souvent dans des mots d'origine grecque, en position médiane. On rencontre y aussi en position finale, dans des mots le plus souvent d'origine anglaise.

INITIALE	MÉDIANE				FINALE
	ankylose	ecchymose	lycée	polygone	abbaye
	apocalypse	gypse	martyr	pseudonyme	derby
	apocryphe	hydravion	myrrhe	psychose	hobby
	bombyx	hydrogène	mythe	style	pays
	cataclysme	hyperbole	onyx	xylophone	penalty
	collyre	hypoténuse	oxyde		puy
	cycle	hypothèque	paroxysme		rugby

35 ie, is, it, il comme loterie, permis, lit, outil

On rencontre la graphie i + *lettre muette* à la fin des mots.

■ ie

INITIALE	MÉDIANE	FINALE			
		accalmie	biopsie	inertie	phobie
		aciérie	bougie	jalousie	plaidoirie
		agonie	bureaucratie	librairie	poulie
		allergie	calvitie	loterie	prairie
		amnésie	catalepsie	lubie	superficie
		apoplexie	chiromancie	minutie	tautologie
		aporie	éclaircie	modestie	théorie
		argutie	écurie	névralgie	toupie
		asepsie	effigie	nostalgie	tuerie
		autarcie	euphorie	ortie	vigie
		autocratie	facétie	panoplie	zizanie
		autopsie	galaxie	pénurie	
		avanie	ineptie	pharmacie	

■ is

INITIALE	MÉDIANE	FINALE			
		appentis	coulis	logis	roulis
		avis	devis	mépris	rubis
		buis	éboulis	paradis	semis
		cambouis	frottis	parvis	sursis
		colis	hachis	permis	
		coloris	huis	pilotis	
		compromis	lavis	radis	

■ *it*

INITIALE	MÉDIANE	FINALE			
.	.	*acabit*	*crédit*	*fortuit*	*produit*
.	.	*appétit*	*débit*	*fruit*	*profit*
.	.	*circuit*	*délit*	*gabarit*	
.	.	*conflit*	*édit*	*lit*	

REM   On trouve la graphie *il* dans quelques noms masculins seulement :
coutil, fusil, outil.

36   *ea* ou *ee* comme j*ea*n ou yank*ee*

Les graphies *ea* ou *ee*, beaucoup plus rares, indiquent une origine anglaise,
parfois même allemande, des mots les comportant.

ea	*ee*
j*ea*n	*green*
leader	*sweepstake*
sweater	*tweed*
	yankee

REM   Dans le mot allemand *lieder*, le son [i] s'écrit *ie*.

37   Tableau des graphies du son [i]

Le [i] de *nid*	INITIALE	MÉDIANE	FINALE
i	*idée*	*al*i*ment*	*abr*i
î	*île*	*g*î*te*	.
ï	.	*héro*ï*que*	.
y	.	*pol*y*gone*	*penalt*y
ie	.	.	*inert*ie
is	.	.	*coul*is
it	.	.	*produ*it
ea, ee	.	j*ea*n	*yank*ee

38 Les noms en -*ie*

On trouve la graphie *ie* dans la plupart des noms féminins terminés par le son [i].

accalmie   bougie   galaxie   librairie   toupie

⚠ *fourmi, brebis, souris, nuit, perdrix.*

39 Les mots en -*is*

On trouve la graphie *is* dans la plupart des noms masculins terminés par le son [i].

devis   hachis   paradis   radis

⚠ – *un nid, un puits*
   – *brebis, souris* sont du féminin.

REM La graphie *is* appparaît aussi très souvent dans la conjugaison des verbes des 2ᵉ et 3ᵉ groupes : *je finis, tu compris, ils se sont assis.*

40 Les mots en -*it*

On trouve la graphie *it* dans la plupart des noms masculins terminés par le son [i], et dans quelques adjectifs au masculin.

confit   fortuit   fruit   profit

⚠ *nuit* est du féminin.

ÉCRIRE *o* *opéra, loto*

LES DIFFÉRENTES GRAPHIES

41 *o* (o ouvert) comme *o*céan

Le son [ɔ] s'écrit toujours *o*.

INITIALE*		MÉDIANE*			FINALE*
*o*asis	*o*péra	ab*o*rd	c*o*ca	m*o*rt	
*o*béissance	*o*rdre	acc*o*rd	dr*o*gue	p*o*litique	
*o*bjet	*o*xygène	am*o*rce	f*o*rêt	p*o*terie	
*o*céan		az*o*te	g*o*rge	t*o*rt	
*o*deur		b*o*rd	l*o*terie	t*o*rtue	
*o*fficiel		cl*o*che	m*o*derne	vap*o*risation	

⚠ Le son [ɔ] peut s'écrire

– *au* : P*au*l, s*au*r.

– *um*, dans quelques mots d'origine latine (*album*, *aquarium*, *maximum*, *opium*) ou anglaise (*rhum*).

– *oo*, dans un mot d'origine arabe : *alcool*.

42 *o* (o fermé) comme ch*o*se

Le son [o] s'écrit *o* à l'intérieur des mots terminés par -*ose* et des mots composés. Il marque alors la fin du préfixe (*mono-*, *pseudo-*) ou du premier mot d'une composition (*socio-*, *psycho-*, *thermo-*).

INITIALE	MÉDIANE		FINALE	
	agr*o*-alimentaire	mon*o*logue	carg*o*	lavab*o*
	audi*o*visuel	neur*o*chirurgie	casin*o*	lot*o*
	cellul*o*se	*o*xyd*o*-réduction	domin*o*	pian*o*
	ch*o*se	p*o*se	du*o*	scénari*o*
	d*o*se	psych*o*thérapie	éch*o*	
	ecchym*o*se	r*o*se		
	gl*o*se	soci*o*linguistique		
	gluc*o*se	vidé*o*cassette		

43 *au* comme j*au*ne

Le son [o] s'écrit souvent *au*.

INITIALE		MÉDIANE		FINALE	
aubade	auprès	astron*au*te	gaufre	boy*au*	landau
aube	autocollant	chaude	jaune	ét*au*	sarrau
audace	autonome	émeraude	pause	joy*au*	tuy*au*
audiovisuel	autoroute	épaule	taupe		
		faute			

44 *eau* comme bat*eau*

La graphie *eau* apparaît surtout en finale.

INITIALE	MÉDIANE	FINALE			
·	·	ann*eau*	ciseau	lionceau	trousseau
·	·	bateau	eau	pinceau	vaisseau
·	·	caniveau	escabeau	rideau	
·	·	cerceau	hameau	tra*î*neau	

45 *ô* ou *ôt* comme ar*ô*me ou bient*ôt*

On trouve *ô* essentiellement en position médiane ; *ôt* apparaît à la fin de quelques mots.

■ *ô*

INITIALE	MÉDIANE				FINALE
·	apôtre	côte	môle	rôti	·
·	arôme	enjôleur	monôme	symptôme	·
·	chômage	fantôme	pôle	tôle	·
·	clôture	geôle	pylône		·
·	cône	hôte	rôdeur		·
·	contrôle	icône	rôle		·

⚠ *allô !*

■ *ôt*

INITIALE	MÉDIANE	FINALE			
·	·	aussitôt	entrepôt	sitôt	tôt
·	·	bientôt	impôt	suppôt	
·	·	dépôt	plutôt	tantôt	

46 *ot* comme escarg*ot*

Le son [o] peut se transcrire *ot* en position finale.

INITIALE	MÉDIANE	FINALE			
.	.	arg*ot*	escarg*ot*	ling*ot*	tric*ot*
.	.	chari*ot*	goul*ot*	matel*ot*	tr*ot*
.	.	compl*ot*	haric*ot*	pav*ot*	
.	.	coquelic*ot*	hubl*ot*	rab*ot*	
.	.	erg*ot*	javel*ot*	sab*ot*	

47 *oc, op* ou *os* comme cr*oc*, gal*op* ou d*os*

À la fin de certains mots, le son [o] peut s'écrire *o + consonne muette* (*c, p, s*).

oc	*op*	*os*	
accr*oc*	gal*op*	d*os*	prop*os*
cr*oc*	sir*op*	encl*os*	rep*os*
	tr*op*	hér*os*	tourned*os*
		os (pluriel)	

REM   On entend le son [s] au singulier dans le mot *os*.

48 *aut, aud* ou *aux* comme artich*aut*, réch*aud* ou f*aux*

Les graphies *aut, aud, aux* se trouvent uniquement en position finale.

aut		*aud*	*aux*
artich*aut*	s*aut*	bad*aud*	ch*aux*
ass*aut*	soubres*aut*	crap*aud*	f*aux*
déf*aut*	surs*aut*	réch*aud*	t*aux*
hér*aut*			

49 *aw, a(ll)* ou *oa* comme cr*aw*l, footb*all* ou g*oa*l

Les graphies *aw, a(ll)* et *oa* (qui transcrivent le son [o]) sont très rares et apparaissent dans des mots d'origine étrangère.

50 Tableau des graphies du son [ɔ]

Le [ɔ] de *sol*	INITIALE	MÉDIANE	FINALE
o	*o*bjet	cl*o*che	.
au	.	s*au*r	.
um	.	.	alb*um*

51 Tableau des graphies du son [o]

Le [o] de *saule*	INITIALE	MÉDIANE	FINALE
o		*diplomacie*	*piano*
au	*audace*	*jaune*	*tuyau*
eau			*râteau*
ô		*fantôme*	
ôt			*bientôt*
oc, op, os			*croc*
aut, aud, aux			*artichaut*

LES RÉGULARITÉS*

52 *O* ou *ô* dans les mots d'une même famille

Dans les mots d'une même famille, le son [o] peut s'écrire parfois *o* et parfois *ô*. On écrit *ô* quand la voyelle *o* est suivie d'une *consonne(s) + e muet*.

ô	*o*
arôme	*aromatique*
cône	*conique*
côte	*coteau*
diplôme	*diplomatique*
drôle	*drolatique*
fantôme	*fantomatique*
pôle	*polaire*
symptôme	*symptomatique*
trône	*intronisation*

ÉCRIRE *eu* *dans<u>eu</u>se*

Nous ne traiterons pas ici le cas du *e muet* [ə] du français, qui s'écrit *e*.
On le trouve dans des mots aussi fréquents que : *je, me, te, le, ce, se* et dans
de nombreux noms (*ch<u>e</u>val, regard*). À l'oral, il peut être supprimé sans gêner
la compréhension : *boul(e)vard, lot(e)rie, bib(e)ron*.
Il est prononcé plus « ouvert » que le son [ø], ce qui permet d'opposer : *je* et *jeu*
→ paragraphes 220 à 228.

LES DIFFÉRENTES GRAPHIES

53 *eu* comme *eu*ropéen

On écrit *eu* en toutes positions.

INITIALE*		MÉDIANE*		FINALE*	
eucalyptus	*eurasien*	*baladeuse*	*morveuse*	*adieu*	*épieu*
eucharistie	*euristique*	*berceuse*	*nerveuse*	*aveu*	*feu*
euclidien	*européen*	*chanteuse*	*placeuse*	*bleu*	*hébreu*
eunuque	*euthanasie*	*chauffeuse*	*pulpeuse*	*cheveu*	*jeu*
euphémisme	*eux*	*danseuse*	*religieuse*	*désaveu*	*milieu*
euphonie		*lessiveuse*		*dieu*	*neveu*
euphorique		*monstrueuse*		*enjeu*	*peu*

54 *eux* comme chev*eux*

Le son [ø] peut se transcrire *eux* en finale. Cette graphie sert à former
de nombreux adjectifs masculins qui se terminent par *-eux* au singulier
et au pluriel.

INITIALE	MÉDIANE	FINALE			
.	.	*ambitieux*	*fougueux*	*majestueux*	*rigoureux*
.	.	*belliqueux*	*glorieux*	*merveilleux*	*rugueux*
.	.	*boiteux*	*grincheux*	*moelleux*	*sinueux*
.	.	*chanceux*	*hasardeux*	*nerveux*	*veineux*
.	.	*courageux*	*herbeux*	*nuageux*	*vieux*
.	.	*douloureux*	*honteux*	*paresseux*	

REM Quelques noms ont un pluriel particulier en *-eux*.

ciel → *cieux*   *œil* → *yeux*

55   *eue*, *œu* ou *ö* comme li*eue*, n*œu*ds ou maelstr*ö*m

Le son [ø] s'écrit *eue* à la fin de quelques mots.

banli*eue*   li*eue*   q*ueue*

Le son [ø] s'écrit *œu* ; cette graphie est souvent suivie d'une ou plusieurs consonnes muettes.

b*œu*fs   n*œu*ds   *œu*fs   v*œu*x

    – Au singulier, on prononce la consonne finale de *bœuf*, d'*œuf*.
La graphie *œ* transcrit alors un son plus ouvert [œ] ⟶ paragraphe 59.
– Le son [ø] s'écrit *ö* dans des mots (rares) d'origine étrangère : *angström*, *maelström*.

56   Tableau des graphies du son [ø]

Le [ø] de *feu*	INITIALE	MÉDIANE	FINALE
eu	*euphorie*	*chanteuse*	*feu*
eux	.	.	*délicieux*
eue	.	.	*banlieue*
œu	.	.	*nœud*
ö	.	*maelström*	.

LES RÉGULARITÉS*

57   *eu* ou *eû* dans les mots d'une même famille

Dans les mots d'une même famille, le son [ø] peut parfois s'écrire *eu*, parfois *eû*. On écrit *eû* quand *eu* est suivi d'une consonne et d'un *e* muet.

eû   *eu*
j*eû*ne   déj*eu*ner

ÉCRIRE *eu*   *tilleul*

LES DIFFÉRENTES GRAPHIES

58 *eu* comme m*eu*ble

Le son [œ] (ouvert) s'écrit le plus souvent *eu*. Il n'apparaît jamais à l'initiale ni en finale. On le rencontre surtout devant *r*, mais aussi devant *l, f, v*, ainsi que devant les groupes *bl, gl, pl* et *vr*.

eu(ble)	*eu(gle)*	*eu(ple)*	*eu(r)*	
imm*eu*ble	av*eu*gle	p*eu*ple	admirat*eu*r	composit*eu*r
m*eu*ble			audit*eu*r	édit*eu*r
			chant*eu*r	imitat*eu*r

eu(ve)	*eu(vre)*	*eu(f)*	*eu(l)*	
épr*eu*ve	coul*eu*vre	n*eu*f	aïe*u*l	linc*eu*l
fl*eu*ve	pi*eu*vre	v*eu*f	fill*eu*l	s*eu*l
pr*eu*ve			gla*ï*e*u*l	till*eu*l

59 *œ, œu* ou *ue* comme *œ*illet, b*œu*f ou acc*ue*il

On rencontre la graphie *œ* dans *œ*illet et dans les mots de la même famille (*œ*illère, *œ*illade).

On trouve la graphie *œu* dans quelques mots :

b*œu*f	*œu*frier
ch*œu*r	*œu*vre (**et ses composés :**
c*œu*r (**et ses composés :** éc*œu*rer...)	chef-d'*œu*vre, hors-d'*œu*vre,
m*œu*rs	main-d'*œu*vre, *œu*vrer...)
*œu*f	ranc*œu*r

Un certain nombre de mots ont une graphie très particulière (*ue*) en raison de la consonne qui précède et qui impose la présence d'un *u*.

acc*ue*il (**et les mots de la même famille :** c*ue*illir...)
cerc*ue*il
éc*ue*il
org*ue*il
rec*ue*il

60 *e*, *u* ou *i* comme flipp*e*r, tr*u*st ou fl*i*rt

Le son [œ] s'écrit *e*, *u* ou *i* dans quelques mots empruntés à l'anglais.

e(r)	*u*	*i*
bookmak*e*r	bl*u*ff	fl*i*rt
clipper	trust	tee-sh*i*rt
computer		
flipper		
manager		
quaker		
speaker		

61 Tableau des graphies du son [œ]

Le [œ] de *beurre*	INITIALE*	MÉDIANE*	FINALE*
eu	.	*fleuve*	.
œ	.	*œillet*	.
œu	.	*cœur*	.
ue	.	*orgueil*	.
e(r)	.	*manager*	.
u	.	*bluff*	.
i	.	*tee-shirt*	.

ÉCRIRE *in* *raisin, lundi*

LES DIFFÉRENTES GRAPHIES

62 *in* ou *im* comme but*in* ou ti*m*bale

La graphie *in* est la graphie la plus fréquente du son [ɛ̃].

INITIALE*		MÉDIANE*	FINALE*		
incorrect	insecte	cinq	brin	engin	vilebrequin
indigne	intérêt	dinde	butin	jardin	
individuel	intervalle	linge	colin	matin	
infinitif	inventeur	pintade	déclin	raisin	
influence		singe	enfin	ravin	

Devant les consonnes *b* et *p*, *in* devient *im*.
Pour le cas de *imm* → paragraphe 164.

INITIALE			MÉDIANE		FINALE
imbattable	imparfait	impôt	limpide	timbale	
imbécile	impatient	imprudent	pimpant	timbre	
impact	impérial		simple		
impair	important		simplicité		

63 *en* comme musici*en*

Le son [ɛ̃] s'écrit *en* uniquement en finale.

INITIALE	MÉDIANE	FINALE			
		académicien	chrétien	européen	musicien
		aérien	citoyen	lien	norvégien
		ancien	collégien	luthérien	parisien
		aryen	combien	lycéen	physicien
		bien	doyen	magicien	pyrénéen
		chien	égyptien	mitoyen	rien
		chirurgien	électricien	moyen	vendéen

⚠ *benjamin* (**médiane**).

64 *ain* ou *aint* comme b*ain* ou s*aint*

Le son [ɛ̃] peut s'écrire *ain* en position médiane et finale ; la graphie *aint* ne se trouve qu'en finale.

■ *ain*

INITIALE	MÉDIANE	FINALE			
·	contr*ain*te	air*ain*	lev*ain*	p*ain*	souterr*ain*
·	maintenant	b*ain*	m*ain*	quatr*ain*	terr*ain*
·	pl*ain*te	g*ain*	n*ain*	s*ain*	tr*ain*

⚠ *ain*si (initiale).

■ *aint*

INITIALE	MÉDIANE	FINALE		
·	·	contr*aint*	m*aint*	s*aint*

65 *ein* ou *eint* comme fr*ein* ou p*eint*

Le son [ɛ̃] peut s'écrire *ein* en position médiane ou finale ; la graphie *eint* n'apparaît qu'à la fin des mots.

■ *ein*

INITIALE	MÉDIANE		FINALE			
·	p*ein*ture	t*ein*ture	fr*ein*	pl*ein*	r*ein*	s*ein*

■ *eint*

INITIALE	MÉDIANE	FINALE		
·	·	ét*eint*	p*eint*	t*eint*

66 *ym*, *yn*, *inct*, *aim* comme s*ym*phonie, l*yn*x, inst*inct*, f*aim*

Ce sont les graphies du son [ɛ̃] les plus rares.

ym	yn	inct	aim
c*ym*bale	lar*yn*x	dist*inct*	d*aim*
l*ym*phe	l*yn*chage	indistinct	ess*aim*
s*ym*phonie	l*yn*x	instinct	f*aim*
th*ym*	phar*yn*x		

67 Le son [œ̃] s'écrit *un* comme embr*un*

Les sons [ɛ̃] (de *brin*) et [œ̃] (de *brun*) sont de moins en moins différenciés.

On peut cependant opposer encore quelques mots :

[ɛ̃]	[œ̃]
br*in*	br*un*
empr*ein*te	empr*un*te

Le son [œ̃] s'écrit le plus souvent *un*.

INITIALE	MÉDIANE	FINALE	
.	empr*un*ter	auc*un*	*jeun (à)*
.	*junte*	br*un*	opport*un*
.	*lundi*	chac*un*	quelqu'*un*
.	*munster*	comm*un*	trib*un*
.		embr*un*	*un*

68 *unt* ou *um* comme déf*unt* ou parf*um*

Le son [œ̃] s'écrit aussi, mais très rarement, *unt* ou *um*, à la fin des mots.

unt	*um*
déf*unt*	parf*um*
empr*unt*	

69 Tableau des graphies du son [ɛ̃]

Le [ɛ̃] de *fin*	INITIALE	MÉDIANE	FINALE
in	*in*finitif	*lin*ge	mat*in*
im	*im*patient	si*m*ple	.
en	.	.	magic*ien*
ain	.	m*ain*tenant	tr*ain*
aint	.	.	contr*aint*
ein	.	*tein*ture	pl*ein*
eint	.	.	ét*eint*
yn	.	*lyn*x	.
ym	.	.	th*ym*
inct	.	.	dist*inct*
aim	.	.	f*aim*

70 Tableau des graphies du son [œ̃]

Le [œ̃] de *un*	INITIALE	MÉDIANE	FINALE
un	·	*empr*un*ter*	*b*run
um	·	·	*parf*um
unt	·	·	*déf*unt

71 Emploi de *en*

La graphie *en* est très utilisée pour produire des noms de métiers et d'habitants (ville, région ou pays).

*music*en   *alsac*en

Par ailleurs, *en* se trouve toujours après les voyelles *i* et *é*.

*anc*en   *lycé*en

⚠ *exam*en, *mino*en.

ÉCRIRE *an* *ancien*

LES DIFFÉRENTES GRAPHIES

72 *an* ou *en* comme am*an*de ou m*en*the

Les deux graphies les plus simples du son [ã] sont *an* et *en*.
La graphie *en* n'apparaît jamais en position finale.

■ *an*

INITIALE*	MÉDIANE*	FINALE*
ancien	*avalanche*	*artisan*
ancre	*banque*	*cadran*
anglais	*langage*	*cardan*
angle	*manche*	*divan*
angoisse	*manque*	*écran*
antenne	*rançon*	*océan*
antérieur	*scaphandre*	*ruban*
antique	*tranquille*	*slogan*
		volcan

■ *en*

INITIALE	MÉDIANE	FINALE
enchanteur	*attention*	.
encre	*calendrier*	.
endroit	*cendre*	.
enfant	*centre*	.
enfin	*commentaire*	.
enjeu	*menthe*	.
ennui	*tendre*	.
enquête	*tension*	.

Devant les consonnes *b*, *p* et *m*, les graphies *an* et *en* deviennent *am* et *em*.

amb : *ambre, alambic.*
amp : *ample, camp.*
emb : *embarquer, ensemble.*
emm : *emmuré.*
emp : *tempe, temps.*

Il n'existe pas de règle permettant de prévoir la graphie du son [ã] devant une consonne prononcée. Les graphies *an* et *en* apparaissent souvent dans les finales -*ance* et -*ence*, -*ande* et -*ende*, -*anse* et -*ense*, -*ante* et -*ente*. Voici la liste de quelques-uns de ces mots.

ance	*ence*	*ande*	*ende*
abond *ance*	abs *ence*	comm *ande*	comm *ende*
alliance	adhérence	contrebande	dividende
ambiance	affluence	demande	légende
assistance	concurrence	guirlande	prébende
circonstance	contingence	offrande	provende
croissance	décence		
distance	différence		
finance	évidence		
nuance	influence		
tolérance	urgence		

anse	*ense*	*ante*	*ente*
d *anse*	d *ense*	ami *ante*	att *ente*
ganse	dépense	brocante	charpente
panse	immense	dilettante	descente
transe	intense	épouvante	entente
		soixante	trente

73 *ant* ou *ent* comme croiss*ant* ou d*ent*

On trouve, en position finale, d'autres graphies fréquentes du son [ã].

■ *ant*

INITIALE	MÉDIANE	FINALE		
·	·	aim *ant*	croissant	piquant
·	·	auparavant	fabricant	stimulant
·	·	carburant	flamant	volant

■ *ent*

INITIALE	MÉDIANE	FINALE			
·	·	abs *ent*	dent	licenciement	vêtement
·	·	aliment	divergent	régiment	violent
·	·	argent	équivalent	sentiment	
·	·	arpent	expédient	supplément	
·	·	bâtiment	insolent	urgent	

74 *and, ang, anc* ou *aon* comme march*and*

Ces graphies sont rares.

-and : chaland, flamand, goéland, marchand.

-ang : étang, rang, sang.

-anc : banc, blanc, flanc.

-aon : faon, paon, taon.

⚠ **Certains homonymes de la même famille mais de nature différente n'ont pas la même orthographe →** Homonymes, paragraphes 357 à 381.

différend (nom) − *différent* (adjectif) − *différant* (participe présent)
résident (nom) − *résidant* (participe présent)

75 Tableau des graphies du son [ã]

Le [ã] de *enfant*	INITIALE	MÉDIANE	FINALE
an	*an*cien	*ava*l*an*che	*arti*s*an*
am	*am*bre		*cam*p
en	*en*cre	*atten*tion	
em	*em*barquer	*tem*ps	
ant			*carbur*ant
ent			*abs*ent
and, ang, anc			*flam*and
aon			*p*aon

76 Les adverbes en *-ment*

Dans les adverbes en *-ment*, le son [ã] s'écrit toujours *-ent*.

gentiment   *modérément*   *précisément*   *spontanément*

77 Les participes présents

Les participes présents (ainsi que les gérondifs) se terminent toujours par *-ant*.

aimant − en aimant
comprenant − en comprenant
dormant − en dormant
finissant − en finissant

78 Les adjectifs verbaux en -*ent*

Les adjectifs verbaux sont des participes présents employés comme adjectifs, mais leur orthographe peut différer de celle des participes présents.

PARTICIPE PRÉSENT	ADJECTIF VERBAL
adhérant	adhérent
affluant	affluent
convergeant	convergent
différant	différent
divergeant	divergent
émergeant	émergent
équivalant	équivalent
excellant	excellent
influant	influent
négligeant	négligent
précédant	précédent
résidant	résident
somnolant	somnolent

79 Les mots en -*and* et en -*ang*

Pour déterminer s'il y a une consonne muette à la fin d'un mot, et laquelle, on peut souvent avoir recours à un mot de la même famille dans lequel la consonne s'entend.

marchand ⟶ marchander, marchandise

rang ⟶ ranger, rangement

sang ⟶ sanglant, sanguin

ÉCRIRE *on*   *jamb<u>on</u>*

LES DIFFÉRENTES GRAPHIES

80   *on* comme c*on*fiserie

En règle générale, le son [ɔ̃] s'écrit *on*.

INITIALE*	MÉDIANE*	FINALE*
*on*cle	*bon*jour	accordé*on*
onde ·	bonsoir	balcon
ondée	bonté	béton
ondulatoire	concert	carton
ongle	concurrent	faucon
ontogenèse	condition	jambon
onze	confiserie	nourrisson
	congrès	saucisson
	conseil	torchon
	contraire	

81   *om* comme c*om*pagnie

Le son [ɔ̃] s'écrit *om* devant les consonnes *b* ou *p*. En position finale, *om* se trouve devant une consonne muette (*plomb*).

INITIALE	MÉDIANE		FINALE
*om*bre	*bom*be	complet	ap*lomb*
	combat	complice	coulomb
	combien	comptabilité	plomb
	comble	comptable	prompt
	compact	comptant	surplomb
	compagnie	compte	
	compagnon	compteur	
	compétition	comptine	

⚠   *bonb*on, bonbonne, bonbonnière **et** emb*onp*oint.

On écrit également *om* dans les noms suivants :
— **devant t :** c*om*te, comté, comtesse.
— **à la fin du mot :** n*om*, prénom, pronom, renom, surnom.

82 *ond, ont, onc* ou *ons* comme *gond, pont,* jonc

On trouve enfin la graphie *on* devant certaines consonnes muettes : *d, t, c.*

■ *ond*

INITIALE	MÉDIANE	FINALE			
.	.	bas-*fond*	*gond*	*plafond*	*vagabond*
.	.	*bond*	*haut-fond*	*profond*	
.	.	*fécond*	*moribond*	*pudibond*	
.	.	*fond*	*nauséabond*	*second*	

■ *ont*

INITIALE	MÉDIANE	FINALE
.	.	d*ont*
.	.	*entrepont*
.	.	*pont*

■ *onc*

INITIALE	MÉDIANE	FINALE
.	.	a*jonc*
.	.	*jonc*

Le son [5] s'écrit souvent *ons* dans la conjugaison à la Ire personne du pluriel.

nous aim*ons*   nous *finirons*   nous *étions*

REM   Certains mots présentent une orthographe particulière :

fonts   *long*   *punch*   tré*fonds*

83 Tableau des graphies du son [5]

Le [5] de *bonbon*	INITIALE	MÉDIANE	FINALE
on	*on*cle	*bon*jour	accordé*on*
om	*om*bre	c*om*bat	aplo*mb*
ond	.	.	*bond*
ont	.	.	*pont*
onc	.	.	a*jonc*

84 Les mots en -*ond*

Pour savoir s'il faut écrire une consonne muette à la fin d'un mot, et laquelle, on peut parfois s'aider d'un autre mot de la même famille dans lequel la consonne se prononce.

bond → *bondir*
fécond → *fécondation*
fond → *fondation*
profond → *profondeur*
second → *secondaire*
vagabond → *vagabonder*

ÉCRIRE *oi*   *no<u>i</u>x*

LES DIFFÉRENTES GRAPHIES

85 *oi* ou *oî* comme b*oi*sson ou b*oî*te

Le son [wa] s'écrit le plus souvent *oi*.

INITIALE*		MÉDIANE*		FINALE*	
oiseau	*oisif*	*boisson*	*soirée*	*loi*	*quoi*
oiseleur	*oisillon*	*poignée*	*toit*	*moi*	*toi*

REM — À l'initiale, on ne trouve la graphie *oi* que dans *oiseau, oisiveté* et les mots de ces familles (*oisillon, oisif…*).
— On rencontre la graphie *oî* dans quelques mots : *boîte, cloître, croître*. Mais depuis 1993, on tolère : *boite, boitier… →* paragraphe 385.

86 *ois, oit, oix, oie, oid* comme p*ois*, étr*oit*, n*oix*, f*oie*, fr*oid*

En finale, le son [wa] est souvent écrit *oi + e* ou *oi + consonne muette* (*d, s, t, x*).

ois	*oit*	*oix*	*oie*	*oid*	*oids*
autref*ois*	adr*oit*	cr*oix*	f*oie*	fr*oid*	contrep*oids*
bois	détroit	noix	joie		poids
chamois	endroit	poix	oie		
fois	étroit	voix	voie		
mois	exploit				
quelquefois	toit				

87 *oy* comme n*oy*au

À l'intérieur d'un mot, le son [wa] peut s'écrire *oy* (toujours suivi d'une voyelle).

INITIALE	MÉDIANE				FINALE
.	dén*oy*auter	moyen	royal	voyage	.
.	mitoyen	noyade	royauté	voyageur	.

REM La graphie *oy* transcrit en réalité un double son : [wa] + [ʒ].

88 ua, oua comme aquarium

Les graphies *ua* et *oua* sont des graphies particulières du son [wa] ; elles n'apparaissent que dans quelques mots.

ua	*oua*
aqua*rium*	*doua*ne
équateur	*ouaille*
square	*ouate*
	pouah
	zouave

REM   Il existe deux autres graphies exceptionnelles : *moe*lle, *poê*le.

89 wa comme wapiti

Le son [wa] s'écrit *wa* au début de quelques mots d'origine étrangère. En voici les principaux.

*wa*lé **(africain)**	*warning* **(anglais)**
wali **(arabe)**	*water-polo* **(anglais)**
wallaby **(australien)**	*waterproof* **(anglais)**
wallon **(francique)**	*waters* **(anglais)**
wapiti **(américain)**	*watt* **(anglais)**

REM   *wa*lkman (baladeur) se prononce [wokman].

90 Tableau des graphies du son [wa]

Le [wa] de *loi*	INITIALE	MÉDIANE	FINALE
oi	*oi*seau	*soi*rée	*quoi*
oid	·	·	*froid*
oie	·	·	*joie*
ois	·	·	*mois*
oit	·	·	*toit*
oix	·	·	*poix*
oy	·	*voy*age	·
oua	·	*doua*ne	·
ua	·	*squa*re	·

91 Les noms et les adjectifs en -*ois*

Le son [wa] est souvent écrit *oi* + *s* à la fin des mots. Cette finale -*ois* est très « productive » dans les noms et les adjectifs dérivés d'une localité ou d'une région.

galbois
lillois
luxembourgeois

92 Les mots en -*oit*

Pour s'assurer de la présence du *t* muet dans les mots en -*oit*, on peut s'aider de mots de la même famille où le *t* s'entend.

adroit ⟶ *adroite*
étroit ⟶ *étroite*
exploit ⟶ *exploiter*
toit ⟶ *toiture*

ÉCRITE *oin* *foin*

LES DIFFÉRENTES GRAPHIES

93 *oin* comme gr*oin*

Il existe plusieurs façons d'écrire le son complexe [wɛ̃]. La graphie *oin* est la graphie la plus simple pour transcrire le son [wɛ̃].

INITIALE*	MÉDIANE*		FINALE*	
*oin*dre	am*oin*drir	*moin*dre	bes*oin*	gr*oin*
j*oin*dre	p*oin*ter		c*oin*	l*oin*
			f*oin*	tém*oin*

94 *oing*, *oins* ou *oint* comme c*oing* ou embonp*oint*

En finale, le son [wɛ̃] est souvent écrit *oin* + *consonne muette* (*oing*, *oins*, *oint*).

oing	*oint*			
c*oing*	adj*oint*	conj*oint*	disj*oint*	j*oint*
p*oing*	app*oint*	contrep*oint*	embonp*oint*	p*oint*

REM
— La graphie **ouen** est très rare : *Saint-Ouen*.
— À ces listes, il faut ajouter les trois premières personnes des verbes en *-oindre* : je j*oins*, tu j*oins*, il j*oint*, ainsi que le participe passé : disj*oint*.

95 *ouin* comme mars*ouin*

On rencontre *ouin* à la fin de quelques mots seulement.

barag*ouin*   béd*ouin*   mars*ouin*   ping*ouin*

96 Tableau des graphies du son [wɛ̃]

Le [wɛ̃] de *foin*	INITIALE	MÉDIANE	FINALE
oin	*oin*dre	p*oin*ter	l*oin*
oing	.	.	c*oing*
oint	.	.	p*oint*
ouin	.	.	ping*ouin*

ÉCRIRE *ill* *groseille*

LES DIFFÉRENTES GRAPHIES

97 *y* ou *i* comme *y*aourt ou pap*i*er

Les deux graphies les plus simples du son [j] sont : *y* et *i*. Elles sont très rares en début de mot et elles n'apparaissent jamais en finale pour traduire le son [j].

- *y*

INITIALE*		MÉDIANE*		FINALE*
*y*acht	*yeux*	*attrayant*	*mareyeur*	
yack	*yiddish*	*balayeur*	*maya*	
yankee	*yoga*	*bruyant*	*moyen*	
yaourt	*yog(h)ourt*	*clairvoyant*	*moyeu*	
yéti	*yougoslave*	*crayon*	*nettoyage*	
		débrayage	*nettoyeur*	
		doyen	*non-voyant*	
		effrayant	*payant*	
		employeur	*payeur*	
		ennuyeux	*rayon*	
		essayage	*seyant*	
		frayeur	*soyeux*	
		joyeux	*voyage*	

- *i*

INITIALE		MÉDIANE		FINALE
*i*ode		*alliance*	*inférieur*	
ion		*antérieur*	*ingénieur*	
ionien		*bijoutier*	*insouciance*	
ionique		*cahier*	*luthier*	
iota		*cellier*	*méfiance*	
		commercial	*papier*	
		confiance	*social*	
		extérieur	*spécial*	
		glacial	*supérieur*	

98 *il* ou *ill* comme b*ill*e ou millefeu*ill*e

Complexes, mais fréquentes, les graphies *il* et *ill* transcrivent elles aussi le son [j].

■ *ill*

INITIALE	MÉDIANE		DEVANT E FINAL*		FINALE
	aigu*ill*age	feuillage	abe*ill*e	faucille	
	bataillon	grillage	aiguille	feuille	
	brouillon	oreillons	bataille	fille	
	carillon	outillage	bille	groseille	
	conseiller	pillage	brindille	millefeuille	
	coquillage	quincaillier	chenille	oreille	
	échantillon	réveillon	chèvrefeuille	pupille (de	
			corneille	l'œil)	
			faille	taille	
			famille	volaille	

■ *il*

INITIALE	MÉDIANE	FINALE			
		accue*il*	cercueil	fauteuil	recueil
		ail	cerfeuil	œil	seuil
		appareil	chevreuil	orgueil	soupirail
		bail	écueil	orteil	treuil
		bétail	éveil	pareil	

⚠ Quelques mots comportant la même graphie *ille* se prononcent [il].

bac*ill*e	pupille (de la nation)
codicille	tranquille
Lille	ville (et ses composés)
mille	

99 Tableau des graphies du son [j]

Le [j] de *feuille*	INITIALE	MÉDIANE	DEVANT E FINAL	FINALE
y	*y*oga	ra*y*on		
i	*i*ode	conf*i*ance		
ill		réve*ill*on	*f*i*ll*e	
il				a*il*

100 Les mots en *-iller* et *-illier*

On écrit *ill* dans les verbes en *-ailler*, *-eiller*, *-iller*.

écailler   conseiller   fourmiller
travailler   réveiller   sautiller

La graphie *ill* apparaît aussi dans les noms en *-ailler*, *-aillier*, *-eiller* ou *-eillier*.

ailler	aillier	eiller	eillier
poulailler	joaillier	conseiller (nom)	groseillier
	quincaillier		marguillier

101 Les mots en *-ail* ou *-aille*

Le son [aj] s'écrit *-ail* à la fin des noms masculins et *-aille* à la fin des noms féminins.

MASCULIN	FÉMININ
ail	maille
gouvernail	paille

102 Les noms en *-eil* ou *-eille*

Le son [ej] s'écrit *-eil* à la fin des noms masculins et *-eille* à la fin des noms féminins.

MASCULIN	FÉMININ
conseil	abeille
soleil	groseille

103 Les noms en *-euil*, *-euille* et *-ueil*

Le son [œj] s'écrit toujours *-euille* à la fin des noms féminins, et *-ueil* après les consonnes *c* et *g*.

feuille   accueil   orgueil

Le son [œj] s'écrit en général *-euil* à la fin des noms masculins.

fauteuil   seuil

⚠ – Les noms masculins formés sur *-feuille* : chèvrefeuille, millefeuille, portefeuille.
   – *œil* (et les mots composés avec *œil*).

ÉCRIRE *ch* *chocolat*

LES DIFFÉRENTES GRAPHIES

104 *ch* comme qui*ch*e

Le son [ʃ] est le plus souvent écrit *ch*.

INITIALE*	MÉDIANE*	DEVANT E FINAL*		FINALE*
*ch*acun	*ach*at	bâ*ch*e	hache	lun*ch*
chagrin	acheteur	biche	louche	match
chaîne	achèvement	bouche	mèche	ranch
chaise	bachelier	branche	miche	sandwich
chambre	bouchon	broche	moche	
champion	colchique	bûche	moustache	
chaud	couchette	crèche	panache	
chef	déchet	embûche	pêche	
cher	fâcheux	flèche	quiche	
chez	jachère	fraîche	reproche	
chiffon	machine	friche	sèche	
chirurgie	mâchoire	gouache	tâche	
chocolat	méchant			
chuintement	sécheresse			

REM
— Devant les lettres *l* et *r*, on prononce le plus souvent [k] : *ch*lore, *ch*rome.
→ également le paragraphe 151, pour les mots d'origine grecque, où le *ch* se prononce [k] : *ch*œur, chorale, orchestre.
— On rencontre également la graphie *ch* dans des noms propres : Fo*ch*, Marrakech, Charles…

105 *sch* ou *sh* comme kir*sch* ou *sh*illing

Le son [ʃ] peut être écrit au moyen de deux autres graphies complexes :
— *sch* indique une origine grecque (*schéma*) ou allemande (*schnaps*) ;
— *sh* indique une origine anglaise (*shérif*).

■ *sch*

INITIALE				MÉDIANE	FINALE
*sch*éma	schilling	schiste	schlitte	.	haschi*sch*
schème	schisme	schisteux	schuss	.	kirsch

■ *sh*

INITIALE	MÉDIANE	FINALE
shampooing	.	*flash*
shérif	.	*flush*
sherpa	.	*rush*
shetland	.	*smash*
shilling	.	
shoot	.	
shop (sex-)	.	

106 Tableau des graphies du son [ʃ]

Le [ʃ] de *cheminée*	INITIALE	MÉDIANE	DEVANT E FINAL	FINALE
ch	*cher*	*achat*	*miche*	*match*
sch	*schéma*	.	.	*putsch*
sh	*shampooing*	.	.	*flash*

ÉCRIRE *p* et *b* *poulpe, bison*

LES DIFFÉRENTES GRAPHIES

107 *p* comme *p*ain

La graphie *p* apparaît en toutes positions. Le son [p] s'écrit toujours *p* au début d'un mot, après les voyelles *é* et *i*, et après *am* et *im*.

INITIALE*	MÉDIANE*		DEVANT E FINAL*	FINALE*
page	*amplificateur*	*impact*	*antilope*	*cap*
pain	*ampoule*	*impair*	*cape*	*cep*
pape	*apanage*	*imparfait*	*coupe*	*clip*
parachute	*apéritif*	*imperméable*	*dupe*	*croup*
pipe	*apiculture*	*lapin*	*écope*	*handicap*
poule	*apothéose*	*lapon*	*étape*	*ketchup*
précis	*épargne*	*opaque*	*principe*	*scalp*
preuve	*épée*	*opéra*	*soupe*	*vamp*
province	*épi*	*opinion*	*syncope*	
publicité	*épineux*	*superbe*	*type*	

REM   Devant des mots commençant par une voyelle ou un *h*, le *p* final de *trop* et *beaucoup* s'entend dans la liaison : *trop heureux – beaucoup appris*. Dans les autres cas, ce *p* ne se prononce pas.

108 *pp* comme gra*pp*e

La graphie *pp* n'apparaît ni à l'initiale ni en finale. Le choix entre *p* et *pp* est souvent facilité par la connaissance de l'étymologie. On se reportera aux paragraphes 382 à 384, qui lui sont entièrement consacrés.

INITIALE	MÉDIANE		DEVANT E FINAL		FINALE
.	*appareil*	*hippique*	*échoppe*	*lippe*	.
.	*appartement*	*hippodrome*	*enveloppe*	*nappe*	.
.	*appât*	*hippopotame*	*frappe*	*nippe*	.
.	*appétit*	*mappemonde*	*grappe*	*steppe*	.
.	*apport*	*opposition*	*grippe*	*trappe*	.
.	*apprenti*	*oppression*	*houppe*		.
.	*approbation*	*supplice*			.
.	*approche*	*uppercut*			.
.	*appui*				.

109 *b* comme o*b*server

Parfois, le son [p] s'écrit *b* : en effet, dans certains cas, on écrit *b*, mais la consonne qui suit nous conduit à prononcer [p] (au lieu de [b]).

a *b*sent	absoudre	observer	obtenir
abside	abstrait	obsession	obtention
absolu	absurde	obsidienne	obtus
absorber	obscur	obstiner	s'abstenir

110 *b* ou *bb* comme *b*aguette ou a*bb*é

La graphie du son [b] pose moins de problèmes : on écrit en général *b* ; *bb* est en effet très rare. Cette graphie n'apparaît ni à l'initiale ni en finale et elle concerne essentiellement quelques termes religieux.

bb
a *bb*aye
abbé
rabbin
sabbat
sabbatique

Le *b* est très rare en finale : il dénote le plus souvent des mots d'origine étrangère.

b
clu *b*
job
nabab
snob
toubib
tub

111 Tableau des graphies du son [p]

Le [p] de *papa*	INITIALE	MÉDIANE	DEVANT E FINAL	FINALE
p	*p*age	é *p*ée	antilo *p*e	vam *p*
pp		a *pp*étit	na *pp*e	
b		a *b*surde		

112 Tableau des graphies du son [b]

Le [b] de *bébé*	INITIALE	MÉDIANE	FINALE
b	*b*on	ta *b*le	clu *b*
bb		ra *bb*in	

LES RÉGULARITÉS*

113 Les mots en -*p*

Souvent, le *p* ne se prononce pas quand il se trouve à la fin d'un mot.
Il est possible de recourir à des mots de la même famille où le *p* s'entend
pour déterminer l'orthographe correcte d'un mot.

champ → *champagne, champêtre*

coup → *couper, coupure*

drap → *draperie, drapier*

114 *app* au début des verbes

Tous les verbes qui commencent par le son [ap] s'écrivent *app*.

appeler
apprécier
appréhender
apprendre

⚠ *apaiser, apercevoir, apeurer, apitoyer, aplanir, aplatir, apostropher.*

ÉCRIRE *t* et *d*   *tarte, dorade*

LES DIFFÉRENTES GRAPHIES

115 *t* comme pâ*t*é

Le son [t] est le plus souvent transcrit par la graphie simple *t*.
Elle est employée en toutes positions.

Pour les autres prononciations possibles de la lettre *t*, dans des mots comme
nation, partiel → paragraphe 181.

INITIALE*	MÉDIANE*	DEVANT E FINAL*	FINALE*
tabac	*atavisme*	*acolyte*	*accessit*
table	*atelier*	*aromate*	*août*
technique	*atonal*	*culbute*	*azimut*
téléphone	*butoir*	*dispute*	*bit*
terrain	*étanche*	*faillite*	*but*
tissu	*étymologie*	*gargote*	*coït*
trésor	*italique*	*note*	*déficit*
type	*itinéraire*	*otite*	*granit*
tzigane	*otage*	*pelote*	*mat*
	utopie	*savate*	*mazout*
		strate	*scorbut*
			scout
			transit

Le *t* en position finale est souvent associé à une autre consonne (*c, p* ou *s*).

abject	*compost*	*direct*	*impact*	*rapt*	*transept*
abrupt	*concept*	*distinct*	*intact*	*strict*	*trust*
ballast	*contact*	*est*	*intellect*	*test*	
compact	*correct*	*exact*	*ouest*	*toast*	

REM

Le **t** final est très fréquemment muet.

agent	*debout*	*exempt*	*il mangeait*	*odorat*	*respect*
aspect	*écart*	*filet*	*irrespect*	*prompt*	*succinct*

→ aussi adverbes en -**ment**, paragraphes 76 à 122.

116 *tt* comme omele*tt*e

La graphie complexe *tt* transcrit aussi le son [t]. Elle se trouve généralement entre deux voyelles.

INITIALE	MÉDIANE		DEVANT E FINAL		FINALE
	acquittement	flatterie	assiette	crotte	
	attachant	flottaison	baguette	cueillette	
	attaque	guetteur	banquette	culotte	
	atteinte	guttural	biscotte	flotte	
	attente	lettre	butte	galette	
	attitude	littéral	carotte	natte	
	attraction	lutteur	chatte	omelette	
	attribut	netteté	clarinette	toilette	
	ballottage	nettoyage			
	buttoir	pittoresque			
	confetti	quittance			
	égouttoir	sottise			

⚠ *watt* (finale).

117 *th* comme *th*on

La graphie *th* est souvent l'indice d'un mot d'origine grecque où apparaissait la lettre θ (thêta). Elle peut se trouver à l'initiale, en position médiane, plus rarement en finale.

INITIALE	MÉDIANE	FINALE
thalamus	antipathie	bismuth
thalassothérapie	arithmétique	luth
théâtre	arthrite	math(s)
thème	athée	zénith
théologie	authentique	
théorème	esthétique	
théorie	kinésithérapie	
thérapeute	mathématique	
thermal	méthode	
thermique	mythique	
thermomètre	mythologie	
thèse	orthographe	
thorax	synthétique	
thym		
thymus		
thyroïde		

118 *d* comme *d*orer

En ce qui concerne le son [d], la graphie *d* est de très loin la plus fréquente.
Elle apparaît en toutes positions mais elle est relativement rare en finale
absolue (*stand*). Le plus souvent, dans ce cas, elle est suivie d'un *e muet*
(*aide…*).

INITIALE		MÉDIANE	DEVANT E FINAL	FINALE
*d*anse	*distraction*	*atten*d*re*	*aci*d*e*	*barmai*d
dater	*doigt*	*gladiateur*	*aide*	*caïd*
débit	*don*	*moderne*	*ambassade*	*celluloïd*
débuter	*dormir*	*ordonnance*	*bipède*	*fjord*
découper	*dresser*	*producteur*	*cascade*	*lad*
demander	*droite*	*radio*	*cupide*	*raid*
dictée	*dupliquer*	*ridicule*	*glande*	*rhodoïd*
		studieux	*humide*	*stand*
		troubadour	*raide*	*tweed*
		verdoyant	*valide*	
		vidéo		
		vider		

REM   On rencontre aussi la graphie *d* à la fin de certains noms propres d'origine
étrangère : *Bagda*d, *Conrad*, *Mohamed*, *Carlsbad…*

119 *dd* ou *ddh* comme pu*dd*ing ou Bou*ddh*a

La graphie *dd* est rare en français.

*ad*d*ition*	*additif*	*paddock*
addenda	*adduction*	*pudding*
additionner	*haddock*	*reddition*

Le son [d] s'écrit *ddh* uniquement dans quelques mots d'origine étrangère.
*Bou*ddh*a*   *bouddhisme*

120 Tableau des graphies du son [t]

Le [t] de *tante*	INITIALE	MÉDIANE	DEVANT E FINAL	FINALE
t	*t abac*	*o*t*age*	*hâ*t*e*	*grani*t
tt		*a*tt*ente*	*cha*tt*e*	
th	*th ème*	*a*th*ée*		*zéni*th

121   Tableau des graphies du son [d]

Le [d] de *dodu*	INITIALE	MÉDIANE	DEVANT E FINAL	FINALE
d	*dans*	ra *d*eau	sou *d*e	polaroï *d*
dd	.	a *dd*ition	.	.
ddh	.	Bou *ddh*a	.	.

LES RÉGULARITÉS*

122   Les mots en -*t*

On trouve un grand nombre de noms masculins ayant un *t* muet en finale, ainsi que des adjectifs et des adverbes. Les mots de la même famille peuvent être utiles pour détecter la présence d'un *t* muet.

acha *t*	→	*ache* ter	emprunt	→ emprunter
adroit	→	adroite	exploit	→ exploiter
affront	→	affronter	format	→ formation
amont	→	monter	front	→ frontal
argot	→	argotique	institut	→ institution
candidat	→	candidature	lauréat	→ lauréate
chahut	→	chahuter	lit	→ literie
circuit	→	court-circuiter	magistrat	→ magistrature
climat	→	climatisation	nuit	→ nocturne
complot	→	comploter	plat	→ plate
conflit	→	conflictuel	profit	→ profiter
crédit	→	créditer, créditeur	rabot	→ raboter
débit	→	débiter, débiteur	saut	→ sauter
début	→	débuter	toit	→ toiture
défaut	→	défectueux	tout	→ toute
égout	→	égoutter	tricot	→ tricoter

Lorsque les mots de la même famille ou la forme du féminin ne donnent pas d'indication, il faut se reporter au dictionnaire.

REM   – La *nuit*, la *mort* sont des noms féminins terminés par *t*.
– Tous les adverbes en -**ment**, les participes présents, les gérondifs sont terminés par *t* : assurémen *t*, carrément, couramment, mangean *t*, plaçant, en rian *t*, en réfléchissant…

123 Les mots en -*d*

Bien que ce soit moins fréquent, on trouve cependant un *d* muet en finale, aussi bien après une voyelle qu'après les consonnes *n* et *r*.

voyelle + d	nd	rd	
crapaud	bond	accord	hasard
nid	différend	bord	lézard
nœud	friand	brouillard	lourd
pied	gond	canard	record
réchaud		dossard	sourd
		épinard	standard

Il est également possible, dans ce cas, d'avoir recours à un mot de la même famille pour s'assurer de la présence du *d* muet final.

accord	→	accorder
bond	→	bondir
hasard	→	hasarder
nid	→	nidation

ÉCRIRE *f* *filet*

LES DIFFÉRENTES GRAPHIES

124 *f* comme gau*f*re

La graphie simple *f* peut se trouver en toutes positions.

INITIALE*	MÉDIANE*	DEVANT E FINAL*	FINALE*
fantassin	africain	agrafe	apéritif
fantastique	balafre	carafe	bœuf
fantôme	défaite	esbroufe	chef
farine	défunt	girafe	massif
félin	gaufre	parafe	neuf
femme	gifle		œuf
fifre	infâme		relief
filtre	plafond		soif
fin	profond		tarif
fou	rafle		veuf

REM La graphie *f* apparaît à la fin des nombreux adjectifs en -*tif* : *auditif, définitif, fugitif, positif*…

125 *ff* comme truf*f*e

La graphie double *ff* n'apparaît jamais à l'initiale, et très rarement en finale (dans quelques mots d'origine anglaise ou allemande).

INITIALE	MÉDIANE		DEVANT E FINAL		FINALE
.	affaire	diffus	bouffe	gaffe	bluff
.	affection	effacement	chauffe	griffe	skiff
.	affluent	effet	coiffe	touffe	staff
.	affreux	effort	étoffe	truffe	
.	affût	gouffre			
.	buffle	offense			
.	chauffage	office			
.	chiffon	souffle			
.	chiffre	souffrance			
.	coffre	suffisant			

REM On peut écrire *skif* ou *skiff*.

126 *ph* comme am*ph*ore

La graphie *ph* provient de l'alphabet grec, et apparaît dans de nombreux mots d'origine savante. → Racines grecques et latines, paragraphe 382.

INITIALE	MÉDIANE	DEVANT E FINAL	FINALE
*ph*alange	am*ph*ibie	amor*ph*e	
pharmacie	amphore	apocryphe	
phase	aphone	catastrophe	
phénomène	bibliographie	géographe	
philanthrope	doryphore	orthographe	
philatélie	emphase	paragraphe	
philosophie	morphologie	paraphe	
phonétique	ophtalmie	strophe	
phrase	siphon	triomphe	
physique	typhon		

REM   On admet deux orthographes : *f*antasme ou *ph*antasme, para*f*e ou para*ph*e.

127 Tableau des graphies du son [f]

Le [f] de *faim*	INITIALE	MÉDIANE	DEVANT E FINAL	FINALE
f	*f*antassin	pro*f*ond	agra*f*e	œu*f*
ff		a*ff*aire	éto*ff*e	blu*ff*
ph	*ph*armacie	ap*h*one	triom*ph*e	

LES RÉGULARITÉS*

128 *aff* au début des mots

Tous les mots qui commencent par le son [af] s'écrivent *aff*.

*aff*amer
affectation
afficher
affluer
affront
affût

⚠ *af*ghan
afin
aflatoxine (**vocabulaire spécialisé**)
afocal (**vocabulaire spécialisé**)
Afrique (**et les mots de la même famille**)

129 *eff* au début des mots

Tous les mots qui commencent par le son [ef] s'écrivent *eff*.

effacer
effet
effilé
efflanqué
effleurer
effrayer

⚠ *éfaufiler* (**rare**), *éfrit*.

130 *off* au début des mots

Tous les mots qui commencent par le son [of] s'écrivent *off*.

offense
officiel
offrir
offset

ÉCRITE *g* *régal*

LES DIFFÉRENTES GRAPHIES

131 *g* comme *glace*

Le son [g] peut s'écrire avec la seule lettre *g* devant *a, o, u, l, r*.

INITIALE*	MÉDIANE*	FINALE*
gadget	agrandir	camping
gai	agrégat	caravaning
galop	agrégé	gag
ganglion	agression	gang
garage	agrume	gong
glace	bagage	grog
glaive	bagarre	iceberg
glu	cargo	legs
goal	congrès	parking
gond	dégoûter	ping-pong
goût	lagon	smog
gouverner	légume	zigzag
gras	magot	
grave	onglet	
grotte	ragoût	
guttural	régal	
	règlement	
	régulier	

REM On rencontre aussi *g* devant *m* ou *n* dans quelques mots.

augmenter
diagnostic
magma
segment
stagner

Le son [g] ne s'écrit jamais *g* devant *e* ou *i*. Il s'écrit alors *gue, gui* : guérir, *guignol*.

132 *gu* comme fi*gu*e

La graphie complexe *gu* apparaît devant *e, ê, é, è, i, y*. Alors que *g* seul est rare en finale, on trouve fréquemment *-gue* dans cette position. Le *e* est alors rarement prononcé : *bague* [bag], *algue* [alg].

INITIALE		MÉDIANE	DEVANT E FINAL*	FINALE
gué	*gui*	*aiguiser*	*analogue*	.
guenille	*guichet*	*baguette*	*bègue*	.
guépard	*guide*	*figuier*	*dingue*	.
guêpe	*guidon*		*drague*	.
guère	*guignol*		*drogue*	.
guérilla	*guimbarde*		*fatigue*	.
guérison	*guingois*		*figue*	.
guerre	*guirlande*		*langue*	.
gueule	*guise*		*ligue*	.
gueux	*guitare*		*seringue*	.
			sociologue	.
			vague	.

133 *gg* comme jo*gg*ing

La graphie double *gg* est fort rare.

agglomération (et les mots de la même famille)
agglutiné (et les mots de la même famille)
aggravation (et les mots de la même famille)
buggy (origine anglaise, prononcé [bygi] ou [bœgi])

134 *gh* comme spa*gh*etti

Dans quelques mots d'origine étrangère, on rencontre la graphie *gh*.

ghesha ou geisha (japonais)
ghetto (italien)
spaghetti (italien)

135 *c* comme se*c*ond

Dans certains mots, il arrive que le *c* se prononce [g].

eczéma
second
secondaire

136 Tableau des graphies du son [g]

Le [g] de *gant*	INITIALE	MÉDIANE	DEVANT E FINAL	FINALE
g	*gai*	*agrandir*	.	*gag*
gu	*gué*	*aiguiser*	*vague*	.
gg	.	*aggraver*	.	.
gh	*ghetto*	*spaghetti*	.	.
c	.	*second*	.	.

LES RÉGULARITÉS*

137 Le féminin des adjectifs terminés par -*gu*

Les adjectifs terminés par -*gu* au masculin s'écrivent *guë* au féminin.
La présence du tréma (¨) empêche la fusion de *gu* et *e* en *gue*.

aigu → *aiguë*
ambigu → *ambiguë*
contigu → *contiguë*
exigu → *exiguë*

138 Les participes présents en -*guant* et les adjectifs verbaux en -*gant*

Les adjectifs verbaux sont des participes présents employés comme adjectifs,
mais leur orthographe peut différer. Ainsi, les verbes en -*guer* ont
des participes présents en -*guant* et des adjectifs verbaux en -*gant*.

PARTICIPE PRÉSENT	ADJECTIF VERBAL
extravaguant	*extravagant*
fatiguant	*fatigant*
naviguant	*navigant*

ÉCRIRE *gn* *agneau*

LES DIFFÉRENTES GRAPHIES

139 *gn* comme champi*gn*on

Cette graphie n'apparaît que rarement à l'initiale et jamais en finale. C'est en position médiane qu'on la rencontre le plus souvent. Devant *e muet* final, seule cette graphie *gn* peut transcrire le son [ɲ].

INITIALE*	MÉDIANE*		DEVANT E FINAL*	FINALE*
gnangnan	*agneau*	*égratignure*	*campagne*	
gnocchi	*araignée*	*espagnol*	*champagne*	
gnon	*assignable*	*gagnant*	*compagne*	
	baigneur	*montagnard*	*montagne*	
	campagnard	*poignée*	*pagne*	
	champignon	*rognure*		
	cognac	*seigneur*		
	compagnie	*signal*		
	compagnon	*vignoble*		
	dédaigneux			

⚠ Le son [ɲ] s'écrit *gni* dans *châtaignier*.

REM
— À cette liste, il faut ajouter la conjugaison :

- des verbes en -*gner*
  j'accompagne
  nous accompagnions
  ils ont accompagné

- des verbes en -*eindre*
  ils feignirent
  feignant

- des verbes en -*aindre*
  vous craignez
  craignant

- des verbes en -*oindre*
  nous joignions
  vous joignez
  joignant

— On rencontre également la graphie *gn* dans certains noms propres : *Perpignan, Espagne.*

140 *ni* comme bana*ni*er

Cette graphie n'apparaît que rarement à l'initiale et jamais en finale. C'est en position médiane qu'on la rencontre le plus souvent.

INITIALE	MÉDIANE				FINALE
niais	aluminium	colonial	harmonieux	opiniâtre	.
nièce	ammoniac	communiant	inconvénient	opinion	.
nielle	arménien	dernière	magasinier	panier	.
	bananier	douanier	manioc	pécuniaire	.
	bannière	grenier	millionième	réunion	.

REM À cette liste, il faut ajouter la conjugaison des verbes en -**nier** (*communier*) : *ils communiaient, j'ai communié…*

141 Tableau des graphies du son [ɲ]

Le [ɲ] de *montagne*	INITIALE	MÉDIANE	DEVANT E FINAL	FINALE
gn	gnon	araignée	champagne	.
ni	nièce	opinion	.	.

ÉCRITE *j* *jambon*

LES DIFFÉRENTES GRAPHIES

142 *j* comme *jus*

Le son [ʒ] peut être écrit *j* devant toutes les voyelles. On trouve néanmoins rarement *j* devant *i*.

INITIALE*			MÉDIANE*			FINALE*
*j*ade	*j*aponais	*j*eune	ab*j*ect	con*j*onction	in*j*ure	
*j*adis	*j*aune	*j*ockey	ad*j*ectif	con*j*uration	ob*j*et	
*j*aloux	*j*ésuite	*j*oie	ad*j*oint	en*j*eu	su*j*et	
*j*ambon	*j*eu	*j*urer	bi*j*ou	in*j*ection		

REM — Dans la plupart des mots d'origine anglaise, *j* se prononce souvent [dʒ].

*j*ack	*j*ean	*j*erk	*j*ingle	*j*umping
*j*azz	*j*eep	*j*et	*j*ogging	

— La consonne *g* se prononce [dʒ] dans *g*in.
— La double consonne *gg* se prononce [gʒ] : su*gg*estif, suggestion, suggestivité.

143 *g* comme fran*g*ipane

Le son [ʒ] peut s'écrire *g* devant *e*, *i* et *y*. Cette graphie est aussi employée pour transcrire le son [ʒ] que la graphie *j*.

INITIALE	MÉDIANE		DEVANT E FINAL*		FINALE
*g*éant	abori*g*ène	indi*g*ène	arpè*g*e	manè*g*e	
*g*endarme	an*g*ine	miso*g*yne	badina*g*e	personna*g*e	
*g*êne	auber*g*ine	ori*g*ine	bei*g*e	piè*g*e	
*g*entil	en*g*elure	oxy*g*ène	carna*g*e	presti*g*e	
*g*ibet	fran*g*ine	patho*g*ène	chasse-nei*g*e	privilè*g*e	
*g*ibier	hétéro*g*ène	sans-*g*êne	collè*g*e	siè*g*e	
*g*ifle	homo*g*ène	sur*g*eler	cortè*g*e	solfè*g*e	
*g*igot	hydro*g*ène		dépanna*g*e	stratè*g*e	
*g*ilet			espionna*g*e	ti*g*e	
*g*itan			laina*g*e	verti*g*e	
*g*îte			liti*g*e	voisina*g*e	
*g*ivre					

144 *ge* comme estur*ge*on

Pour obtenir le son [ʒ] devant les voyelles *a*, *o*, *u*, la lettre *g* doit être suivie de *e*.

INITIALE	MÉDIANE				FINALE
geai	bougeoir	esturgeon	geôle	plongeon	
geôlier	bourgeon	gageure	pigeon		

145 Tableau des graphies du son [ʒ]

Le [ʒ] de *jeu*	INITIALE	MÉDIANE	DEVANT E FINAL	FINALE
j	jade	objet		
g	géant	origine	âge	
ge	geai	pigeon		

LES RÉGULARITÉS*

146 Les participes présents en -*geant* et les adjectifs verbaux en -*gent*

Les participes présents des verbes en -*ger* se terminent par -*geant* ; les adjectifs verbaux (participes présents employés comme adjectifs) se terminent par -*gent*.

PARTICIPE PRÉSENT	ADJECTIF VERBAL
convergeant	convergent
divergeant	divergent
négligeant	négligent

ÉCRIRE *C* <u>*cacao*</u>

son [ks] → paragraphes 184.

LES DIFFÉRENTES GRAPHIES

147 *c* comme *c*arotte

Le son [k] s'écrit *c* en toutes positions.

INITIALE*	MÉDIANE*	FINALE*
cabine	acabit	avec
cacao	acacia	chic
cadeau	acajou	choc
capitale	acoustique	fisc
coca	bicorne	foc
colère	écorce	lac
combat	oculaire	pic
cube	sacoche	plastic
culotte	vacarme	trafic

REM Le son [k] ne s'écrit jamais *c* devant *e* et *i*. Il peut s'écrire *qu* ou *cu* : *qu*elqu'un, *cu*eillir.

148 *qu* comme *qu*alité

Très fréquemment, le son [k] s'écrit *qu*.

INITIALE	MÉDIANE	DEVANT E FINAL*	FINALE
quai	antiquaire	bibliothèque	.
qualité	attaquant	coque	.
quand	briquet	discothèque	.
quelque	délinquant	disque	.
question	mousquetaire	évêque	.
qui	paquet	laque	.
quoi	piquant	phoque	.
quotidien	remarquable	pique	.
quotient	trafiquant	plastique	.

REM La lettre *q* est toujours suivie de *u*, sauf en finale : *cin*q, *co*q.

149 *cc* comme su*cc*ursale

La double consonne *cc* n'apparaît qu'à l'intérieur des mots. Elle peut être suivie de *a, o, u, l, r.*

a ccablement
a ccord
a ccrocher
baccalauréat
occasion
o cclusive
saccade
su ccursale

Les graphies *cce* et *cci* se prononcent [ksə] et [ksi].

a ccent
accès
co ccinelle
succédané
succès
succinct
succion
vaccin

150 *k* comme mo*k*a

On trouve la lettre *k* dans un nombre restreint de mots d'origine étrangère.

INITIALE		MÉDIANE	FINALE
kaki	*kilo*	*an kylose*	*anora k*
kangourou	*kimono*	*moka*	*batik*
képi	*kiosque*		*look*
kermesse	*kyste*		*souk*

151 *ch* comme or*ch*idée

La graphie *ch* est souvent l'indice de l'origine étrangère d'un mot (grecque le plus souvent).

INITIALE		MÉDIANE	FINALE
chaos	*chorale*	*ar change*	*kra ch* (**allemand**)
chlore	*chrome*	*écho*	*loch* (**écossais**)
choléra	*chrysalide*	*orchestre*	*mach* (**autrichien**)
cholestérol	*chrysanthème*	*orchidée*	
		psychiatre	

152 *cqu* ou *cch* comme a*cqu*itter ou ba*cch*anale

Ce sont des graphies très rares.

cqu
acquérir (et les mots de la même famille :
acquisition, acquis)
acquêt
acquitter (et les mots de la même famille :
acquittement, acquit…)
becqueter
grecque
jacquard
socquette

cch
bacchanale
bacchante

153 *ck* comme bifte*ck*

Le groupe *ck* caractérise des mots d'origine étrangère, souvent anglaise, mais aussi russe, allemande, suédoise, asiatique…

INITIALE	MÉDIANE	FINALE
.	*cocker*	*bifteck*
.	*cockpit*	*bock* (allemand)
.	*cocktail*	*brick* (arabe)
.	*jockey*	*kopeck* (russe)
.	*nickel* (suédois)	*stick*
.	*teckel* (allemand)	*stock*
.	*ticket*	*teck* (malabar)

154 Tableau des graphies du son [k]

Le [k] de *kaki*	INITIALE	MÉDIANE	DEVANT E FINAL	FINALE
c	*cabine*	*sacoche*	.	*lac*
cc	.	*occasion*	.	
qu	*quand*	*briquet*	*coque*	.
k	*kilo*	*moka*	.	*anorak*
ch	*cholestérol*	*archange*	.	*krach*
cqu	.	*becqueter*	.	.
ck	.	*cocktail*	.	*brick*

155 *acc* ou *ac* au début des mots

Les mots qui commencent par les sons [ak] ou [aks] s'écrivent souvent *acc.*

accabler	accessible	accommoder	accoutumance
accalmie	accession	accompagner	accoutumer
accaparer	accessit	accompli	accroc
accastillage	accessoire	accord	accroire
accélérer	accident	accort	accroître
accent	acclamation	accostage	accroupi
accepter	acclimatation	accoster	accueil
acception	accointance	accouchement	accumuler
accès	accolade	accoudoir	accuser

⚠ Il y a un certain nombre d'exceptions. En voici quelques-unes :

acabit	acompte
acacia	acoustique
académie	acre
acajou	acrimonie
acanthe	acrobate
acariâtre	acuité
acolyte	acuponcture

156 *occ* ou *oc* au début des mots

Le plus souvent, les mots qui commencent par les sons [ɔk] ou [ɔks] s'écrivent *occ.*

occasion (et les mots de la même famille)
occident (et les mots de la même famille)
occipital
occiput
occitan
occlusion (et les mots de la même famille)
occulter (et les mots de la même famille)
occuper (et les mots de la même famille)
occurrence (et les mots de la même famille)

⚠ *ocarina*

octave (et les mots de la famille de huit : *octobre, octet, octane, octogénaire...*)
octroi
oculaire (et les mots de la famille d'œil : *oculiste, oculus, oculariste...*)

157 *ec* ou *ecc* au début des mots

La plupart des mots qui commencent par le son [ek] s'écrivent *ec*.

écaille
écarlate
écarquiller
écarter

⚠ *ecchymose, ecclésiastique.*

158 Les participes présents en -*quant* et les adjectifs verbaux en -*cant*

Les adjectifs verbaux sont des participes présents employés comme adjectifs ; toutefois leur orthographe peut être différente. Ainsi, les verbes en -*quer* ont des participes présents en -*quant* et des adjectifs verbaux en -*cant*.

PARTICIPE PRÉSENT	ADJECTIF VERBAL
communiquant	*communicant*
provoquant	*provocant*
suffoquant	*suffocant*
vaquant	*vacant*

REM   Il faut ajouter à cette liste le verbe *convaincre* : *convainquant, convaincant.*

ÉCRIRE *1* *l*ait

LES DIFFÉRENTES GRAPHIES

159 *l* comme o*l*ive

On trouve la graphie simple *l* en toutes positions.

INITIALE*		MÉDIANE*		DEVANT E FINAL*		FINALE*	
là-bas	*légal*	*balai*	*olive*	*alvéole*	*pétale*	*alcool*	*cumul*
laine	*léger*	*coloris*	*palier*	*cymbale*	*rafale*	*bol*	*égal*
lait	*lettre*	*couleur*	*palissade*	*domicile*	*stérile*	*calcul*	*journal*
langage	*liberté*	*douleur*	*pelure*	*fiole*	*timbale*	*cil*	*naturel*
langue	*lieu*	*hélas*	*relation*	*fossile*	*ustensile*	*civil*	*pluriel*
lecture	*ligne*	*molaire*		*gaule*			

REM La consonne *l* ne se prononce pas à la fin de quelques mots : *fusil, gentil, outil.*

160 *ll* comme co*ll*ation

La graphie double *ll* n'apparaît qu'à l'intérieur des mots et en finale, dans de rares mots d'origine étrangère.

INITIALE	MÉDIANE		DEVANT E FINAL		FINALE
.	*alliance*	*colloque*	*balle*	*malle*	*atoll*
.	*allitération*	*fallacieux*	*bulle*	*pupille (de*	*basket-ball*
.	*allô !*	*pellicule*	*colle*	*la nation)*	*football*
.	*belliqueux*	*pollution*	*corolle*	*stalle*	*hall*
.	*cellier*	*sollicitation*	*dalle*	*tranquille*	*music-hall*
.	*cellule*	*tellurique*	*halle*	*vaudeville*	*pull*
.	*collation*		*idylle*	*ville*	*troll*
.			*intervalle*		*volley-ball*

REM – La graphie *ll* est très rare à l'initiale : *lloyd* (origine galloise).

– La plupart des mots en *-ille* se prononcent [ij] : *ville.* Seuls quelques mots se prononcent [il] : *bacille, mille, tranquille, ville* → paragraphe 98.

161 Tableau des graphies du son [l]

Le [l] de *loup*	INITIALE	MÉDIANE	DEVANT E FINAL	FINALE
l	*lune*	*hélas*	*pétale*	*nul*
ll	*lloyd*	*alliance*	*folle*	*pull*

LES RÉGULARITÉS*

162 Les mots en -*ule* ou -*ul*

Presque tous les noms terminés par le son [yl] s'écrivent avec la graphie *ule*.

cellule
crépuscule
libellule
scrupule

⚠ *calcul, consul, recul*
bulle, tulle
pull

ÉCRIRE *m* et *n*   *co<u>m</u>estible, <u>n</u>avet*

LES DIFFÉRENTES GRAPHIES

163 *m* comme *m*ystère

Le son [m] s'écrit *m* en toute position. Cependant, on rencontre rarement un *m* en finale absolue.

INITIALE*	MÉDIANE*	DEVANT E FINAL*	FINALE*
magasin	*amertume*	*axiome*	*album*
mai	*ami*	*brume*	*idem*
maillot	*coma*	*centime*	*islam*
main	*comestible*	*costume*	*item*
malheur	*comité*	*crime*	*macadam*
mélange	*émanation*	*drame*	*pogrom*
miracle	*hématie*	*écume*	*requiem*
modèle	*hémisphère*	*escrime*	*tandem*
musique	*image*	*madame*	*ultimatum*
mystère	*imitation*		
	séminaire		

164 *mm* comme po*mm*e

La consonne double *mm* est fréquente à l'intérieur des mots et devant un *e muet* final. Elle n'apparaît jamais à l'initiale, et rarement en finale.

INITIALE	MÉDIANE		DEVANT E FINAL	FINALE
.	*commandement*	*hammam*	*bonhomme*	.
.	*commentaire*	*immanence*	*dilemme*	.
.	*commère*	*immédiat*	*gemme*	.
.	*commis*	*immergé*	*gentilhomme*	.
.	*commissaire*	*immeuble*	*gramme*	.
.	*commission*	*immigration*	*homme*	.
.	*commissure*	*immobile*	*pomme*	.
.	*commode*	*mammaire*	*prud'homme*	.
.	*dommage*	*mammifère*	*somme*	.
.	*emménagement*			.

REM   Dans le mot *auto<u>m</u>ne*, le **m** n'est pas prononcé, alors qu'on l'entend dans l'adjectif *auto<u>m</u>nal*.

165   n comme ba*n*a*n*e

Le son [n] s'écrit *n* en toute position, mais il est rare de le rencontrer
en finale absolue.

INITIALE	MÉDIANE	DEVANT E FINAL	FINALE
nage	*anodin*	*angine*	*abdomen*
naïf	*anomalie*	*arcane*	*amen*
naissance	*banal*	*avoine*	*dolmen*
nappe	*canal*	*cabine*	*epsilon*
natif	*énergie*	*carbone*	*foehn*
néant	*énormité*	*douane*	*hymen*
négociant	*finance*	*fortune*	*omicron*
neuf	*romanesque*	*prune*	*spécimen*
nid	*volcanique*	*trombone*	*upsilon*
nouveau	*zénith*	*zone*	

166   *nn* comme ma*nn*e

La consonne double *nn* est fréquente à l'intérieur des mots et devant
un *e muet* final. Elle n'apparaît jamais à l'initiale, ni en finale.

INITIALE	MÉDIANE		DEVANT E FINAL	FINALE
.	*abonnement*	*connivence*	*antenne*	.
.	*anneau*	*ennemi*	*antienne*	.
.	*année*	*fennec*	*bonne*	.
.	*annexe*	*finnois*	*canne*	.
.	*anniversaire*	*honni*	*colonne*	.
.	*annonce*	*inné*	*donne*	.
.	*annulation*	*innocent*	*maldonne*	.
.	*bonnet*	*innombrable*	*panne*	.
.	*connaissance*	*mannequin*	*penne*	.
.	*connexion*	*tennis*		.

REM   On ajoutera à cette liste les féminins des adjectifs et des noms en -*enne*
(*parisienne*) et en -*onne* (*patronne*).

167   Tableau des graphies du son [m]

Le [m] de *main*	INITIALE	MÉDIANE	DEVANT E FINAL	FINALE
m	*m* ai	*am* i	*ram* e	*album*
mm	.	*comm* enter	*gramm* e	.

168 Tableau des graphies du son [n]

Le [n] de *navarin*	INITIALE	MÉDIANE	DEVANT E FINAL	FINALE
n	*naïf*	*animal*	*fortune*	*dolmen*
nn	.	*mannequin*	*antenne*	.

LES RÉGULARITÉS*

169 *m / mm, n / nn* dans les mots de la même famille

Dans certains mots de la même famille, on observe une alternance des deux graphies *m* ou *mm* et *n* ou *nn*.

m / mm
bonhomie — bonhomme
féminin — femme
homicide — homme
nomination — renommée

n / nn
cantonal — cantonnier
consonance — consonne
donation — donneur
honorable — honnête
honoraire — honneur
millionième — millionnaire
monétaire — monnaie
patronat — patronnesse
rationalité — rationnel
sonore — sonnerie

REM   On admet *bonhommie*.

ÉCRIRE *r* *récolte*

LES DIFFÉRENTES GRAPHIES

170 *r* comme cavia*r*

On trouve la graphie simple *r* en toutes positions.

INITIALE*	MÉDIANE*	DEVANT E FINAL*	FINALE*		
rabais	béret	anaphore	amer	enfer	obscur
racine	carotte	augure	autour	essor	pair
radio	direct	avare	avatar	éther	plaisir
rail	féroce	bordure	azur	fémur	porter
rang	hérédité	carnivore	bar	fier	pourtour
récit	intérêt	empire	bazar	flair	quatuor
récolte	ironie	heure	butor	four	revolver
risque	parole	sourire	cancer	futur	saur
rivage	zéro		car	hangar	séjour
roue			castor	hier	soupir
rue			cauchemar	hiver	stentor
rythme			caviar	impair	sur
			chair	labour	sûr
			cher	loisir	tambour
			clair	major	ténor
			contour	mer	tir
			corridor	millibar	toréador
			décor	mur	trésor
			désir	mûr	vair
			détour	nectar	vautour
			éclair	nénuphar	ver

Pour les mots en *-re, -aire, -oire* → paragraphes 221 et 222.

171 rr comme beurre

La graphie rr apparaît à l'intérieur des mots et devant un e muet final.

INITIALE	MÉDIANE		DEVANT E FINAL	FINALE
	amarrage	fourrure	amarre	
	arrangement	horrible	bagarre	
	arrière	irrespect	beurre	
	arrosoir	irritable	bizarre	
	carrière	lorrain	bourre	
	correct	narration	escarre	
	corrélatif	perruche	leurre	
	corrida	sierra	serre	
	débarras	surrénal	tintamarre	
	derrière	terrible		
	embarras	torrent		
	erreur	torride		
	ferraille	verrou		
	fourré			

172 rh ou rrh comme rhubarbe ou cirrhose

Les graphies rh et rrh, fort rares, apparaissent dans des mots d'origine grecque.

INITIALE		MÉDIANE	DEVANT E FINAL	FINALE
rhapsodie	rhizome	cirrhose	catarrhe	
rhénan	rhodanien			
rhéostat	rhododendron			
rhésus	rhubarbe			
rhétorique	rhum			
rhinite	rhumatisme			
rhinocéros	rhume			

173 Tableau des graphies du son [ʀ]

Le [ʀ] de roue	INITIALE	MÉDIANE	DEVANT E FINAL	FINALE
r	radis	truite	carnivore	four
rr	.	fourré	beurre	.
rh, rrh	rhum	cirrhose	catarrhe	.

174 Les mots en -*eur*

La majorité des noms (masculins ou féminins) terminés par le son [øʀ]
s'écrivent -*eur*.

MASCULIN		FÉMININ	
ajusteur	*percepteur*	*fraîcheur*	*odeur*
assureur	*radiateur*	*frayeur*	*pesanteur*
auteur	*remorqueur*	*fureur*	*peur*
bonheur	*sauveur*	*grosseur*	*primeur*
compteur	*sculpteur*	*horreur*	*rigueur*
échangeur	*tailleur*	*lenteur*	*stupeur*
écouteur	*tourneur*	*lueur*	*vigueur*
malheur	*vecteur*		

⚠   – *Chœur, cœur, rancœur, sœur.*

     – *Beurre, leurre, heure, demeure* et *prieure.*

Il existe également des adjectifs en -*eur* (*antérieur, majeur, mineur, postérieur,
supérieur...*) ; leur féminin s'écrit en -*eure* (*antérieure, supérieure...*).
On consultera le *Bescherelle conjugaison* à propos des verbes en -*eurer*,
-*eurrer* (*je pleure, il demeure, ils se leurrent*) → aussi le verbe *mourir* (*je meurs,
qu'il meure*).

175 Les noms masculins en -*oir* et en -*oire*

La plupart des noms masculins terminés par le son [waʀ] s'écrivent -*oir*.

arrosoir	*espoir*
couloir	*miroir*
dépotoir	*peignoir*
entonnoir	*trottoir*

Attention cependant à la finale -*(t)oire*, qu'on trouve aussi pour des noms
masculins. → paragraphes 221 et 222, consacrés au *e muet* final.

auditoire	*purgatoire*
conservatoire	*réfectoire*
laboratoire	*répertoire*
observatoire	*territoire*

176 Les mots en -*rd*, -*rt*, -*rs*

Un certain nombre de mots se terminent par r + *consonne muette* (que l'on n'entend pas).

rd	*rt*	*rs*
accord	*art*	*alors*
brouillard	*concert*	*discours*
lourd	*confort*	*divers*

Des mots de la même famille peuvent être utiles pour détecter la présence d'une lettre muette.

accord → *accorder*
art → *artiste*
concert → *concertiste*
confort → *confortable*
divers → *diversifier*
lourd → *alourdir*

ÉCRIRE *S* *saucisse*

LES DIFFÉRENTES GRAPHIES

177 *s* comme maïs

On rencontre *s* à l'initiale, en médiane, devant *e muet* final, après une consonne (*n*, *l*, *r*, *b*), ou en finale.

INITIALE*	MÉDIANE*	DEVANT E FINAL*	FINALE*	
salade	absolu	bourse	bus	myosotis
sale	aseptique	course	cactus	oasis
soleil	boursier	dépense	campus	palmarès
soupçon	chanson	offense	contresens	processus
sourd	obstacle	panse	cosinus	pubis
	parasol	réponse	fœtus	sens
	vraisemblable		maïs	sinus
			métis	stimulus

REM
— *s* à la fin d'un mot se prononce toujours [s].
— *s* entre deux voyelles transcrit le son [z], sauf dans le cas de certains mots composés où *s* se prononce [s] (*parasol*, *polysémie*).

178 *ss* comme écrevisse

Le son [s] peut également s'écrire *ss*. On trouve cette graphie en position médiane, entre deux voyelles (*boisson*), mais rarement en finale.

INITIALE	MÉDIANE	DEVANT E FINAL		FINALE
	boisson	adresse	impasse	gauss
	esseulé	baisse	liasse	loess (all.)
	essor	bécasse	pelisse	schlass (all., ang.)
	issue	bonasse	pousse	schuss (all.)
	osseux	brasse	russe	stress
	tissu	brosse	saucisse	
		brousse	secousse	
		colosse	trousse	
		crevasse		
		détresse		
		écrevisse		
		encaisse		
		esquisse		
		fausse		
		gentillesse		
		graisse		

REM
La graphie *sse* à la fin des mots alterne avec la graphie *ce* → paragraphe 179.

179 *c* ou *ç* comme vora*c*e ou gla*ç*on

On rencontre la graphie *c* devant les voyelles *e*, *i* et *y* et la graphie *ç* devant les voyelles *a*, *o*, *u*, à l'intérieur des mots uniquement.
Une seule exception : *ça*.

- *c*

INITIALE	MÉDIANE	DEVANT E FINAL			FINALE
ceci	*concert*	*appendice*	*Grèce*	*pouce*	.
cédille	*farci*	*astuce*	*indice*	*précoce*	.
cigare	*merci*	*atroce*	*Lucrèce*	*préface*	.
cycle	*océan*	*audace*	*négoce*	*préjudice*	.
cygne	*social*	*bénéfice*	*nièce*	*puce*	.
cymbale		*caprice*	*notice*	*race*	.
		douce	*once*	*sagace*	.
		efficace	*pince*	*sauce*	.
		féroce	*ponce*	*vorace*	.

- *ç*

INITIALE	MÉDIANE			FINALE
ça	*façade*	*leçon*	*tronçon*	.
	façon	*maçon*		.

180 *sc* comme pi*sc*ine

Le son [s] peut également s'écrire *sc*, devant les voyelles *e*, *i* et *y*.

INITIALE		MÉDIANE		FINALE
scélérat	*science*	*adolescent*	*faisceau*	.
sceller	*scier*	*conscient*	*fascicule*	.
scène	*scinder*	*convalescent*	*irascible*	.
sceptique	*scintiller*	*descendance*	*piscine*	.
sceptre	*sciure*	*discipline*	*plébiscite*	.
sciatique	*scythe*			.

181 *t* comme démocra*t*ie

Le son [s] peut également s'écrire *t*, devant la voyelle *i* uniquement.

INITIALE	MÉDIANE			FINALE
.	*action*	*confidentiel*	*inertie*	.
.	*argutie*	*démocratie*	*minutie*	.
.	*aristocratie*	*diplomatie*	*péripétie*	.
.	*attention*	*facétie*	*tertiaire*	.
.	*calvitie*	*idiotie*	*vénitien*	.

182 CC, XC ou X comme suCCès, eXCellent ou galaXie

La combinaison [ks] peut s'écrire CC, XC, X et, rarement, CS.

CC	XC
accès	*excellent*
buccin	*excès*
succès	
succinct	
vaccin	

X	CS
apoplexie	*tocsin*
axe	
galaxie	
orthodoxie	
prophylaxie	
saxon	
vexant	

REM   Le **X** se prononce [s] dans *dix* et *six*, s'ils ne sont pas suivis d'un mot.

Mais s'ils sont suivis d'un mot commençant par une voyelle, **X** se prononce [z].

dix‿enfants (prononcé [z])

six‿œufs (prononcé [z])

183 Tableau des graphies du son [s]

Le [s] de *seau*	INITIALE	MÉDIANE	DEVANT E FINAL	FINALE
s	*soleil*	*chanson*	*dépense*	*iris*
ss	.	*boisson*	*presse*	*schuss*
c	*cil*	*concert*	*délice*	.
ç	*ça*	*glaçon*	.	.
sc	*science*	*adolescent*	.	.
t	.	*portion*	.	.

184 Tableau des graphies du son [ks]

Le [ks] de *saxon*	INITIALE	MÉDIANE	FINALE
cc	.	*accès*	.
xc	.	*excellent*	.
x	.	*apoplexie*	.
cs	.	*tocsin*	.

185 $\hat{a}$ ou *as*, $\hat{e}$ ou *es*, $\hat{i}$ ou *is*, $\hat{o}$ ou *os* dans les mots d'une même famille

Certains mots appartenant à la même famille peuvent présenter
une alternance de voyelle + accent circonflexe et de voyelle + *s*.

On peut ainsi rencontrer, dans une même famille de mots, des mots avec
$\hat{a}$ (*bâton*) et des mots avec *as* (*bastonner*), avec $\hat{e}$ (*ancêtre*) et *es* (*ancestral*),
avec $\hat{i}$ (*épître*) et *is* (*épistolaire*), avec $\hat{o}$ (*hôtel*) et *os* (*hostellerie*).

En voici quelques exemples :

arrêt — arrestation
bête — bestial
fenêtre — défenestration
fête — festivité
forêt — forestier
hôpital — hospitalité
tête — détester
vêtement — vestimentaire

REM — Cette alternance se traduit parfois par un changement de voyelle : *goût, gustatif*.

— L'accent circonflexe marque un *s* qui a disparu de la prononciation dans
la plupart des cas. Le *s* est donc la trace de cet ancien état de la langue.

ÉCRIRE **Z** *rizière*

LES DIFFÉRENTES GRAPHIES

186 Z comme luZerne

Au son [z] correspond la graphie z en toutes positions.

INITIALE*	MÉDIANE*		DEVANT E FINAL*	FINALE*
zèbre	alizé	dizaine	bronze	Berlioz
zénith	amazone	gazelle	douze	Booz
zéro	azote	gazon	gaze	Fez
zone	azur	horizon	onze	gaz
zoo	bazar	lézard	quatorze	Suez
zoom	bizarre	luzerne	quinze	raz
	byzantin	ozone	seize	
	colza	rizière		

187 S comme raiSin

Le son [z] s'écrit s entre deux voyelles, en médiane ou devant *e muet* final.

INITIALE	MÉDIANE			DEVANT E FINAL	FINALE
.	blasé	disette	raisin	bise	.
.	busard	musée	risible	buse	.
.	cousette	paysage	saison	ruse	.
.	cousin	poison	visage		.

REM La graphie s est beaucoup plus employée pour transcrire le son [z] que la graphie z, mais on la rencontre essentiellement entre deux voyelles.

188 X comme diXième

Le son [z] peut parfois être rendu par x, à l'intérieur des mots, ou devant des mots commençant par une voyelle.

deuxième dix-huit dix-neuf dixième sixième
deux hommes dix ans

REM La graphie x se prononce [z] dans deux, six, dix s'ils sont suivis d'un mot commençant par une voyelle.

189 ZZ comme piZZa

La consonne double ZZ est très rare.

INITIALE	MÉDIANE		FINALE
.	*blizzard*	*pizza*	*jazz*
.	*grizzli*	*razzia*	
.	*lazzi*		

190 Tableau des graphies du son [z]

Le [z] de zoo	INITIALE	MÉDIANE	DEVANT E FINAL	FINALE
z	*zèbre*	*amazone*	*douze*	*gaz*
s	.	*raison*	*savoureuse*	.
x	.	*deuxième*	.	.
zz	.	*pizza*	.	*jazz*

LES RÉGULARITÉS*

191 Les mots en -*euse*

Il faut noter la grande fréquence d'apparition de cette graphie dans les féminins des noms et des adjectifs terminés par -*eux* et -*eur*.

eux / euse	*eur / euse*
amoureuse	*chanteuse*
belliqueuse	*moqueuse*
courageuse	*prometteuse*
heureuse	*trieuse*
juteuse	*trompeuse*
laiteuse	*vendeuse*
piteuse	
pulpeuse	

ÉCRIRE *tiaire* *ter*t*iaire*

LES DIFFÉRENTES GRAPHIES

192 *ciaire* comme bénéfi*ciaire*

Le son complexe [sjɛʀ] peut s'écrire *ciaire* ; on le rencontre à la fin des mots.

bénéficiaire
fiduciaire
glaciaire
judiciaire

193 *cière* comme nourri*cière*

Le son complexe [sjɛʀ] peut s'écrire *cière* à la fin des mots.

épicière	*mercière*	*saucière*
financière	*nourricière*	*sorcière*
gibecière	*policière*	*souricière*
glacière	*romancière*	*tenancière*

⚠ Dans le mot *cierge*, le son [sjɛʀ] s'écrit *cier* et se trouve au début du mot.

194 *(s)sière* comme pâti*ssière*

Le son [sjɛʀ] peut s'écrire *(r)sière* ou *ssière*, à la fin des mots.

boursière	*glissière*
brassière	*pâtissière*
cache-poussière	*poussière*
caissière	*traversière*

195 *tiaire* comme ter*tiaire*

Le son [sjɛʀ] peut s'écrire *tiaire*, à la fin de quelques mots.

pénitentiaire
plénipotentiaire
rétiaire
tertiaire

REM   La forme est identique au masculin et au féminin : *le système pénitentiaire*,
la condition pénitentiaire.

196 Tableau des graphies du son [sjɛʀ]

Le [sjɛʀ] de *gibecière*	INITIALE*	MÉDIANE*	FINALE*
ciaire			*judiciaire*
cière			*saucière*
sière			*boursière*
ssière			*brassière*
tiaire			*tertiaire*

LES RÉGULARITÉS*

197 Les noms et les adjectifs en -*ciaire*

Le son [sjɛʀ] ne s'écrit jamais *ciaire* après les voyelles *é* et *e*.

On rencontre la graphie *ciaire* après les voyelles *a, i, u,* mais on rencontre aussi la graphie *ssière* dans ce cas.

ciaire	*ssière*
fiduciaire	*brassière*
glaciaire	*glissière*
judiciaire	

198 Les noms et adjectifs en -*tiaire*

Le son [sjɛʀ] ne s'écrit jamais *tiaire* après les voyelles *a, i, o, u.*

On rencontre la graphie *tiaire* seulement après *é, en, er,* mais on rencontre également la graphie *cière* dans ce cas.

tiaire	*cière*
rétiaire	*mercière*
pénitentiaire	
tertiaire	

ÉCRIRE *tiel* *providentiel*

LES DIFFÉRENTES GRAPHIES

199 *tiel* comme essen*tiel*

INITIALE*	MÉDIANE*	FINALE*			
.	.	concurren*tiel*	essen*tiel*	interstitiel	préféren*tiel*
.	.	confiden*tiel*	existen*tiel*	partiel	présiden*tiel*
.	.	démen*tiel*	exponen*tiel*	pestilen*tiel*	providen*tiel*
.	.	différen*tiel*	fréquen*tiel*	poten*tiel*	séquen*tiel*

200 *ciel* comme logi*ciel*

Le son complexe [sjɛl] peut s'écrire *ciel*, à la fin des mots.

INITIALE	MÉDIANE	FINALE			
.	.	*ciel*	didacti*ciel*	logi*ciel*	progi*ciel*
.	.	actan*ciel*	indi*ciel*	ludi*ciel*	superfi*ciel*

201 Tableau des graphies du son [sjɛl]

Le [sjɛl] de *ciel*	INITIALE	MÉDIANE	FINALE
tiel	.	.	confiden*tiel*
ciel	.	.	logi*ciel*

LES RÉGULARITÉS*

202 Les mots en -*tiel*

Le son [sjɛl] s'écrit toujours *tiel* après *en*.

essen*tiel*   poten*tiel*   présiden*tiel*

203 Les mots en -*ciel*

Le son [sjɛl] s'écrit toujours *ciel* après *i* et *an*.

circonstan*ciel*   logi*ciel*   superfi*ciel*

⚠ interstitiel, substantiel.

ÉCRIRE *tien*   *martien*

LES DIFFÉRENTES GRAPHIES

204 *cien* comme batra*cien*

Le son [sjɛ̃] s'écrit le plus souvent *cien*.

INITIALE*	MÉDIANE*	FINALE*		
.	.	académi*cien*	mathématicien	platonicien
.	.	alsacien	mécanicien	politicien
.	.	ancien	métaphysicien	polytechnicien
.	.	batracien	milicien	praticien
.	.	cistercien	musicien	rhétoricien
.	.	dialecticien	opticien	statisticien
.	.	électricien	patricien	stoïcien
.	.	languedocien	pharmacien	technicien
.	.	logicien	phénicien	théoricien
.	.	magicien	physicien	

205 *tien* comme véni*tien*

Le son [sjɛ̃] s'écrit *tien* à la fin de quelques adjectifs.

INITIALE	MÉDIANE	FINALE	
.	.	capé*tien*	martien
.	.	égyptien	tahitien
.	.	haïtien	vénitien
.	.	lilliputien	

206 *(s)sien* comme paroi*ssien*

Le son [sjɛ̃] peut s'écrire *(s)sien* dans quelques mots.

(s)sien
parna*ssien*
paroissien
prussien

sien
sien
métatarsien
tarsien

207 Tableau des graphies du son [sjɛ̃]

Le [sjɛ̃] de *musicien*	INITIALE	MÉDIANE	FINALE
cien			alsacien
tien			égyptien
ssien			prussien
sien			tarsien

LES RÉGULARITÉS*

208 Les adjectifs de nationalité en -*tien*

Les adjectifs en -*tien* sont issus de noms dont la racine comporte un *t*.

Capet → capétien
Égypte → égyptien
Haïti → haïtien
Lilliput → lilliputien
Tahiti → tahitien
Vénétie → vénitien

ÉCRIRE *tieux* *superstitieux*

LES DIFFÉRENTES GRAPHIES

209 *cieux* comme astu*cieux*

Le son complexe [sjø] s'écrit souvent *cieux*.

INITIALE*	MÉDIANE*	FINALE*			
.	.	*astucieux*	*délicieux*	*officieux*	*silencieux*
.	.	*audacieux*	*disgracieux*	*pernicieux*	*soucieux*
.	.	*avaricieux*	*judicieux*	*précieux*	*spacieux*
.	.	*cieux*	*licencieux*	*révérencieux*	*vicieux*
.	.	*consciencieux*	*malicieux*	*sentencieux*	

210 *tieux* comme facé*tieux*

Le son [sjø] peut aussi s'écrire *tieux*, le plus souvent dans des adjectifs.

INITIALE	MÉDIANE	FINALE		
.	.	*ambitieux*	*factieux*	*prétentieux*
.	.	*contentieux*	*infectieux*	*séditieux*
.	.	*facétieux*	*minutieux*	*superstitieux*

211 *ssieu*, *xieux* comme e*ssieu*, an*xieux*

Les graphies *ssieu*, *xieux* se rencontrent rarement.

ssieu	*ssieux*	*sieur*	*xieux*
essieu	*chassieux*	*monsieur*	*anxieux*

212 Tableau des graphies du son [sjø]

Le [sjø] de *audacieux*	INITIALE	MÉDIANE	FINALE
cieux	.	.	*astucieux*
tieux	.	.	*superstitieux*
ssieu	.	.	*essieu*
ssieux	.	.	*chassieux*
sieur	.	.	*monsieur*
xieux	.	.	*anxieux*

LES RÉGULARITÉS*

213 Les adjectifs en -*cieux*

La graphie *cieux* sert à former des adjectifs à partir de noms se terminant par -*ce* ou -*ci* (rare).

astuce	→	*astucieux*
audace	→	*audacieux*
avarice	→	*avaricieux*
conscience	→	*consciencieux*
délice	→	*délicieux*
disgrâce	→	*disgracieux*
espace	→	*spacieux*
licence	→	*licencieux*
malice	→	*malicieux*
office	→	*officieux*
révérence	→	*révérencieux*
sentence	→	*sentencieux*
silence	→	*silencieux*
souci	→	*soucieux*
vice	→	*vicieux*

Les autres adjectifs terminés par le son [sjø] s'écrivent en général *tieux*.

ÉCRIRE *tion* *alimentation*

LES DIFFÉRENTES GRAPHIES

214 *tion* comme por*tion*

Le son complexe [sjɔ̃] s'écrit *tion* à la fin des mots. Cette graphie *tion* est dix fois plus fréquente que *(s)sion*.

(a)tion	*(é)tion*	*(i)tion*
aéra*tion*	concré*tion*	addi*tion*
alimentation	discrétion	condition
argumentation	indiscrétion	position
éducation	sécrétion	punition
explication		supposition
fondation		tradition
imagination		
libération		
ségrégation		

(u)tion	*(en)tion*	*(r)tion*
destitu*tion*	atten*tion*	asser*tion*
diminution	convention	désertion
exécution	intention	insertion
locution	mention	portion
solution	prétention	proportion

215 *ssion* ou *sion* comme pa*ssion* ou émul*sion*

Le son [sjɔ̃] peut aussi s'écrire *sion*, après une consonne, ou *ssion*, après une voyelle.

■ *ssion*

(a)ssion	*(e)ssion*	*(i)ssion*	*(u)ssion*
compa*ssion*	agre*ssion*	admi*ssion*	concu*ssion*
passion	digression	commission	discussion
	impression	émission	percussion
	obsession	mission	répercussion
	procession	scission	
	sécession	soumission	

■ *sion*

(en)sion	*(r)sion*
ascension	aversion
dimension	contorsion
extension	conversion
pension	excursion
recension	inversion
tension	version

216 *xion* ou *cion* comme fle*xion* ou suspi*cion*

Le son [sjɔ̃] peut enfin s'écrire *xion* ou *cion(s)*, mais cela arrive beaucoup plus rarement.

xion
annexion
connexion
*f*lexion
*f*luxion
inflexion
réflexion

cion
suspicion

À ces listes, il convient d'ajouter la première personne du pluriel des verbes en -*cier* : *nous remercions, nous apprécions*…

217 Tableau des graphies du son [sjɔ̃]

Le [sjɔ̃] de *attention*	INITIALE*	MÉDIANE*	FINALE*
tion	.	.	propor*tion*
ssion	.	.	impre*ssion*
sion	.	.	pul*sion*
xion	.	.	réfle*xion*
cion	.	.	suspi*cion*

218 Les noms en -*tion*

On écrit toujours *tion* pour transcrire le son [sjɔ̃] après *au*, *o* et après les consonnes *c* et *p*.

aution	*otion*	*ction*	*ption*
caution	émotion	action	absorption
précaution	lotion	inaction	inscription
	notion	perfection	option
		section	perception

219 Les noms en -*sion*

On écrit toujours *sion* pour transcrire le son [sjɔ̃] après la consonne *l*.

convulsion   émulsion   expulsion   pulsion

LES RÉGULARITÉS*

220 Le *e muet* à la fin des noms féminins

■ *ie*

C'est la finale *ie* qui fournit la plus grande quantité de noms féminins terminés par *e muet*.

accalmie	autarcie	chiromancie	jalousie	panoplie	théorie
aciérie	autocratie	éclaircie	librairie	pénurie	toupie
agonie	autopsie	écurie	loterie	pharmacie	vigie
allergie	avanie	effigie	lubie	phobie	zizanie
amnésie	biopsie	euphorie	minutie	plaidoirie	
apoplexie	bougie	facétie	modestie	poulie	
aporie	bureaucratie	galaxie	névralgie	prairie	
argutie	calvitie	ineptie	nostalgie	superficie	
asepsie	catalepsie	inertie	ortie	tautologie	

REM Seuls quelques noms féminins terminés par le son [i] ne s'écrivent pas *ie* : *brebis, fourmi, nuit, perdrix, souris.*

■ *ée*

Le son [e] (et non [te] ou [tje]) s'écrit *ée* à la fin des noms féminins.

année *matinée* *pensée*

⚠ *clé* (ou *clef*).

REM Quelques noms masculins se terminent également par *ée* : *lycée, pygmée, scarabée.*

■ *tée*

Les noms féminins terminés par le son [te] s'écrivent le plus souvent *té*.

longévité *précocité* *qualité* *spécialité*

Mais les noms féminins terminés par le son [te] et désignant un contenu s'écrivent *tée*.

brouet tée
pelletée
portée

De même, les noms suivants : *dictée, jetée, montée, pâtée*, s'écrivent en *tée*.

■ *ue*
Tous les noms féminins terminés par le son [y] s'écrivent *ue*.

aven ue	*déconvenue*	*retenue*
berlue	*étendue*	*tenue*
bienvenue	*fondue*	*verrue*
cohue	*mue*	

■ *aie, eue, oie, oue*
Les autres noms féminins terminés par une voyelle ont souvent un *e muet* final.

aie	*eue*	*oie*	*oue*
b aie	*banli eue*	*courr oie*	*baj oue*
craie	*lieue*	*joie*	*gadoue*
futaie	*queue*	*oie*	*houe*
ivraie		*proie*	*joue*
monnaie		*soie*	*moue*
pagaie		*voie*	*proue*
plaie			
raie			
roseraie			
sagaie			
taie			

221 Le *e muet* à la fin de noms masculins et féminins
Les noms terminés en *re* sont aussi bien féminins que masculins.

MASCULIN			FÉMININ	
anniversai re	*exutoire*	*lapidaire*	*baignoi re*	*molaire*
auditoire	*faussaire*	*ovaire*	*balançoire*	*nageoire*
déboire	*grimoire*	*pourboire*	*échappatoire*	*préhistoire*
directoire	*interrogatoire*	*réfectoire*	*écritoire*	*victoire*
émissaire	*ivoire*	*salaire*		
estuaire	*laboratoire*	*territoire*		

222 Le *e muet* à la fin des adjectifs en *-oire* et en *-aire*

Les adjectifs terminés par *oire* et *aire* s'écrivent de la même façon,
au masculin et au féminin.

un combat illus*oire*   un essai nucléaire
une défense illus*oire*   une centrale nucléaire

oire	*aire*
illus*oire*	aliment*aire*
libératoire	anniversaire
méritoire	dentaire
opératoire	nucléaire
ostentatoire	pénitentiaire
probatoire	polaire
provisoire	solaire
respiratoire	volontaire

223 Le *e muet* à la fin des noms en *-ure*

La plupart des noms en *-ure* (ou en *-ûre*) ont un *e muet* final, qu'ils soient
masculins ou féminins.

(u)re

aug*ure*	murmure
aventure	nervure
bordure	nourriture
brûlure	ordure
capture	parjure
carbure	pelure
chlorure	piq*ûre*
coiffure	rognure
engelure	saumure
épure	sciure
éraflure	sculpture
gerçure	sinécure
levure	soudure
mercure	sulfure
mesure	tenture

⚠ az*ur*, fémur, futur, mur.

 Il existe naturellement d'autres mots en *-re* : carnivo*re*, guitare, navire, dinosaure…
Mais on ne peut pas dégager de règles générales quant à leur orthographe.

224 Le *e muet* à l'intérieur des mots

On rencontre un *e muet* à l'intérieur de noms dérivés d'un verbe en *-ier*, en *-ouer*, en *-uer* et en *-yer*.

ier / ie	*ouer / oue*	*uer / ue*	*yer / ie*
balbutiement	*dénouement*	*dénuement*	*aboiement*
licenciement	*dévouement*	*éternuement*	*bégaiement*
ralliement	*engouement*	*remuement*	*déblaiement*
remerciement	*rouerie*	*tuerie*	*déploiement*
scierie			*paiement*
			rudoiement

De nombreuses formes verbales des verbes en *-ier*, *-ouer*, *-uer* et *-yer* présentent des *e muets* : *j'envoie, nous nierons, tu ne tueras pas, ils jouent…*

225 Les mots terminés obligatoirement par un *e muet*

Certains groupes de lettres ne peuvent apparaître en fin de mot qu'avec un *e muet* final.

-ble : aimable, possible, table.
-bre : arbre, octobre, sobre.
-che : affiche, fiche, moche, tache.
-cle : boucle, socle, spectacle.
-cre : âcre, ocre, nacre.
-dre : ordre, cèdre, cidre.
-gle : aigle, ongle, sigle.
-gre : ogre, pègre.

-gue : bague, figue, psychologue.
-phe : apocryphe, autographe, strophe.
-ple : ample, souple.
-pre : câpre, lèpre.
-que : brique, géométrique, phonothèque.
-rre : amarre, bagarre, beurre, bizarre, serre.
-tre : chapitre, huître, plâtre.

REM
Précisons que, s'il semble raisonnable de parler de *e muet* en finale, il n'en reste pas moins vrai que, dans des domaines comme la poésie, le théâtre ou la chanson, ils peuvent fort bien être prononcés.

226 Le *e muet* final et le sens des mots

Dans de nombreux cas, le *e muet* final joue un rôle de « révélateur de consonne ». On pourra ainsi opposer phonétiquement :

chant — chante   *frais — fraise*   *rein — reine*

Le *e muet* final est également la marque du féminin des adjectifs
→ paragraphe 257.

japonais → *japonaise*   *premier* → *première*

227 Le *e muet* et la prononciation des mots

La présence d'un *e muet* final peut entraîner une prononciation différente de la consonne.

fac — face   *lac — lace*
suc — suce   *trac — trace*

→ les finales en -*ge* : *barrage, garage, page, virage*, **paragraphe** 143.

En revanche, on ne prononce pas toujours le *e muet* en position médiane, entre consonnes.

boul(e)vard   dur(e)té   sûr(e)té

228 Le *e muet* à l'intérieur de noms

Il s'agit de noms dérivés d'un verbe terminé par :

-*ier* : *licencier* → *licenciement.*
-*uer* : *tuer* → *tuerie.*
-*yer* : *aboyer* → *aboiement.*
-*ouer* : *dénouer* → *dénouement.*

LES RÉGULARITÉS*

229 Le *s muet* à la fin des mots

La grande majorité des mots terminés par un *s muet* sont des noms ou des adjectifs masculins.

NOM			ADJECTIF
abus	dos	mois	anglais
anchois	éboulis	obus	niais
appentis	enclos	paradis	obtus
avis	engrais	parvis	
biais	fatras	permis	
bourgeois	fracas	pilotis	
bras	frimas	propos	
buis	frottis	rabais	
cabas	galetas	radis	
cambouis	hachis	refus	
canevas	héros	relais	
chamois	intrus	repas	
chas	jais	repos	
choucas	jus	roulis	
colis	laquais	rubis	
coloris	lavis	semis	
compromis	lilas	sursis	
coulis	logis	taffetas	
coutelas	marais	talus	
dais	matelas	tournedos	
débarras	mépris	trépas	
devis	minois		

⚠ *brebis*, *fois*, *souris* **sont des noms féminins.**

 REM

— La conjonction de coordination *mais* se termine aussi par *s*.

— De nombreux adverbes se terminent par *s* : *autrefois, désormais, jamais, néanmoins, puis, quelquefois, toujours, toutefois…*

— Dans un petit nombre de mots, le *s* **muet** final peut apparaître après une autre consonne : *aurochs, corps, divers, fonds, legs, poids, temps, velours.*

230 Le *t muet* à la fin des mots

On trouve également un grand nombre de noms masculins ayant un *t muet* en finale ainsi que des adjectifs et des adverbes.

acabit	chahut	détroit	front	partout	statut
achat	circuit	édit	fruit	plagiat	sursaut
adroit	climat	égout	gabarit	plat	surtout
affront	complot	embout	institut	produit	syndicat
amont	conflit	emprunt	lauréat	profit	thermostat
appétit	crédit	endroit	lingot	rabot	toit
argot	débit	entrepont	lit	raffut	tout
artichaut	debout	escargot	magistrat	reliquat	tribut
assaut	début	exploit	magnat	résultat	tricot
bout	défaut	faitout	matelot	sabot	
candidat	défunt	format	nuit	saut	
carat	délit	fortuit	odorat	soubresaut	

⚠ *la nuit, la mort* sont des noms féminins.

REM   Mettre un adjectif au féminin permet de savoir si le mot comporte un *t muet* final.
étroit → *étroite*

Le *t muet* apparaît à la fin de tous les adverbes en -*ment* et des participes présents.

ADVERBE	PARTICIPE PRÉSENT
assurément	comprenant
carrément	finissant
couramment	mangeant
gentiment	plaçant

Le *t* peut également suivre une autre consonne muette (*c*, *p* et *s*).

aspect	exempt
irrespect	prompt
respect	
suspect	

Enfin, on peut le trouver après *r*.

art	dessert	support
concert	écart	tort
confort	effort	transfert
départ	plupart	
désert	rempart	

231 Le *x muet* à la fin des mots

Généralement, le *x* en finale ne se prononce pas, sauf dans quelques mots :
index, latex.

NOM			ADJECTIF
afflux	*influx*	*queux*	*deux*
choix	*noix*	*redoux*	*faux*
croix	*paix*	*saindoux*	
époux	*perdrix*	*taux*	
flux	*poix*	*toux*	
houx	*prix*	*voix*	

REM — Tous ces mots terminés par *x* au singulier sont invariables → paragraphe 275.

un époux → les époux
une noix → les noix

– On se reportera également aux pluriels en -*aux* → paragraphe 276.

un animal → des animaux
un vitrail → des vitraux

232 Le *r muet* à la fin des mots

**Tous les noms masculins terminés par le son [tje] s'écrivent -*tier*,
avec un *r muet* final.**

bijoutier
charcutier
quartier
sentier

REM Les noms féminins terminés par ce même son [tje] s'écrivent -*tié* : *amitié, moitié…*

233 Les autres consonnes muettes à la fin des mots

Bien que moins fréquemment, on trouve aussi *d* en finale, aussi bien après
voyelle qu'après consonne (*n* et *r*).

voyelle + d	*nd*	*rd*	
crapaud	*bond*	*accord*	*lézard*
nid	*différend*	*bord*	*lourd*
nœud	*friand*	*brouillard*	*record*
pied	*gond*	*canard*	*sourd*
réchaud		*dossard*	*standard*
		épinard	
		hasard	

Un *p muet* final apparaît dans les mots suivants :

beaucoup	*loup*
champ	*sirop*
coup	*trop*
drap	

On notera que *beaucoup* et *trop* suivis d'un mot commençant par une voyelle retrouvent un *p* sonore dans la liaison :
J'ai beaucoup appris. – Nous avions trop aimé son premier film.

On trouve également quelques mots se terminant par un *c muet*.

banc
blanc
flanc
franc

Enfin, *g*, *b* et *l* sont fort rares en finale.

coing	*aplomb*	*fusil*
poing	*plomb*	*outil*
	surplomb	

À l'écrit, les consonnes muettes *s*, *t*, *d*, *nt* jouent un rôle important dans la conjugaison des verbes : *tu chantes*, *il finit* ⟶ paragraphe 326.

234 Le *h muet* au début des mots
On le rencontre à l'initiale.

habitude
haricot
héritage
homme

Il oblige parfois à ne pas faire de liaison avec le mot précédent : *des hangars.*

On le rencontre aussi dans les mots d'origine grecque.
⟶ Racines grecques et latines, paragraphes 382 à 383.

hématome	*hydraulique*
hétérogène	*hypnose*
hippodrome	*hypothèse*
homologue	*hystérique*

235 Le *h muet* à l'intérieur d'un mot

Le *h* apparaît également en position médiane dans les mots d'origine grecque (*th*).

→ aussi *th*, paragraphe 117.

bibliothèque	sympathique
épithète	théâtre
hypothèse	thèse

La présence d'un *h* intérieur est souvent l'indice d'une coupe dans le mot. On trouve en général un adjectif ou un préfixe en composition avec un nom (ou un adjectif) commençant par *h* : *dés-honneur, in-habituel, mal-habile*...

bonheur	inhabité	inhumain	posthume
exhalaison	inhabituel	malhabile	préhistoire
exhibition	inhérent	malheur	prohibition
exhortation	inhibition	malhonnête	réhabilitation
gentilhomme	inhospitalier	menhir	transhumance

REM *Silhouette* est à l'origine un nom propre (ministre de Louis XV).
Dahlia est également à l'origine un nom propre (botaniste suédois).

Pour éviter la rencontre de deux voyelles, le français dispose de deux procédés qui permettent d'empêcher cette « coagulation » : l'emploi d'un *h* ou l'emploi d'un *tréma* (¨) → aussi paragraphes 236 et 237.

Ahuri, sans *h*, serait prononcé : « auri ».
Trahison, sans *h*, serait prononcé : « traison ».

Dans les mots suivants, la présence du *h* entre deux voyelles oblige à prononcer ces deux voyelles séparément.

ahan	déhiscent
ahuri	ébahi
appréhension	envahi
bohème	méhari
cahot	préhensible
cahute	préhistoire
cohérent	répréhensible
cohorte	trahison
cohue	véhément
déhancher	véhicule

236 Définition du *tréma*

Le tréma est constitué de deux points placés horizontalement sur la dernière voyelle d'un groupe de deux voyelles.

On utilise le tréma pour indiquer que deux voyelles voisines se prononcent séparément.

Maïs (risque de confusion avec « mais »).

Naïf (risque d'être prononcé : « naif »).

237 Rôle du *tréma*

La présence du tréma empêche la fusion :

de a et i en ai		*de o et i en oi*
aïeul	*maïs*	*coïncidence*
faïence	*mosaïque*	*cycloïde*
glaïeul	*naïf*	*héroïque*
haïssable	*païen*	*stoïque*
laïcité		

de gu et e en gue et de gu et i en gui
ambiguïté *ciguë* *exiguïté*

de a + u	*de o + e*	*de ou + i*
capharnaüm	*Noël*	*inouï*
		ouïe

Le tréma permet de marquer le féminin de quelques adjectifs.

aigu → *aiguë*
ambigu → *ambiguë*
contigu → *contiguë*
exigu → *exiguë*

REM Certaines associations de voyelles (*u+a, a+o, é+o*…) ne donnent pas lieu à des fusions et on n'emploie donc pas de tréma.

accordéon	*cruel*	*immuable*
cacao	*fluide*	*truand*

238 La *virgule*

La virgule indique une pause dans la phrase, moins marquée que celle indiquée par le point.

Émilie arriva au bord de l'eau, admira le paysage et s'allongea.

La virgule sépare des éléments semblables (même fonction, même registre) dans la phrase.

Olivier acheta des fruits, un canard et le journal.

239 Le *point*

Le point se place à la fin de la phrase.

Sophie prépara des crêpes.

On peut utiliser le point après un numéro de chapitre.

I. Étude météorologique
II. Étude géologique
III. Étude sociologique

Le point signale la fin d'une abréviation.

M. (Monsieur)   *id. (idem)*
S.M. (Sa Majesté)   *ap. J.-C. (après Jésus-Christ)*

REM   On ne met pas de point lorsque des lettres sont supprimées à l'intérieur du mot.

Dr (Docteur)   *Mgr (Monseigneur)*   *n° (numéro)*
St (Saint)   *bd (boulevard)*

Une ligne de points peut servir à guider le regard pour faire établir un rapport entre deux éléments de la page.
Ces points alignés sont appelés « points de conduite ».

La glace . . . . .15 F

240 Le *point-virgule*

Le point-virgule s'utilise à l'intérieur d'une phrase. La valeur de pause du point-virgule se situe entre celle du point et celle de la virgule. On ne met pas de majuscule après le point-virgule.

Les saules commençaient à bourgeonner ; on sentait le printemps.

241 Le *point d'exclamation*

Il s'utilise après une interjection ou une phrase exclamative.

Aah !... Tu m'as fait peur !
interjection   phrase exclamative

Dans les locutions interjectives *eh bien !* *oh là là !* le point d'exclamation se met après le dernier mot.

242 Le *point d'interrogation*

Le point d'interrogation se place à la fin d'une question.

Que voulez-vous au juste ?

On peut marquer le doute par un point d'interrogation entre parenthèses *(?)*.

Rabelais naquit en 1494 (?) à Chinon.

243 Les *points de suspension*

On les appelle aussi « les petits points » ou « trois petits points ».
On les utilise pour marquer l'inachèvement dans l'expression d'une idée, d'une énumération.

On apercevait des veaux, des vaches, des cochons...

On peut les utiliser avant ou après un point d'exclamation ou d'interrogation.

Hep !... vous là-bas !...
Où allez-vous ?...
Vous disiez...?

On les emploie aussi après l'initiale d'un nom qu'on veut dissimuler.

Monsieur de G.M... entra.

Les points de suspension placés entre crochets indiquent une coupure dans un texte :

« Pour moi donc, j'aime la vie [...] telle qu'il a plu à Dieu nous l'octroyer. » MONTAIGNE

Les points de suspension, enfin, marquent une pause, une attente, une surprise dans un texte.

Et alors..., et alors..., Zorro est arrivé.

244 Les *deux-points*

Les deux-points annoncent une énumération, une citation, des propos.

Tout l'émerveillait : les foulards, les robes, les écharpes.
Elle s'exclama : « Comme c'est joli ! »

Les deux-points annoncent parfois une explication, une justification :

Frédéric retourna chez Rosanette : il y avait oublié son portefeuille.

245 Les *parenthèses* et les *crochets*

Les parenthèses servent à mettre à part un mot, une remarque ou un passage.

Un loup survient à jeûn (c'est La Fontaine qui le dit)
Qui cherchait aventure...

Nous partîmes en bateau (nous l'avions loué le matin même) pour aller sur l'île.

Les crochets signalent une coupure dans un texte que l'on cite, à l'exclusion des parenthèses.

Les médecins et quelques-uns de ces dervis, qu'on appelle confesseurs, sont toujours ici ou trop estimés, ou trop méprisés : cependant on dit que les héritiers s'accommodent mieux des médecins [...]

Lettres persanes

246 Les *guillemets*

Ils ont été imaginés par l'imprimeur Guillaume, dit Guillemet.
On les marque à la française : *«...»* ou à l'anglaise : *"..."*
Les guillemets encadrent une citation.

La Fontaine écrit : « Amants, heureux amants,
*   Voulez-vous voyager... »*

On utilise les guillemets pour mettre en évidence un titre d'article,
un nom de véhicule, une expression étrangère, un mot familier.

Le « Napoléon Bonaparte » arriva dans le port d'Ajaccio.

Il venait de mettre ses nouvelles « godasses » pour aller
dans un « fast-food ».

On utilise les guillemets pour rapporter des paroles prononcées.

En arrivant devant la maison, il appela ses amis :
« Vous venez ? Nous partons bientôt.
— Oui, nous descendons. »

247 Le *tiret*

Dans un dialogue, le tiret annonce un nouvel interlocuteur.

« Voulez-vous jouer avec moi ?
— Oui, bien sûr. »

Les tirets peuvent remplacer des parenthèses. Dans le traitement de texte,
le tiret est précédé d'une espace. Le second tiret n'est pas indispensable
devant un point ou un point-virgule.

Quand un orage passe sur la région — ici, la Picardie — la terre est
détrempée.
La brume matinale s'était levée et l'on pouvait voir la terre — la
Corse.

Le tiret peut se mettre entre un numéro et un titre.

IV — Le corps humain

Abréviations

248 Procédés d'*abréviation*

L'abréviation consiste à réduire un mot à une ou quelques lettres.
Certaines abréviations sont formées des premières lettres du mot,
la dernière lettre de l'abréviation étant le plus souvent une consonne suivie
d'un point.

Adjectif → *Adj.*   *Paragraphe* → *Paragr.*

Philippe (prénoms commençant par plusieurs consonnes) → *Ph.*

Certaines abréviations ne sont formées que de la première lettre
du mot suivie d'un point.

Daniel (prénoms commençant par une seule consonne) → *D.*

Monsieur → *M.*   *Nord* → *N.*

Certaines abréviations sont formées de la première et de la
ou des dernières lettres du mot et ne sont pas suivies d'un point.

Madame → *Mme*

REM Dans certains cas, les lettres suivant la première peuvent être mises
en exposant.

Mademoiselle → *Mlle*   *Madame* → *Mme*   *Numéro* → *n^o*

Dans une abréviation, le pluriel est marqué
– soit par un « *s* »
– soit par une répétition de la lettre pour les abréviations formées
d'une seule lettre.

Mesdames → *Mmes*   *Messieurs* → *MM.*

⚠ Les abréviations des symboles scientifiques ne prennent pas la marque
du pluriel → paragraphe 250.

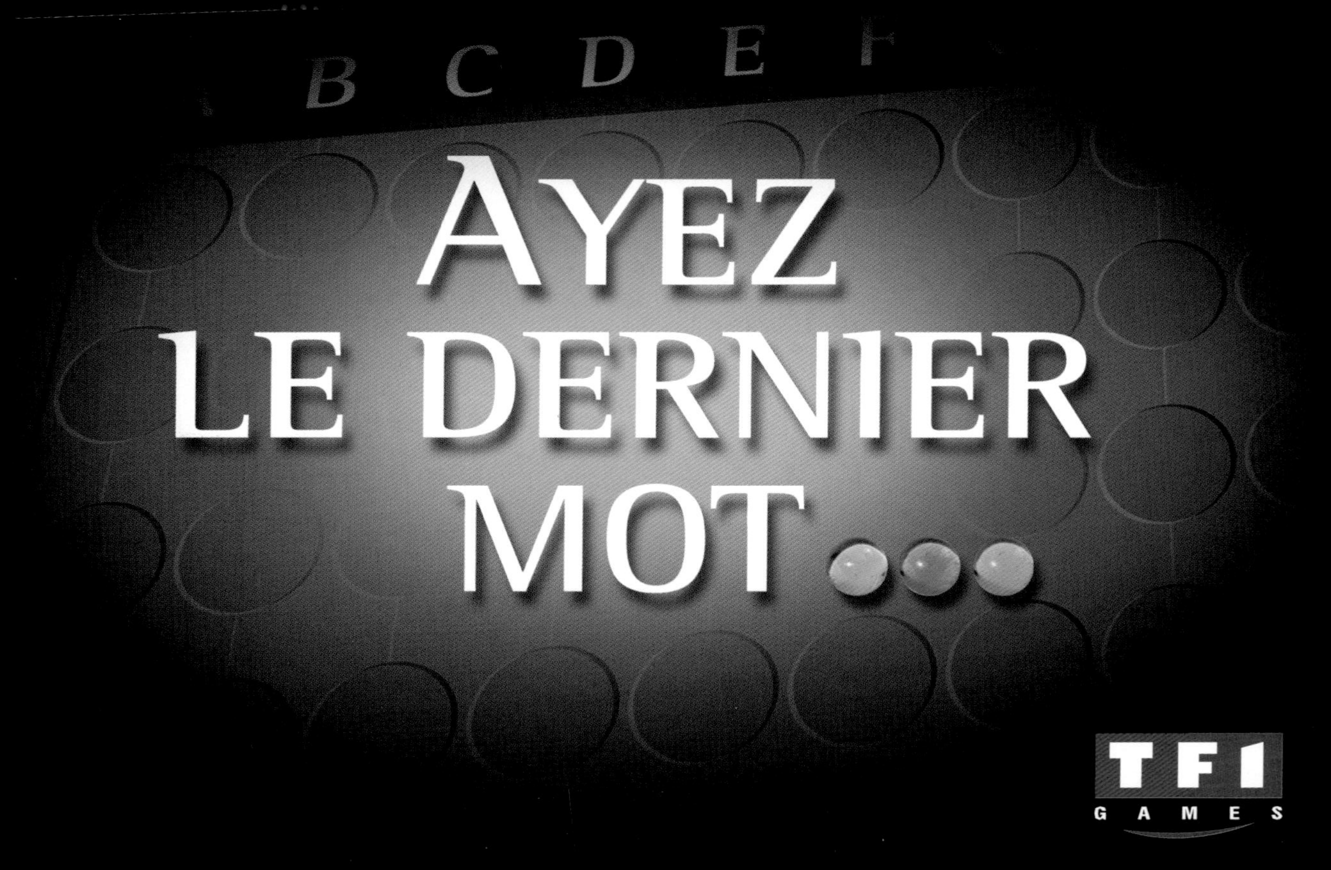
B C D E
AYEZ LE DERNIER MOT...
TF1 GAMES

Bonjour,

Vous venez d'acheter un ouvrage de la gamme Bescherelle. Nous espérons qu'il vous apportera toute satisfaction. Afin d'améliorer encore notre offre, nous aimerions connaître votre avis sur plusieurs points.

Merci de remplir ce questionnaire et de le renvoyer **avant le 30 septembre 2002** à l'adresse suivante :

Service Études Parascolaires
Éditions Hatier
8 rue d'Assas
75278 Paris Cedex 06

Un tirage au sort désignera les gagnants de

♠ **750 mini-baladeurs FM dernière technologie (scanner)** ◆

Les tirages au sort auront lieu le 30 de chaque mois, de juillet à septembre 2002 (250 baladeurs à gagner chaque mois).

Pour participer à ce tirage au sort, merci de nous envoyer vos coordonnées (Nom, prénom, adresse complète) sur papier libre.

1. Quel ouvrage de la gamme Bescherelle venez-vous d'acheter ?

....

....

2. Où l'avez-vous acheté ?

Hypermarché ....❑	Librairie ....❑
Fnac / Virgin / Extrapole ....❑	Autres : préciser ....❑

3. Comment l'avez-vous choisi ?   (1 seule réponse)

Acheté spontanément ....❑	Conseillé par parent ou ami ....❑
Imposé par enseignant ....❑	Conseillé par camarade ....❑
Conseillé par enseignant ....❑	Conseillé par libraire / vendeur ....❑

4. Si acheté spontanément, pour quelle(s) raison(s) l'avez-vous choisi ?

Marque connue .... ❏

Présentation agréable .... ❏

Le contenu correspond à mes besoins .... ❏

Je le connaissais déjà .... ❏

Je possède déjà un autre ouvrage Bescherelle .... ❏

      Lequel ? ....

Son prix .... ❏

Autres : préciser .... ❏

5. Pour qui avez-vous acheté cet ouvrage ?

Vous-même .... ❏

Votre enfant .... ❏

Une autre personne .... ❏   Qui ? .... ❏

6. Age de l'utilisateur principal : ....

7. Classe ou activité de l'utilisateur principal :

CP .....❏	6ème ......❏	2nde ....❏	Etudiant ....❏	Préciser ....❏
CE1 ...❏	5ème ......❏	1ère ....❏	Actif ....❏	
CE2 ...❏	4ème ......❏	Tale ...❏	Autre ....❏	Préciser ....❏
CM1 ...❏	3ème .....❏			
CM2 ...❏				

8. Parmi la liste suivante, quels ouvrages de la gamme Bescherelle possédez-vous et lesquels seriez-vous susceptibles d'acheter ?

	Possède cet ouvrage	Suis susceptible d'acheter cet ouvrage
Bescherelle conjugaison	❏	❏
Bescherelle orthographe	❏	❏
Bescherelle grammaire	❏	❏
Bescherelle Ecole	❏	❏
Cahiers d'exercices Bescherelle Ecole	❏	❏
Bescherelle Poche	❏	❏
Bescherelle Pratique de la langue française	❏	❏
Bescherelle règles mathématiques	❏	❏
Bescherelle les verbes anglais	❏	❏
Bescherelle les verbes allemands	❏	❏
Bescherelle les verbes espagnols	❏	❏
Bescherelle les verbes italiens	❏	❏

	Possède cet ouvrage	Suis susceptible d'acheter cet ouvrage
Bescherelle les verbes portugais et brésiliens	☐	☐
Bescherelle les verbes arabes	☐	☐
Bescherelle grammaire anglais	☐	☐
Bescherelle grammaire allemand	☐	☐
Bescherelle grammaire espagnol	☐	☐
Bescherelle grammaire latin	☐	☐
Bescherelle exercices anglais	☐	☐
Bescherelle exercices espagnol	☐	☐

9. Y-a-t'il d'autres titres que vous souhaiteriez trouver dans la collection Bescherelle ?

....

....

10. Pour vous, le Bescherelle que vous venez d'acheter, c'est un livre …
(1 réponse par ligne)

pour adultes ☐ ou ☐ pour enfants et adultes
facile à utiliser par l'enfant seul ☐ ou ☐ qui nécessite l'aide d'un adulte
qu'on garde toute sa vie ☐ ou ☐ qu'on utilise pendant sa scolarité
adapté à une utilisation en classe ☐ ou ☐ pas adapté à une utilisation en classe
adapté à une utilisation à la maison ☐ ou ☐ pas adapté à une utilisation à la maison

11. Pour chacun des critères suivants, êtes-vous très satisfait, satisfait, peu satisfait ou pas du tout satisfait ?

	très satisfait	satisfait satisfait	peu satisfait	pas du tout satisfait
Aspect complet	☐	☐	☐	☐
Clarté des explications	☐	☐	☐	☐
Clarté de la présentation	☐	☐	☐	☐
Facilité à trouver l'info recherchée	☐	☐	☐	☐

12. Trouvez-vous que le Bescherelle est un outil... (1 réponse par ligne)

très indispensable ☐ indispensable ☐ peu indispensable ☐ pas du tout indispensable ☐
très moderne ☐ moderne ☐ peu moderne ☐ pas du tout moderne ☐
très accessible ☐ accessible ☐ peu accessible ☐ pas du tout accessible ☐

13. Au moment où vous remplissez ce questionnaire, avez-vous déjà utilisé votre Bescherelle ?

Oui, régulièrement .....☐   Non ....☐   Non, pas encore ....☐

14. Utilisez-vous le lexique, en fin d'ouvrage :

Oui ....☐   Non ....☐

15. Que pensez-vous de la partie « **Orthographe d'usage** » ?

Plutôt satisfait ....☐ | Plutôt pas satisfait ....☐

16. Pourquoi ?

....

....

17. Que pensez-vous de la partie « **Orthographe grammaticale** » ?

Plutôt satisfait ....☐ | Plutôt pas satisfait ....☐

18. Pourquoi ?

....

....

19. Que pensez-vous de la partie « **Vocabulaire** » ?

Plutôt satisfait ....☐ | Plutôt pas satisfait ....☐

20. Pourquoi ?

....

....

21. Que pensez-vous de la partie « **Tolérances orthographiques** » ?

Plutôt satisfait ....☐ | Plutôt pas satisfait ....☐

22. Pourquoi ?

....

....

Nous vous remercions d'avoir rempli ce questionnaire.
N'oubliez pas de nous l'envoyer dès que possible !

249 *Abréviations* courantes

adj.	*adjectif*	fasc.	*fascicule*
adv.	*adverbe*	hab.	*habitant*
apr J.-C.	*après Jésus-Christ*	H.T.	*hors taxes*
art.	*article*	id.	*idem (le même)*
av. J.-C.	*avant Jésus-Christ*	i. e.	*id est (c'est-à-dire)*
boul. bd	*boulevard*	ital.	*italique*
bur.	*bureau*	loc. cit.	*loco citato (à l'endroit cité)*
c-à-d	*c'est-à-dire*	M.	*Monsieur*
cap.	*capitale*	MM.	*Messieurs*
cf. conf.	*confer (comparer avec)*	math.	*mathématique*
chap.	*chapitre*	M^e	*Maître*
Cie	*compagnie*	M^{es}	*Maîtres*
dép.	*département*	Mgr	*Monseigneur*
Dr	*docteur*	Mgrs	*Messeigneurs*
éd.	*édition(s)*	Mlle	*Mademoiselle*
édit.	*éditeur(s)*	Mlles	*Mesdemoiselles*
env.	*environ*	Mme	*Madame*
etc.	*et caetera (et cétéra)*	Mmes	*Mesdames*
étym.	*étymologie*	ms.	*manuscrit*
E.V.	*en ville*	N.	*nord*
ex.	*exemple ou exercice*	N.B.	*nota bene (notez bien)*

N.-D.	*Notre-Dame*		S.A.R.L.	*société anonyme à responsabilité limitée*
N.D.A.	*note de l'auteur*		subst.	*substantif*
N.D.E.	*note de l'éditeur*		suiv.	*suivant*
N.D.L.R.	*note de la rédaction*		sup.	*supérieur*
n°	*numéro*		suppl.	*supplément*
O.	*ouest*		S.V. P.	*s'il vous plaît*
P.C.C.	*pour copie conforme*		t.	*tome*
p. ex.	*par exemple*		tél.	*téléphone*
p.	*page*		T.T.C.	*toutes taxes comprises*
pp.	*pages*		T.V.A.	*taxe à la valeur ajoutée*
paragr.	*paragraphe*		v.	*verbe*, vers **(en poésie)**, vers **(devant une date =** **environ) ou** *voir* *(= se reporter à)*
P.-S.	*post-scriptum*			
Q.G.	*quartier général*			
r°	*recto*		v°	*verso (envers)*
S.	*sud*		vol.	*volume*
S.A.	*société anonyme*			

250 *Abréviations* des symboles scientifiques

Les abréviations des symboles scientifiques sont formées en général :
– par la première lettre du mot,
– ou par les premières lettres du préfixe et du radical.

⚠ *min, dam, dal, dag.*

Elles ne sont pas suivies de point. Elles ne prennent pas la marque du pluriel.
franc → *F*
millimètre → *mm*
cent francs → *100 F*

251 *Abréviations* scientifiques les plus courantes

longueur

mm	*millimètre*	m	*mètre*	km	*kilomètre*
cm	*centimètre*	dam	*décamètre*		
dm	*décimètre*	hm	*hectomètre*		

superficie

mm^2	*millimètre carré*	hm^2	*hectomètre carré*
cm^2	*centimètre carré*	km^2	*kilomètre carré*
dm^2	*décimètre carré*	ca	*centiare*
m^2	*mètre carré*	a	*are*
dam^2	*décamètre carré*	ha	*hectare*

volume

mm^3	*millimètre cube*	hm^3	*hectomètre cube*	l	*litre*
cm^3	*centimètre cube*	km^3	*kilomètre cube*	dal	*décalitre*
dm^3	*décimètre cube*	ml	*millilitre*	hl	*hectolitre*
m^3	*mètre cube*	cl	*centilitre*		
dam^3	*décamètre cube*	dl	*décilitre*		

temps

s	*seconde*	h	*heure*
min	*minute*	j	*jour*

masse

mg	*milligramme*	g	*gramme*	kg	*kilogramme*
cg	*centigramme*	dag	*décagramme*	q	*quintal*
dg	*décigramme*	hg	*hectogramme*	t	*tonne*

Mots invariables

252 Liste des mots les plus courants

- *afin*
- *ailleurs*
- *ainsi*
- *alors, dès lors*, **lors**, *lorsque*
- *après, auprès, exprès*, **près**, *presque*
- *arrière, derrière*
- *assez*
- *au-dessous, dessous*, **sous**
- *au-dessus, dessus, par-dessus*, **sus**
- *aujourd'hui*
- *auparavant*, **avant**, *devant, davantage, dorénavant*
- *aussi*
- *aussitôt, bientôt, plutôt, sitôt, tantôt*, **tôt**
- *autant, pourtant*, **tant**, *tant pis*
- *autrefois*, **fois**, *parfois, quelquefois, toutefois*
- *avec*
- *beaucoup*
- *cependant, pendant*
- *certes*
- *chez*
- *comme, comment*
- *d'abord*
- **dans**, *dedans*
- *debout*
- *dehors*, **hors**
- *déjà*
- *demain*
- *depuis*, **puis**, *puisque*
- **dès**, *dès que*
- *désormais, jamais*, **mais**

- *donc*
- *durant*
- *entre*
- *envers, par devers,(à) travers*, **vers**
- *environ*
- **gré**, *malgré*
- **guère**, *naguère*
- *hier*
- *hormis*
- *ici*
- *jadis*
- *jusque*
- *loin*
- *longtemps*
- *mieux, tant mieux*
- **moins**, *néanmoins*
- *parmi*
- *partout*
- **plus**, *plusieurs*
- *quand*
- *sans*
- *selon*
- *surtout*
- *tandis que*
- *toujours*
- *trop*
- *volontiers*

ORTHOGRAPHE GRAMMATICALE

Les numéros renvoient aux numéros des paragraphes.

253 Genre des noms animés : un pêcheur, une truite

Pour le nom des êtres animés, le genre dépend du sexe de l'être désigné.

Le genre est marqué par :

- un changement de la fin du nom

MASCULIN	FÉMININ
un chat	une chatte
un chien	une chienne
un cousin	une cousine
un chameau	une chamelle
un loup	une louve
un ours	une ourse

- un changement de forme

MASCULIN	FÉMININ
un cerf	une biche
un frère	une sœur
un garçon	une fille
un gendre	une bru
un père	une mère

- aucun changement

MASCULIN	FÉMININ
un collègue	une collègue
un concierge	une concierge
un élève	une élève
un enfant	une enfant
un professeur	une professeur

254 Genre des noms de choses : un gâteau, une tarte

Pour les noms désignant des êtres inanimés (idées, objets, sentiments…), il n'y a pas de règle qui puisse en déterminer le genre. Pour vous assurer du genre d'un nom → Lexique, paragraphe 394 et suivants.

un accident	un avion	un lit
une colère	une journée	une promenade

255 Genre des noms et changement de sens : un moule, une moule

Le changement de genre peut parfois changer le sens d'un nom.

MASCULIN	FÉMININ
un *livre*	une *livre*
un *poste*	une *poste*
un *tour*	une *tour*

256 Genre des noms de profession : un inspecteur, une inspectrice, un ingénieur (homme ou femme)

La plupart des noms de profession changent au féminin.

un *boulanger* ⟶ une *boulangère*
un *docteur* ⟶ une *doctoresse*
un *instituteur* ⟶ une *institutrice*

Certains noms de profession ou de fonction ne changent pas au féminin.

un *ministre*   un *professeur*   un *proviseur*

257 Féminin des adjectifs : salé, salé*e*

On forme le plus souvent le féminin des adjectifs en ajoutant simplement à la forme du masculin un « *e* » :

- qui s'entend

MASCULIN	FÉMININ
abondant	abondante
brun	brune
français	française
grand	grande
lourd	lourde
petit	petite
plein	pleine

- qui ne s'entend pas

MASCULIN	FÉMININ
épicé	épicée
gai	gaie
joli	jolie
nu	nue
pointu	pointue
poli	polie
vrai	vraie

258 Féminin des adjectifs en -*c* : blan*c*, blan*che*, publi*c*, publi*que*

Les adjectifs se terminant par -*c* au masculin ont leur féminin :

- en -*che*

MASCULIN	FÉMININ
blanc	blanche
franc	franche
sec	sèche

- ou en -*que*

MASCULIN	FÉMININ
caduc	caduque
laïc	laïque
turc	turque

259 Féminin des adjectifs en -*e* : un climat rud*e*, une pente rud*e*

Les adjectifs se terminant par -*e* au masculin ne changent pas au féminin.

MASCULIN	FÉMININ
aimable	aimable
calme	calme
élémentaire	élémentaire
nucléaire	nucléaire
pâle	pâle
rude	rude

260 Féminin des adjectifs en -*el* : cru*el*, cru*elle*

Les adjectifs se terminant par -*el* au masculin ont un féminin en -*elle* (doublement de la consonne finale).

MASCULIN	FÉMININ
annu*el*	annu*elle*
bel	belle
cruel	cruelle
tel	telle

261 Féminin des adjectifs en -*eil* : par*eil*, par*eille*

Les adjectifs se terminant par -*eil* au masculin ont un féminin en -*eille* (doublement de la consonne finale).

MASCULIN	FÉMININ
par*eil*	par*eille*
vermeil	vermeille
vieil	vieille

262 Féminin des adjectifs en -*er* : fier, fière

Les adjectifs se terminant par -*er* au masculin ont un féminin en -*ère*.

MASCULIN	FÉMININ
altier	altière
dernier	dernière
étranger	étrangère
léger	légère

263 Féminin des adjectifs en -*et* : coqu*et*, coqu*ette*, compl*et*, compl*ète*

Les adjectifs se terminant par -*et* au masculin ont un féminin :

- en -*ette* (doublement de la consonne finale)

MASCULIN	FÉMININ
blet	blette
coquet	coquette
fluet	fluette
muet	muette
net	nette
simplet	simplette

- ou en -*ète*

MASCULIN	FÉMININ
complet	complète
désuet	désuète
discret	discrète
inquiet	inquiète
replet	replète
secret	secrète

264 Féminin des adjectifs en -*eur* : vol*eur*, vol*euse*,
élévat*eur*, élévat*rice*, enchant*eur*, enchant*eresse*

Les adjectifs se terminant par -*eur* au masculin ont un féminin :

- en -*euse*

MASCULIN	FÉMININ
menteur	menteuse
trompeur	trompeuse
voleur	voleuse

- ou en -*rice*

MASCULIN	FÉMININ
élévateur	élévatrice
novateur	novatrice
réducteur	réductrice
séducteur	séductrice

- ou en -*eresse*

MASCULIN	FÉMININ
enchanteur	enchanteresse
vengeur	vengeresse

265 Féminin des adjectifs en -*f* : neu*f*, neu*ve*

Les adjectifs se terminant par -*f* au masculin ont un féminin en -*ve*.

MASCULIN	FÉMININ
explosif	explosive
naïf	naïve
neuf	neuve
sauf	sauve
veuf	veuve

266 Féminin des adjectifs en -*gu* : ai*gu*, ai*guë*

Les adjectifs se terminant par -*gu* au masculin ont un féminin en -*guë*.

MASCULIN	FÉMININ
ambigu	ambiguë
exigu	exiguë

REM Le tréma (¨) permet de garder le son [y] → paragraphe 237.

Le tréma et la nouvelle orthographe → paragraphe 393.

267 Féminin des adjectifs en -*ien* : anc*ien*, anc*ienne*

Les adjectifs se terminant par -*ien* au masculin ont un féminin en -*ienne* (doublement de la consonne finale).

MASCULIN	FÉMININ	MASCULIN	FÉMININ
ancien	ancienne	martien	martienne
francilien	francilienne	parisien	parisienne
italien	italienne		

268 Féminin des adjectifs en -*on* : b*on*, b*onne*

Les adjectifs se terminant par -*on* au masculin ont un féminin en -*onne* (doublement de la consonne finale).

MASCULIN	FÉMININ	MASCULIN	FÉMININ
bon	bonne	fanfaron	fanfaronne
bouffon	bouffonne	félon	félonne
bougon	bougonne		

269 Féminin des adjectifs en -*ot* : idi*ot*, idi*ote*

Les adjectifs en -*ot* au masculin ont généralement un féminin en -*ote*.

MASCULIN	FÉMININ	MASCULIN	FÉMININ
bigot	bigote	idiot	idiote
dévot	dévote	petiot	petiote
huguenot	huguenote		

⚠ Les adjectifs *pâlot*, *sot* et *vieillot* ont un féminin en -*otte* : *pâlotte*, *sotte*, *vieillotte*.

270 Féminin des adjectifs en -*s* : exqui*s*, exqui*se*, épai*s*, épai*sse*

Les adjectifs en -*s* au masculin ont généralement un féminin :

- en -*se* (on entend le son [z])
- ou en -*sse* (on entend le son [s])

MASCULIN	FÉMININ	MASCULIN	FÉMININ
gaulois	gauloise	bas	basse
gris	grise	épais	épaisse
portugais	portugaise	gros	grosse
ras	rase		

⚠ Les adjectifs *frais* et *tiers* deviennent *fraîche* et *tierce* au féminin.

271 Féminin des adjectifs en -*ul* : n*ul*, n*ulle*

Les adjectifs se terminant par -*ul* au masculin ont un féminin en -*ulle*
(doublement de la consonne finale).

MASCULIN	FÉMININ
n*ul*	n*ulle*

272 Féminin des adjectifs en -*x* : nerveu*x*, nerveu*se*

Les adjectifs se terminant par -*x* au masculin ont généralement un féminin
en -*se*.

MASCULIN	FÉMININ
heureu*x*	heureu*se*
jaloux	jalouse
nerveux	nerveuse

⚠ L'adjectif *doux* a un féminin en -*ce* : *douce*.

Les adjectifs *faux* et *roux* ont des féminins en -*sse* : *fausse, rousse*.

273 Féminins à forte variation : beau, belle

MASCULIN	FÉMININ		MASCULIN	FÉMININ
beau	*belle*		*frais*	*fraîche*
bénin	*bénigne*		*malin*	*maligne*
favori	*favorite*		*tiers*	*tierce*
fou	*folle*		*vieux*	*vieille*

274 Pluriel des noms simples

Dans la plupart des cas, on marque le pluriel en ajoutant un -*s* à la forme du singulier.

SINGULIER	PLURIEL
un ami	des amis
un chien	des chiens

275 Pluriel des noms en -*s*, -*x*, -*z* : un avi*s*, des avi*s*

Les noms qui se terminent par un -*s*, un -*x* ou un -*z* au singulier ne changent pas d'orthographe au pluriel.

SINGULIER	PLURIEL
un choix	des choix
un gaz	des gaz
un nez	des nez
un prix	des prix
un puits	des puits

276 Pluriel des noms en -*au* : un noy*au*, des noy*aux*

Les noms en -*au* forment habituellement leur pluriel en -*aux*.

SINGULIER	PLURIEL
un étau	des étaux
un tuyau	des tuyaux

⚠ *Landau*, *sarrau* **ont des pluriels en** -*aus* : *landaus, sarraus.*

277 Pluriel des noms en -*eau* : un mart*eau*, des mart*eaux*

Tous les noms se terminant par -*eau* ont leur pluriel en -*eaux*.

SINGULIER	PLURIEL
un seau	des seaux
un drapeau	des drapeaux

278 Pluriel des noms en -*al* : un chev*al*, des chev*aux*

Les noms en -*al* forment habituellement leur pluriel en -*aux*.

SINGULIER	PLURIEL
un cheval	des chevaux
un journal	des journaux

⚠ Les noms suivants ont leur pluriel en -*als* :
aval, bal, cal, carnaval, cérémonial, chacal, festival, pal, récital, régal.

279 Pluriel des noms en -*ail* : un dét*ail*, des dét*ails*

Les noms en -*ail* forment habituellement leur pluriel en -*ails*.

SINGULIER	PLURIEL	SINGULIER	PLURIEL
un attirail	des attirails	un gouvernail	des gouvernails
un chandail	des chandails	un poitrail	des poitrails
un détail	des détails	un portail	des portails
un éventail	des éventails	un sérail	des sérails

⚠ Les huit noms suivants ont leur pluriel en -*aux* :
bail, corail, émail, fermail, soupirail, travail, vantail, vitrail.

280 Pluriel des noms en -*eu* : un adi*eu*, des adi*eux*

Les noms en -*eu* forment habituellement leur pluriel en -*eux*.

SINGULIER	PLURIEL
un pieu	des pieux

⚠ Les noms suivants ont leur pluriel en -*eus* : *bleu*, *émeu*, *lieu* **(le poisson)**, *pneu*.

281 Pluriel des noms en -*ou* : un fou, des f*ous*

Les noms en -*ou* forment habituellement leur pluriel en -*ous*.

SINGULIER	PLURIEL
un bisou	des bisous
un clou	des clous

⚠ Sept noms en -*ou* ont leur pluriel en -*oux* :
bijou, caillou, chou, genou, hibou, joujou, pou.

282 Pluriels à forte variation

Les noms suivants ont une forme au singulier différente de leur forme
au pluriel :

SINGULIER	PLURIEL
un aïeul	*des aïeux* (**ou** *aïeuls*)
un ciel	*des cieux* (**ou** *ciels*)
un œil	*des yeux*

283 Pluriel des noms propres : les Durant

Dans la plupart des cas, les noms propres sont invariables.

Les frères Lumière

Les Dupont

284 Pluriel des noms propres : cas particuliers

Les noms propres s'accordent en nombre dans les cas suivants :

NATURE DU NOM PROPRE	EXEMPLES
Quand le nom propre est celui de quelqu'un qui est une référence dans un domaine.	*Des Mozarts, il n'en existera plus.*
⚠ Mais si le nom propre comprend un article au singulier, il reste invariable.	*Des La Fontaine*
Quand le nom propre est celui d'une famille illustre.	*Beaucoup de rois de France sont issus des Bourbons.*
⚠ Mais si ces noms ont gardé leur forme étrangère, ils restent invariables.	*Les Romanov*
Quand le nom propre désigne un lieu géographique.	*Les Amériques, les Guyanes*
⚠ Mais si le nom propre est un nom composé, il reste invariable.	*Il existe plusieurs Saint-Savin.*
Quand le nom propre désigne des œuvres d'art, il peut aussi bien se mettre au pluriel que rester au singulier.	*Le musée a acheté deux Picasso(s).*
Quand le nom propre est utilisé sans majuscule pour désigner les défauts ou les qualités de quelqu'un.	*Ces hommes sont des hercules.*

Pluriel des noms composés : les chasse-neige

L'accord des noms composés dépend souvent du sens des mots qui les composent.

MOT COMPOSÉ	EXEMPLES
NOM + NOM Le plus souvent, les deux noms prennent la marque du pluriel. Plus rarement, le premier nom seulement prend la marque du pluriel si l'on peut placer entre les deux noms une préposition sous-entendue.	*des choux-fleurs* *des timbres-poste* *(= des timbres pour la poste)*
NOM + PRÉPOSITION + NOM Seul le premier nom prend la marque du pluriel. ⚠ : *des tête-à-tête*.	*des arcs-en-ciel*
VERBE + NOM Le verbe reste au singulier, le nom est au singulier ou au pluriel suivant le sens. ⟶ Tolérances orthographiques, paragraphe 389.	*des gratte-papier* <small>(on gratte du papier)</small> *des porte-parapluies* <small>(ustensile destiné à recevoir plusieurs parapluies)</small>
MOT INVARIABLE (ADVERBE, PRÉPOSITION) + NOM L'adverbe ou la préposition restent invariables, le nom peut être au singulier ou au pluriel. ⟶ Tolérances orthographiques, paragraphe 389.	*des arrière-pensées* *des après-midi*
NOM + ADJECTIF OU ADJECTIF + NOM Les deux mots prennent la marque du pluriel. ⚠ Placés devant le nom, *demi* et *semi* sont invariables ; *grand* avec un nom féminin peut ne pas prendre la marque du pluriel.	*des marteaux-piqueurs* *des rouges-gorges* ⚠ *des demi-journées* *des grand(s)-mères*
ADJECTIF + ADJECTIF Généralement, les deux mots prennent la marque du pluriel.	*des sourds-muets* ⚠ *des nouveau-nés, des haut-parleurs*
VERBE + VERBE Les deux verbes restent au singulier.	*des laisser-passer*
MOTS ÉTRANGERS Les deux mots restent au singulier. ⟶ Tolérances orthographiques, paragraphe 391.	*des post-scriptum* ⚠ *des pull-overs, des week-ends*

REM Pour l'emploi du trait d'union ⟶ Tolérances orthographiques, paragraphe 389.

286 Pluriel des adjectifs en général

Dans la plupart des cas, on marque le pluriel en ajoutant un -*s*.

SINGULIER	PLURIEL
content	*contents*
grand	*grands*
important	*importants*
petit	*petits*

287 Pluriel des adjectifs en -*s* ou en -*x* : un gros chien, de gro*s* chiens, un enfant capricieu*x*, des enfants capricieu*x*

Les adjectifs qui se terminent par un -*s* ou un -*x* au singulier ne changent pas d'orthographe au pluriel.

SINGULIER	PLURIEL
un coup bas	*des coups bas*
un repas délicieux	*des repas délicieux*
un fait divers	*des faits divers*
un temps orageux	*des temps orageux*
un rapport précis	*des rapports précis*

288 Pluriel des adjectifs en -*eau* : b*eau*, b*eaux*

Tous les adjectifs se terminant par -*eau* ont leur pluriel en -*eaux*.

SINGULIER	PLURIEL
un beau paysage	*de beaux paysages*
un nouveau voisin	*de nouveaux voisins*

289 Pluriel des adjectifs en -*al* : spéci*al*, spéci*aux*

Les adjectifs se terminant par -*al* ont généralement leur pluriel en -*aux*.

SINGULIER	PLURIEL
un trait vertical	*des traits verticaux*
un sourire amical	*des sourires amicaux*

⚠ Il existe cependant sept adjectifs en -*al* qui font leur pluriel en -*als* : *banal, bancal, fatal, final, glacial, natal, naval.*

290 Pluriel des adjectifs qualifiant plusieurs noms : Le garçon et la fille sont *charmants*.

Quand l'adjectif qualifie plusieurs noms, il suffit qu'un seul des noms soit masculin pour que l'adjectif soit au masculin pluriel.

Le lion, la lionne et la panthère sont dangereux.

nom masculin + nom féminin + nom féminin = adjectif masculin pluriel

DÉTAILS DES RÈGLES	EXEMPLES
Si tous les noms sont au masculin, l'adjectif est au masculin pluriel.	*Le chien et le chat sont beaux.*
Si un des noms au moins est au masculin, l'adjectif est au masculin pluriel.	*Le chien et la chatte sont beaux.*
Si tous les noms sont au féminin, l'adjectif est au féminin pluriel.	*La chienne et la chatte sont belles.*

291 Pluriel des adjectifs numéraux : *un, deux, trois...*

Les adjectifs numéraux sont invariables à l'exception de *vingt* et de *cent*.

les quatre enfants

292 Accord de *cent*

DÉTAILS DES RÈGLES	EXEMPLES
L'adjectif numéral *cent* s'accorde s'il est multiplié et s'il n'est suivi d'aucun chiffre.	*trois cents* *un million cinq mille deux cents*
Il reste invariable s'il est multiplié et s'il est suivi par d'autres chiffres.	*trois cent vingt* *un million cinq mille deux cent quarante-six*

293 Accord de *quatre-vingts*

- L'adjectif numéral *quatre-vingts* s'accorde s'il n'est suivi d'aucun chiffre.

quatre-vingts
mille cinq cent quatre-vingts

- Il reste invariable s'il est suivi par d'autres chiffres.

quatre-vingt-six
cinq mille cent quatre-vingt-quatre

REM   Les noms *millier*, *million* et *milliard* s'accordent :
La région parisienne compte plusieurs millions d'habitants.
→ L'emploi du trait d'union dans l'écriture des nombres, paragraphe 322.

294   Pluriel des adjectifs de couleur : bleu, bleu*s*
L'adjectif de couleur s'accorde généralement avec le nom qu'il qualifie :

des volets verts

L'adjectif est invariable dans les deux cas suivants :
- s'il dérive d'un nom de fruit, de fleur, de pierre précieuse…

des tissus marron (de la couleur du marron)
des nappes topaze (de la couleur de la topaze)

⚠ *fauve, mauve, pourpre, rose* s'accordent.

- s'il est formé de deux adjectifs

des yeux bleu foncé
des tissus vert clair, vert foncé

295 Accord du verbe aux temps simples : règle générale
- Le verbe est à un temps simple quand il se présente sous la forme d'un seul mot à chaque personne : *ils chantent*.
- Le verbe s'accorde en personne (1re, 2e, 3e) et en nombre (singulier, pluriel) avec son sujet. La terminaison du verbe varie aussi en fonction du mode et du temps.

296 Accord avec un sujet à la 3e personne du pluriel : ils mange*nt*.
On trouve -*nt* à la fin d'un verbe conjugué à la 3e personne du pluriel, à tous les temps simples.

ils mangent, ils crieront, ils chantaient, ils parlèrent

À la 3e personne du pluriel, le sujet peut être :
– un pronom : *ils chantent, elles pleuraient, ils crieront*.
– un nom : *Les chiens aboient*.
– un groupe nominal (plusieurs mots regroupés autour d'un nom qui est le sujet) : *Les amis de mes enfants arriveront demain*.
– plusieurs noms reliés par *et, ou, ni* : *Paul et Virginie viendront. Paul ou Virginie venaient. Ni Paul ni Virginie ne viennent.*

297 Accord avec un sujet à la 1re personne du pluriel : nous chanto*ns*
On trouve -*ns* à la fin d'un verbe conjugué à la 1re personne du pluriel, à tous les temps simples sauf au passé simple.

nous mangeons, nous chantions, nous crierons

À la 1re personne du pluriel, le sujet peut être :
– un pronom : *Nous viendrons demain*.
– plusieurs noms ou pronoms dont *moi* :
Paul et moi (nous) chantons.　　*Toi et moi (nous) mangions.*
Lui et moi (nous) partons.　　*Les enfants et moi (nous) viendrons.*

298 Accord avec un sujet à la 2ᵉ personne du pluriel : vous chant*ez*

On trouve généralement -*ez* à la fin d'un verbe conjugué à la 2ᵉ personne du pluriel, à tous les temps simples sauf au passé simple.

vous mangez, vous chantiez, vous crierez

⚠ *vous faites, vous dites, vous défaites, vous redites...*

REM   À la 2ᵉ personne du pluriel, le sujet peut être :
   – un pronom : *Vous viendrez demain.*
   – plusieurs noms ou pronoms (sauf *moi*) dont *toi* :
   Paul et toi (vous) chanterez.
   Lui et toi (vous) chantiez.
   Les enfants et toi (vous) chantez.

299 Accord avec le pronom relatif *qui* : C'est toi *qui* jouer*as*.

Le verbe s'accorde avec le mot que remplace le pronom relatif *qui*. Ce mot se trouve généralement juste devant le pronom relatif *qui*.

C'est toi qui joueras. (Toi = tu → tu joueras)

L'équipe qui a perdu ne jouera plus.
qui remplace « équipe » = « elle » 3ᵉ pers. sing.

Les équipes qui ont perdu ne joueront plus.
qui remplace « équipes » = « elles » 3ᵉ pers. plur.

C'est moi qui ne jouerai plus.
qui remplace « moi » = « je » Iʳᵉ pers. sing.

C'est toi qui ne joueras plus.
qui remplace « toi » = « tu » 2ᵉ pers. sing.

C'est Paul et moi qui ne jouerons plus.
qui remplace « Paul et moi » = « nous » Iʳᵉ pers. plur.

C'est Paul et toi qui ne jouerez plus.
qui remplace « Paul et toi » = « vous » 2ᵉ pers. plur.

300 Accord du participe passé

- Le verbe est à un temps composé quand il se présente sous la forme d'un participe passé et qu'il se conjugue avec un auxiliaire (*être* ou *avoir*).

Les enfants sont tombés.
Les enfants ont chanté.

- Le participe passé employé avec l'auxiliaire *avoir* ne s'accorde jamais avec le sujet.

Les avions ont survolé la ville.

Mais le participe passé s'accorde en genre et en nombre avec le complément d'objet direct (COD) si celui-ci est placé avant le verbe.
On trouve le COD en posant la question « qui ? » ou « quoi ? » après le verbe.

Les pommes, je les ai mangées.

(J'ai mangé quoi ? *les pommes*, féminin pluriel, remplacé par *les*, pronom personnel COD.)

- Pour le cas des participes passés *laissé*, *fait* + verbe à l'infinitif
→ Tolérances orthographiques, paragraphe 390.

- Le participe passé employé avec l'auxiliaire *être* s'accorde en genre et en nombre avec le sujet.

Des pierres sont tombées sur la route.

REM Les verbes pronominaux suivent des règles d'accord particulières
→ paragraphe 302.

301 Définition des verbes pronominaux : je *me* lave, il *se* tait

Les verbes pronominaux sont accompagnés d'un pronom personnel (*me*, *te*, *se*…) qui représente le même être ou la même chose que le sujet. Aux temps composés, ces verbes se conjuguent toujours avec l'auxiliaire *être*.
Il existe deux types de verbes pronominaux :

- les verbes essentiellement pronominaux qui s'emploient toujours à la forme pronominale : *s'emparer*, *s'enfuir*, *se souvenir*, *s'évanouir*…

L'aigle s'envole et s'empare de sa proie.

- les verbes occasionnellement pronominaux qui s'emploient parfois à la forme pronominale : *se regarder* (le verbe *regarder* existe aussi).

Le lièvre et la tortue se regardent.

302 Accord du participe passé des verbes pronominaux :
Sophie s'est regardée dans la glace.

- Le participe passé des verbes essentiellement pronominaux (qui ne s'emploient qu'à la forme pronominale) s'accorde en genre et en nombre avec le sujet.

Les mouettes se sont envolées.
féminin pluriel

- Le participe passé des verbes qui s'emploient parfois à la forme pronominale s'accorde en genre et en nombre avec le sujet seulement si le pronom placé devant le verbe est complément d'objet direct (COD). On trouve le COD en posant la question « qui ? » ou « quoi ? » après le verbe.

Elles se sont lavées.
(Elles ont lavé qui ? *elles-mêmes*, féminin pluriel, remplacé par *se*, pronom COD.)

Elles se sont lavé les mains.
(Elles ont lavé les mains à qui ? à *elles-mêmes*, remplacé par *se* : le pronom n'est pas COD, pas d'accord.)

303 Participes passés toujours invariables

Certains verbes pronominaux ne peuvent jamais avoir de complément d'objet direct (COD). Ils ne peuvent donc pas s'accorder avec un COD, et leurs participes passés sont invariables. En voici la liste.

s'en vouloir
s'entre-nuire
se complaire
se convenir
se déplaire (déplaire à soi)
se nuire
se parler (parler à soi)
se plaire (plaire à soi)
se ressembler
se sourire
se succéder
se suffire
se survivre

Les homophones grammaticaux sont des mots qui se prononcent de manière identique mais qui ne s'écrivent pas de la même façon et qui n'appartiennent pas à la même classe grammaticale.

304 *a et à*

QUELLE EST LA DIFFÉRENCE DE NATURE ?	COMMENT LES DISTINGUER ?
a est une forme conjuguée du verbe *avoir*.	Si l'on met la phrase à l'imparfait : – *a* devient *avait*. *Mon fils a mal aux dents.* *Mon fils avait mal aux dents.*
à, avec un accent grave, est une préposition invariable.	– *à* ne change pas. *Je parle à mes enfants.* *Je parlais à mes enfants.*

305 *ce (c') et se (s')*

QUELLE EST LA DIFFÉRENCE DE NATURE ?	COMMENT LES DISTINGUER ?
ce est un adjectif démonstratif qui détermine un nom masculin.	Si l'on remplace le nom masculin qu'il détermine par un nom féminin, *ce* devient *cette*. *Ce travail est intéressant.* *Cette activité est intéressante.*
ce ou *c'*, placés devant le verbe être, sont des pronoms démonstratifs.	*ce* ou *c'* peuvent être remplacés par *cela*. *Ce n'est pas bon. (C'est bon.)* *Cela n'est pas bon. (Cela est bon.)*
se ou *s'* sont des pronoms personnels réfléchis à la troisième personne du singulier, utilisés devant le verbe dans la conjugaison pronominale.	Si l'on remplace le sujet par *je* ou *tu*, *se* devient *me* ou *te*, *s'* devient *m'* ou *t'*. *Les enfants se lèvent tôt ; ils s'habillent.* *Je me lève tôt ; je m'habille.* *Tu te lèves tôt ; tu t'habilles.*

306 *c'est* et *s'est*

QUELLE EST LA DIFFÉRENCE DE NATURE ?

c'est est formé de *c'*, pronom démonstratif, et de *est*, forme conjuguée du verbe être.

s'est est formé de *s'*, pronom personnel réfléchi, et de *est*, forme conjuguée du verbe être.

COMMENT LES DISTINGUER ?

c'est peut être remplacé par *cela est*.
C'est ma maison.
Cela est ma maison.

Si l'on change le sujet par *je* ou *tu*, *s'est* devient *me suis* ou *t'es*.
Mon frère s'est caché derrière un arbre.
Je me suis caché derrière un arbre.
Tu t'es caché derrière un arbre.

307 *c'était* et *s'était*

QUELLE EST LA DIFFÉRENCE DE NATURE ?

c'était est formé de *c'*, pronom démonstratif, et de *était*, forme conjuguée du verbe être.

s'était est formé de *s'*, pronom personnel réfléchi, et de *était*, forme conjuguée du verbe être.

COMMENT LES DISTINGUER ?

c'était peut être remplacé par *cela était*.
C'était ma maison.
Cela était ma maison.

Si l'on remplace le sujet par *je* ou *tu*, *s'était* devient *m'étais* ou *t'étais*.
Il s'était caché derrière un arbre.
Je m'étais caché derrière un arbre.
Tu t'étais caché derrière un arbre.

308 *cet* et *cette*

QUELLE EST LA DIFFÉRENCE DE NATURE ?

cet est un adjectif démonstratif qui détermine un nom masculin.
cet remplace *ce* devant un nom masculin commençant par :
– une voyelle : *cet avion* ;
– un *h* muet : *cet humour*.

cette est un adjectif démonstratif qui détermine un nom féminin.

COMMENT LES DISTINGUER ?

cet peut être remplacé par *un*.
Cet homme est généreux.
Un homme est généreux.

cette peut être remplacé par *une*.
Cette femme est généreuse.
Une femme est généreuse.

309 *ces* et *ses*

QUELLE EST LA DIFFÉRENCE DE NATURE ?

COMMENT LES DISTINGUER ?

ces est un adjectif démonstratif qui détermine un nom au pluriel.

Si l'on met au singulier le nom au pluriel qu'il détermine, *ces* devient *cette* ou *ce*.
Ces roses et ces bégonias sont magnifiques.
Cette rose et ce bégonia sont magnifiques.

ses est un adjectif possessif qui détermine un nom au pluriel.

Si l'on met au singulier le nom au pluriel qu'il détermine, *ses* devient *son* ou *sa*.
Il a perdu ses cahiers et ses clés.
Il a perdu son cahier et sa clé.

310 *et* et *est*

QUELLE EST LA DIFFÉRENCE DE NATURE ?

COMMENT LES DISTINGUER ?

et est une conjonction de coordination invariable.

Si l'on met la phrase à l'imparfait :
– *et* ne change pas.
Mon chien et mon chat jouent ensemble.
Mon chien et mon chat jouaient ensemble.

est est une forme conjuguée du verbe être.

– *est* devient *était*.
Elle est venue me voir.
Elle était venue me voir.

311 *la*, *l'a* et *là*

QUELLE EST LA DIFFÉRENCE DE NATURE ?

COMMENT LES DISTINGUER ?

la est un article qui détermine un nom féminin.

Si l'on remplace le nom féminin qu'il détermine par un nom masculin,
la devient *le*.
La petite fille appelle sa maman.
Le petit garçon appelle sa maman.

la devant le verbe est un pronom personnel.

la est toujours devant un verbe conjugué. On peut également remplacer *la* par *le*.
Il prend une tasse de café et la boit.
(**verbe** *boire*)
Il prend du café et le boit.

QUELLE EST LA DIFFÉRENCE DE NATURE ?

COMMENT LES DISTINGUER ?

l'a est formé de *l'*, pronom personnel, et de *a*, forme conjuguée du verbe *avoir*.

Si l'on met la phrase à l'imparfait :
– *l'a* devient *l'avait*.
Cette histoire, il me l'a racontée hier.
Cette histoire, il me l'avait racontée hier.

là indique le lieu, c'est un adverbe.

– *là* peut être remplacé par *ici*.
C'est là que je l'ai vu pour la dernière fois.
C'est ici que je l'ai vu pour la dernière fois.

312 *leur* et *leurs*

QUELLE EST LA DIFFÉRENCE DE NATURE ?

COMMENT LES DISTINGUER ?

leur, pronom personnel invariable, est toujours placé devant un verbe.

Si l'on met au singulier le nom au pluriel qu'il remplace, *leur* devient *lui*.
Mes professeurs m'interrogent, je leur réponds.
Mon professeur m'interroge, je lui réponds.

leur, adjectif possessif est toujours placé devant un nom.
leur s'accorde avec le nom.

leur peut être remplacé par *sa* ou *son*.
leurs peut être remplacé par *ses*.
Il me montre leur chambre.
Il me montre sa chambre.
Ils jouent avec leurs jouets.
Ils jouent avec ses jouets.

313 *on* et *ont*

QUELLE EST LA DIFFÉRENCE DE NATURE ?

COMMENT LES DISTINGUER ?

on est un pronom personnel.

Si l'on met la phrase à l'imparfait :
– *on* ne change pas.
On parle souvent trop.
On parlait souvent trop.

ont est une forme conjuguée du verbe *avoir*.

– *ont* devient *avaient*.
Les voyageurs ont attendu le train.
Les voyageurs avaient attendu le train.

314 *ou* et *où*

ou est une conjonction de coordination qui relie deux mots, deux groupes de mots ou deux propositions.

ou peut être remplacé par *ou bien*.
Je viendrai dimanche ou lundi.
Je viendrai dimanche ou bien lundi.

où est un adverbe interrogatif qui indique le lieu et sert à poser une question.

où ne peut pas être remplacé par *ou bien*.
Où habites-tu ?

où est un pronom relatif qui indique le lieu et introduit une proposition relative.

où ne peut pas être remplacé par *ou bien*.
Montre-moi l'endroit où tu habites.

315 *peut* et *peu*

peut est la forme conjuguée du verbe *pouvoir* à la 3e personne du singulier du présent de l'indicatif.

Si l'on met la phrase à l'imparfait :
– *peut* devient *pouvait*.
Mon chien peut te mordre.
Mon chien pouvait te mordre.

peu est un adverbe invariable.

– *peu* ne varie pas.
J'ai peu d'argent à te donner.
J'avais peu d'argent à te donner.

316 *quand*, *quant* et *qu'en*

quand est une conjonction qui exprime le temps ou interroge sur lui.

REM　Devant une voyelle, le *d* se prononce [t]. *Quand ils viendront…*

On peut remplacer *quand* par *lorsque* ou par *quel jour, à quelle heure…* dans une phrase interrogative.
Quand·le soleil se lèvera, nous partirons.
Lorsque le soleil se lèvera, nous partirons.
Quand le soleil se lèvera-t-il ?
À quelle heure le soleil se lèvera-t-il ?

quant à est une locution prépositive.

quant à peut être remplacé par *en ce qui concerne*.
Quant à ton frère, je l'attends de pied ferme.
En ce qui concerne ton frère, je l'attends de pied ferme.

QUELLE EST LA DIFFÉRENCE DE NATURE ?	COMMENT LES DISTINGUER ?
qu'en est formé de *que* (conjonction de subordination ou pronom interrogatif) et de *en*, pronom personnel.	*qu'en* est l'équivalent de *que... de cela*. *Nous partirions jeudi. Qu'en penses-tu ?* = *Que penses-tu de cela (de cette date, de notre proposition) ?*
qu'en peut être aussi formé de *que* + *en*, préposition introduisant un gérondif.	*qu'en* peut être remplacé par *que... en* (ou *qu'... en*) si l'on change de place les mots qui suivent. *Il croit qu'en avançant il se protégera.* *Il croit qu'il se protégera en avançant.*

317 *qu'elle, quel, quelle*

QUELLE EST LA DIFFÉRENCE DE NATURE ?	COMMENT LES DISTINGUER ?
qu'elle est formé de *qu'*, pronom relatif, et du pronom personnel sujet *elle*.	*qu'elle* peut être remplacé par *qu'il*. *Je pense qu'elle va venir.* *Je pense qu'il va venir.*
quel est un adjectif exclamatif ou interrogatif qui détermine un nom féminin.	*quel* ne peut pas être remplacé par *qu'il*. *Quel film ! Quel train prends-tu ?*
quelle est un adjectif exclamatif ou interrogatif qui détermine un nom féminin.	*quelle* ne peut pas être remplacé par *qu'il*. *Quelle aventure ! Quelle heure est-il ?*

318 *sa, ça et çà*

QUELLE EST LA DIFFÉRENCE DE NATURE ?	COMMENT LES DISTINGUER ?
sa est un adjectif possessif qui détermine un nom féminin.	*sa* peut être remplacé par *son* + nom masculin. *Mon père lave sa voiture.* *Mon père lave son camion.*
ça est un pronom démonstratif.	*ça* peut être remplacé par *cela*. *Ça m'ennuie beaucoup.* *Cela m'ennuie beaucoup.*
çà est un adverbe, employé dans l'expression *çà et là*, qui indique le lieu.	*çà* peut être remplacé par *ici*. *Je trouvais des champignons çà et là.* *Je trouvais des champignons ici et là.*

REM   *çà* peut être employé comme interjection : *çà alors !*

319 *sans* et *s'en*

sans est une préposition.

sans est le contraire de *avec*.
Il peut se trouver devant un nom
ou devant un verbe à l'infinitif.
Il boit son café sans sucre.
Il boit son café avec du sucre.
Il est parti sans payer son repas.

s'en est formé du pronom *s'*
(appartenant à un verbe pronominal)
et de *en*, pronom personnel.

s'en est toujours placé devant un verbe
conjugué.
Son dictionnaire, il ne s'en sert jamais.

320 *son* et *sont*

QUELLE EST LA DIFFÉRENCE DE NATURE ?   COMMENT LES DISTINGUER ?

son est un adjectif possessif.

Si l'on met la phrase à l'imparfait :
– *son* ne change pas.
Son père travaille avec le mien.
Son père travaillait avec le mien.

sont est une forme conjuguée
du verbe *être*.

– *sont* devient *étaient*.
Mes enfants sont partis au collège.
Mes enfants étaient partis au collège.

321 *tout* et *tous*

QUELLE EST LA DIFFÉRENCE DE NATURE ?   COMMENT LES DISTINGUER ?

tout est un pronom indéfini sujet ou
complément du verbe. Il est invariable.

tout peut être remplacé par *le tout*.
Gardez tout.
Gardez le tout.

tout est un adverbe. Il est invariable,
sauf devant un nom féminin
commençant par une consonne
(*toute* triste, *toutes* tristes).

tout peut être remplacé par
complètement ou *vraiment*.
Ils étaient tout étonnés.
Ils étaient vraiment étonnés.

tous est un adjectif indéfini. Il qualifie
toujours un nom pluriel.

Devant *les* + un nom, on écrit *tous*.
Tous les amis étaient venus.

322 Emploi du trait d'union : D'où venez-vous ?

- Le trait d'union apparaît entre le verbe et un pronom sujet à la forme interrogative.

  Comment a-t-il su ?   *Comment partirons-nous ?*   *Qui a-t-il appelé ?*
  Où allez-vous ?   *Quand mange-t-on ?*   *Qu'avez-vous vu ?*

⚠ Le *t* entre deux traits d'union évite que deux voyelles ne se suivent.

- On doit mettre un trait d'union entre le verbe et un pronom complément à l'impératif.

  Prends-en.   *Allez-vous-en.*   *Allez-y.*   *Crois-le.*   *Donne-m'en.*

- Le trait d'union est obligatoire dans les mots composés avec *ci* ou *là*.

celui-ci	*par-ci*	*ci-après*	*ci-gît*	*ces jours-là*	*là-dessus*
ceux-ci	*ci-dessus*	*ci-devant*	*celui-là*	*par-là*	*là-haut*
ces jours-ci	*ci-contre*	*ci-joint*	*ceux-là*	*là-bas*	*là-dedans*

- Le trait d'union doit figurer entre un pronom personnel et *même*.

moi-même	*lui-même*	*nous-mêmes*	*eux-mêmes*
toi-même	*elle-même*	*vous-même(s)*	*elles-mêmes*

- Il est d'usage de placer un trait d'union dans les noms des nombres composés inférieurs à 100 et juxtaposés. → Tolérances orthographiques, paragraphe 392.

mille cent vingt-six	*soixante-dix-neuf*	*soixante-six*
quatre cent cinquante-deux	*quatre-vingt-treize*	*cent quatre-vingt-huit*

- Dans les mots composés, il faut toujours un trait d'union après :
  - *demi* et *semi* ;   un *demi-litre*, un *semi-remorque*
  - *ex* ;   mon *ex-femme*
  - *non* (devant un nom) ;   un *non-sens*
  - *pro* (devant une voyelle). *pro-américain*

REM   Pour vous assurer de l'orthographe d'un mot composé → paragraphes 394 et 59.

323 Règle générale d'emploi de la majuscule

La majuscule se trouve :
- au début des phrases

Le train entre en gare.

- au début des noms propres

Elle s'appelle Marie.

324 Majuscule au début des phrases

On met une majuscule :
- à la première lettre du premier mot d'une phrase

Mon chien s'est sauvé.

- après deux-points ou un tiret qui annoncent des paroles rapportées

Elle m'a répondu : « Je ne viendrai pas. »

- au début des vers dans la poésie classique

Maître Corbeau, sur un arbre perché,
Tenait en son bec un fromage.

325 Majuscule au début des noms propres

On met une majuscule :
- à la première lettre d'un nom et/ou prénom de personne

A. Durant   *Jacqueline Dupont*

⚠ *Jean de La Fontaine, J.-M.G. Le Clézio.*

REM – Dans les noms propres composés, la préposition ne prend pas de majuscule.
Charles de Gaulle
– Dans les surnoms composés, l'article ne prend pas de majuscule.
Pierrot le Fou   *Charles le Sage*

- à la première lettre des titres
  Madame le Préfet
  Votre Altesse
  M. le Comte

- à la première lettre des noms de lieux, de monuments historiques
  ou d'institutions
  la Loire
  la France
  la Bastille
  le Colisée
  l'Assemblée nationale

⚠ Dans les noms de lieux composés, chaque nom prend une majuscule
mais l'article ou la préposition ne prennent pas de majuscule.
Sainte-Foy-la-Grande
Trouville-sur-Mer
le Loir-et-Cher

- à la première lettre des noms d'institutions
  l'Académie française
  la Sécurité sociale

- à la première lettre des noms désignant des périodes historiques
  les guerres de Religion
  la Libération
  la Renaissance

REM Pour l'emploi du trait d'union dans les mots composés → Tolérances
orthographiques, paragraphe 389.

326 Les affixes des trois groupes de verbes

Toute forme verbale peut se décomposer en différents éléments : les radicaux (en noir) et les affixes (en rouge). Ces éléments peuvent varier d'une personne à l'autre, d'un temps à l'autre, d'un groupe de verbes à l'autre.

1er groupe	2e groupe	3e groupe			
INDICATIF					
présent					
aim-e	fini-s	ouvr-e	dor-s	met-s	veu-x
aim-es	fini-s	ouvr-es	dor-s	met-s	veu-x
aim-e	fini-t	ouvr-e	dor-t	met	veu-t
aim-ons	fini-ss-ons	ouvr-ons	dorm-ons	mett-ons	voul-ons
aim-ez	fini-ss-ez	ouvr-ez	dorm-ez	mett-ez	voul-ez
aim-ent	fini-ss-ent	ouvr-ent	dorm-ent	mett-ent	veul-ent
imparfait					
aim-ai-s	fini-ss-ai-s	ouvr-ai-s			
aim-ai-s	fini-ss-ai-s	ouvr-ai-s			
aim-ai-t	fini-ss-ai-t	ouvr-ai-t			
aim-i-ons	fini-ss-i-ons	ouvr-i-ons			
aim-i-ez	fini-ss-i-ez	ouvr-i-ez			
aim-ai-ent	fini-ss-ai-ent	ouvr-ai-ent			
passé simple					
aim-ai	fin-is	ouvr-is	voul-us	t-ins	
aim-as	fin-is	ouvr-is	voul-us	t-ins	
aim-a	fin-it	ouvr-it	voul-ut	t-int	
aim-âmes	fin-îmes	ouvr-îmes	voul-ûmes	t-înmes	
aim-âtes	fin-îtes	ouvr-îtes	voul-ûtes	t-întes	
aim-èrent	fin-irent	ouvr-irent	voul-urent	t-inrent	
futur simple					
aim-er-ai	fini-r-ai	ouvri-r-ai			
aim-er-as	fini-r-as	ouvri-r-as			
aim-er-a	fini-r-a	ouvri-r-a			
aim-er-ons	fini-r-ons	ouvri-r-ons			
aim-er-ez	fini-r-ez	ouvri-r-ez			
aim-er-ont	fini-r-ont	ouvri-r-ont			

1er groupe	2e groupe	3e groupe			
CONDITIONNEL présent					
aim-er-ai-s	fini-r-ai-s	ouvri-r-ai-s			
aim-er-ai-s	fini-r-ai-s	ouvri-r-ai-s			
aim-er-ai-t	fini-r-ai-t	ouvri-r-ai-t			
aim-er-i-ons	fini-r-i-ons	ouvri-r-i-ons			
aim-er-i-ez	fini-r-i-ez	ouvri-r-i-ez			
aim-er-ai-ent	fini-r-ai-ent	ouvri-r-ai-ent			
SUBJONCTIF présent					
aim-e	fini-ss-e	ouvr-e			
aim-es	fini-ss-es	ouvr-es			
aim-e	fini-ss-e	ouvr-e			
aim-i-ons	fini-ss-i-ons	ouvr-i-ons			
aim-i-ez	fini-ss-i-ez	ouvr-i-ez			
aim-ent	fini-ss-ent	ouvr-ent			
imparfait					
aim-a-ss-e	fini-ss-e	ouvr-i-ss-e	t-in-ss-e	voul-u-ss-e	
aim-a-ss-es	fini-ss-es	ouvr-i-ss-es	t-in-ss-es	voul-u-ss-es	
aim-â-t	finî-t	ouvr-î-t	t-în-t	voul-û-t	
aim-a-ss-i-ons	fini-ss-i-ons	ouvr-i-ss-i-ons	t-in-ss-i-ons	voul-u-ss-i-ons	
aim-a-ss-i-ez	fini-ss-i-ez	ouvr-i-ss-i-ez	t-in-ss-i-ez	voul-u-ss-i-ez	
aim-a-ss-ent	fini-ss-ent	ouvr-i-ss-ent	t-in-ss-ent	voul-u-ss-ent	
IMPÉRATIF présent					
aim-e	fini-s	ouvr-e	dor-s		
aim-ons	fini-ss-ons	ouvr-ons	dorm-ons		
aim-ez	fini-ss-ez	ouvr-ez	dorm-ez		
PARTICIPE présent					
aim-ant	fini-ss-ant	ouvr-ant			
passé					
aim-é	fin-i	dorm-i	ten-u	pri-s	écri-t
				clo-s	ouver-t
				absou-s	mor-t
INFINITIF présent					
aim-e-r	fin-i-r	ouvr-i-r	voul-oi-r	croi-r-e	

327 Verbes en -*cer* : je pla*c*e, nous pla*ç*ons

Les verbes se terminant par -*cer* (*placer, annoncer, déplacer...*) prennent une cédille sous le *c* (*ç*) devant *a* et *o* :

- à la Ire personne du pluriel du présent de l'indicatif ;   *nous plaçons*
- aux trois personnes du singulier et à   *je plaçais*
  la 3e personne du pluriel de l'imparfait de l'indicatif ;
- aux trois personnes du singulier et aux deux premières   *je plaçai*
  personnes du pluriel du passé simple de l'indicatif ;
- à toutes les personnes de l'imparfait du subjonctif ;   *que je plaçasse*
- à la Ire personne du pluriel du présent de l'impératif ;   *plaçons*
- au participe présent.   *plaçant*

328 Verbes en -*ger* : je mange, nous man*g*eons

Les verbes se terminant par -*ger* (*manger, nager, bouger...*) conservent leur *e* après le *g* devant *a* et *o* :

- à la Ire personne du pluriel du présent de l'indicatif ;   *nous mangeons*
- aux trois personnes du singulier et à   *je mangeais*
  la 3e personne du pluriel de l'imparfait de l'indicatif ;
- aux trois personnes du singulier et aux deux premières   *je mangeai*
  personnes du pluriel du passé simple de l'indicatif ;
- à toutes les personnes de l'imparfait du subjonctif ;   *que je mangeasse*
- à la Ire personne du pluriel du présent de l'impératif ;   *mangeons*
- au participe présent.   *mangeant*

329 Verbes en -*e* + *consonne* + *er* : je pèse, nous pesons

Les verbes se terminant par -*e* + *consonne* + *er* (*peser, semer, sevrer...*), qui se conjuguent sur le modèle de *peser*, changent le premier *e* (le *e* du radical) en *è* :

- aux trois personnes du singulier et à   *je pèse*
  la 3e personne du pluriel du présent de l'indicatif ;
- à toutes les personnes du futur simple de l'indicatif ;   *je pèserai*
- aux trois personnes du singulier et à la 3e personne   *que je pèse*
  du pluriel du présent du subjonctif ;
- à toutes les personnes du présent du conditionnel ;   *je pèserais*
- à la 2e personne du singulier du présent de l'impératif.   *pèse*

⚠ Les verbes se terminant par -*eler* et -*eter* → paragraphes 331, 332.

330 Verbes en -*é* + *consonne* + *er* : je cède, nous cédons

Les verbes se terminant par -*é* + *consonne* + *er* (céder, célébrer, régler…), qui se conjuguent sur le modèle de *céder*, changent le *é* en *è* :

- aux trois personnes du singulier et à la 3ᵉ personne   *je cède*
  du pluriel du présent de l'indicatif ;
- aux trois personnes du singulier et à la 3ᵉ personne   *que je cède*
  du pluriel du présent du subjonctif ;
- à la 2ᵉ personne du singulier du présent de l'impératif.   *cède*

REM   La conjugaison de ces verbes peut maintenant s'aligner sur celle de *peser*
     → Tolérances orthographiques, paragraphe 386.

331 Verbes se terminant par -*eler* : je gèle, j'appelle

Règle I

Les verbes suivants se terminant par -*eler* (*agneler, celer, ciseler, congeler, déceler, décongeler, dégeler, démanteler, écarteler, geler, harceler, marteler, modeler, peler, receler, recongeler, regeler, remodeler, surgeler*) changent le premier *e* (le *e* du radical) en *è* :

- aux trois personnes du singulier et à la 3ᵉ personne   *je gèle*
  du pluriel du présent de l'indicatif ;
- à toutes les personnes du futur simple de l'indicatif ;   *je gèlerai*
- aux trois personnes du singulier et à la 3ᵉ personne   *que je gèle*
  du pluriel du présent du subjonctif ;
- à toutes les personnes du présent du conditionnel ;   *je gèlerais*
- à la 2ᵉ personne du singulier du présent de l'impératif.   *gèle*

Règle 2

Pour tous les autres verbes se terminant par -*eler*, *l* devient *ll* :

- aux trois personnes du singulier et à la 3ᵉ personne   *j'appelle*
  du pluriel du présent de l'indicatif ;
- à toutes les personnes du futur simple de l'indicatif ;   *j'appellerai*
- aux trois personnes du singulier et à la 3ᵉ personne   *que j'appelle*
  du pluriel du présent du subjonctif ;
- à toutes les personnes du présent du conditionnel ;   *j'appellerais*
- à la 2ᵉ personne du singulier du présent de l'impératif.   *appelle*

REM   → Tolérances orthographiques, paragraphe 386.

332 Verbes en -*eter* : j'ach**è**te, je je**tt**e
Règle I

Les verbes suivants se terminant par -*eter* (*acheter, bêcheveter, bégueter, breveter, corseter, duveter (se), crocheter, fileter, fureter, haleter, racheter, recacheter*) changent le premier *e* (le *e* du radical) en **è** :

- aux trois personnes du singulier et à   *j'achète*
  la 3ᵉ personne du pluriel du présent de l'indicatif ;
- à toutes les personnes du futur simple   *j'achèterai*
  de l'indicatif ;
- aux trois personnes du singulier et à   *que j'achète*
  la 3ᵉ personne du pluriel du présent du subjonctif ;
- à toutes les personnes du présent du conditionnel ;   *j'achèterais*
- à la 2ᵉ personne du singulier du présent   *achète*
  de l'impératif.

Règle 2

Pour tous les autres verbes se terminant par -*eter*, *t* devient *tt* :

- aux trois personnes du singulier et à   *je jette*
  la 3ᵉ personne du pluriel du présent de l'indicatif ;
- à toutes les personnes du futur simple   *je jetterai*
  de l'indicatif ;
- aux trois personnes du singulier et à   *que je jette*
  la 3ᵉ personne du pluriel du présent du subjonctif ;
- à toutes les personnes du présent du conditionnel ;   *je jetterais*
- à la 2ᵉ personne du singulier du présent   *jette*
  de l'impératif.

REM   ⟶ Tolérances orthographiques, paragraphe 386.

333 Verbes en -*ayer* : je pa**y**e ou je pa**i**e, nous pa**y**ons

Pour les verbes se terminant par -*ayer* (*payer, balayer, rayer*…), qui se conjuguent sur le modèle de *payer*, deux conjugaisons sont possibles : le *y* est conservé à tous les modes et à tous les temps ; le *y* se change en *i* devant un *e* muet (que l'on n'entend pas) :

- aux trois personnes du singulier et à   *je paye ou je paie*
  la 3ᵉ personne du pluriel du présent de l'indicatif ;
- à toutes les personnes du futur simple   *je payerai ou je paierai*
  de l'indicatif ;

- aux trois personnes du singulier et à   *que je paye ou que je paie*
  la 3e personne du pluriel du présent du subjonctif;
- à toutes les personnes du présent du conditionnel;   *je payerais ou je paierais*
- à la 2e personne du singulier du présent   *paye ou paie*
  de l'impératif.

REM   Le *y* est suivi d'un *i*:
       − aux deux premières personnes du pluriel de l'imparfait de l'indicatif;
       nous payions, vous payiez
       − aux deux premières personnes du pluriel du présent du subjonctif.
       que nous payions, que vous payiez

334 Verbes en -*oyer* et en -*uyer*: j'abo*i*e, nous essu*y*ons

Pour les verbes se terminant par -*oyer* et -*uyer* (*aboyer*, essuyer...),
le *y* se change en *i* devant un *e* muet (que l'on n'entend pas):

- aux trois personnes du singulier et à   *j'aboie, j'essuie*
  la 3e personne du pluriel du présent de l'indicatif;
- à toutes les personnes du futur simple   *j'aboierai, j'essuierai*
  de l'indicatif;
- aux trois personnes du singulier et à   *que j'aboie, que j'essuie*
  la 3e personne du pluriel du présent du subjonctif;
- à toutes les personnes du présent du conditionnel;   *j'aboierais, j'essuierais*
- à la 2e personne du singulier du présent   *aboie, essuie*
  de l'impératif.

REM   Le *y* est suivi d'un *i*:
       − aux deux premières personnes du pluriel de l'imparfait de l'indicatif;
       nous aboyions, vous aboyiez, nous essuyions, vous essuyiez
       − aux deux premières personnes du pluriel du présent du subjonctif.
       que nous aboyions, que vous aboyiez, que nous essuyions, que vous essuyiez

335 Verbes en *-eyer* : je fase*y*e, nous fase*y*ons

Pour les verbes se terminant par *-eyer* (*volleyer, faseyer*), le *y* est conservé à tous les modes et à tous les temps.

je faseye

REM Le *y* est suivi d'un *i* :

– aux deux premières personnes du pluriel de l'imparfait de l'indicatif ;

nous faseyions, vous faseyiez

– aux deux premières personnes du pluriel du présent du subjonctif.

que nous faseyions, que vous faseyiez

336 Verbe *haïr* : je ha*i*s, nous ha*ï*ssons

Dans la conjugaison du verbe *haïr*, le *ï* devient *i* :

- aux trois personnes du singulier du présent   *je hais, tu hais, il hait*
de l'indicatif ;
- à la 2ᵉ personne du singulier du présent   *hais*
de l'impératif.

Le *ï* se maintient à toutes les autres personnes du présent et de l'impératif, ainsi qu'à tous les autres temps.

haïssez, nous haïssons

REM Le *h* du verbe *haïr* est dit « aspiré » : il ne s'élide pas.

je hais ≠ j'aime

La présence du tréma change la prononciation du radical.

je hais [ɛ], *nous haïssons* [aisɔ̃]

337 Verbes en *-tir* : je sors, nous sor*t*ons

Les verbes se terminant par *-tir* (*mentir, sortir, partir…*), qui se conjuguent sur le modèle de *partir*, perdent leur *t* :

- aux deux premières personnes du singulier du   *je pars, tu pars*
présent de l'indicatif ;
- à la 2ᵉ personne du singulier de l'impératif.   *pars*

⚠ Les verbes *vêtir*, *dévêtir* et *revêtir* conservent le *t*.

je vêts, tu vêts, vêts

338 Verbes *mourir* et *courir* : je mou*rr*ai, je cou*rr*ai

Pour les verbes *mourir*, *courir* et ceux de la famille de *courir* (*parcourir*, *secourir*...), le *r* devient *rr* :

- à toutes les personnes du futur simple de l'indicatif ;   *je mourrai, je courrai*
- à toutes les personnes du présent du conditionnel.   *je mourrais, je courrais*

339 Verbes *fuir, s'enfuir, croire* et verbes en *-raire* : je fuis,
je fuyais, je crois, je croyais, je trais, je trayais

Dans la conjugaison des verbes *fuir, s'enfuir, croire* et des verbes se terminant par *-raire* (*traire, distraire*...), le *i* se change en *y* :

- aux deux premières personnes du pluriel du présent   *nous fuyons,*
de l'indicatif ;   *vous fuyez*
- à toutes les personnes de l'imparfait de l'indicatif ;   *je fuyais*
- aux deux personnes du pluriel du présent de l'impératif.   *fuyons, fuyez*

Le *y* est suivi d'un *i* :

– aux deux premières personnes du pluriel de l'imparfait de l'indicatif ;
nous fuyions, vous fuyiez
– aux deux premières personnes du pluriel du présent du subjonctif.
que nous fuyions, que vous fuyiez

340 Verbes en *-cevoir* : je reçois, nous recevons

Les verbes se terminant par *-cevoir* (*recevoir, apercevoir, décevoir*...) prennent une cédille sous le *c* (*ç*) devant *a, o* et *u* :

- aux trois personnes du singulier et à la 3e personne   *je reçois*
du pluriel du présent de l'indicatif ;
- à toutes les personnes du passé simple de l'indicatif ;   *je reçus*
- aux trois personnes du singulier et à la 3e personne   *que je reçoive*
du pluriel du présent du subjonctif ;
- à toutes les personnes de l'imparfait du subjonctif ;   *que je reçusse*
- à la 2e personne du singulier du présent de l'impératif ;   *reçois*
- au participe passé.   *reçu*

341 Verbes *devoir* et *redevoir* : dû, redû

Les participes passés des verbes *devoir* et *redevoir* s'écrivent avec un accent circonflexe (^) au masculin singulier (mais ni au féminin, ni au pluriel).

dû, redû

342 Verbes *s'asseoir* et *se rasseoir* : je m'ass*ieds* ou je m'ass*ois*
Règle 1

Les verbes *s'asseoir* et *se rasseoir* ont deux conjugaisons possibles, à toutes
les personnes des temps suivants :

	PREMIÈRE FORME	DEUXIÈME FORME
• le présent de l'indicatif ;	*je m'assieds*	*je m'assois*
• l'imparfait de l'indicatif ;	*je m'asseyais*	*je m'assoyais*
• le futur simple de l'indicatif ;	*je m'assiérai*	*je m'assoirai*
• le présent du subjonctif ;	*que je m'asseye*	*que je m'assoie*
• le présent du conditionnel ;	*je m'assiérais*	*je m'assoirais*
• l'impératif présent ;	*assieds*	*assois*
• le participe présent.	*asseyant*	*assoyant*

Règle 2

Dans les deux formes, le *i* devient *y* :

	PREMIÈRE FORME	DEUXIÈME FORME
• aux deux premières personnes du pluriel du présent de l'indicatif ;	*nous nous asseyons*	*nous nous assoyons*
• à l'imparfait de l'indicatif ;	*je m'asseyais*	*je m'assoyais*
• aux deux personnes du pluriel du présent de l'impératif.	*asseyez-vous*	*assoyez-vous*

Règle 3

Dans la première forme, le *i* devient *y* à la 3e personne du pluriel
du présent de l'indicatif et à toutes les personnes du présent du subjonctif.

ils s'asseyent, que je m'asseye

Règle 4

Dans la deuxième forme, le *i* devient *y* aux deux premières personnes
du pluriel du présent du subjonctif.

que vous vous assoyez

REM

ey est suivi d'un *i* :	PREMIÈRE FORME	DEUXIÈME FORME
– aux deux premières personnes du pluriel de l'imparfait de l'indicatif ;	*nous nous asseyions*	*nous nous assoyions*
– aux deux premières personnes du pluriel du présent du subjonctif.	*que n. n. asseyions*	*que n. n. assoyions*

343 Verbe *surseoir* : je sursois, nous sursoyons, je surseoirai
Règle 1
Le verbe *surseoir* garde le *e* du radical :
- au futur simple de l'indicatif ;   *je surseoirai*
- au présent du conditionnel.   *je surseoirais*

Il le perd à tous les autres temps.

Règle 2
Le *i* se change en *y* :
- aux deux premières personnes du pluriel   *nous sursoyons*
du présent de l'indicatif ;
- à toutes les personnes de l'imparfait de l'indicatif ;   *je sursoyais*
- aux deux premières personnes du pluriel   *que nous sursoyons*
du présent du subjonctif ;
- aux deux personnes du pluriel du présent   *sursoyez*
de l'impératif.

REM Le *y* est suivi d'un *i* aux deux premières personnes du pluriel de l'imparfait de l'indicatif et du présent du subjonctif (*nous sursoyions, que nous sursoyions*).

344 Verbes *vaincre* et *convaincre* : je vaincs, nous vainquons
Règle 1
Les verbes *vaincre* et *convaincre* conservent le *c* :
- aux trois personnes du singulier du présent   *je vaincs, tu vaincs, il vainc*
de l'indicatif ;
- à toutes les personnes du futur simple de l'indicatif ;   *je vaincrai*
- à toutes les personnes du présent du conditionnel ;   *je vaincrais*
- à la 2e personne du singulier du présent   *vaincs*
de l'impératif ;
- au participe passé.   *vaincu*

Règle 2
À toutes les autres personnes et à tous les autres temps, le *c* se change en *qu*.

nous vainquons

REM Le participe présent de *vaincre* s'écrit avec *qu* : *vainquant*.
L'adjectif verbal (issu du participe présent) s'écrit avec un *c* : *convaincant*.

345 Verbes en *-eindre, -oindre* et *-aindre* : je p**ei**ns, nous pei**gn**ons
Règle 1

Dans la conjugaison des verbes se terminant par *-eindre, -oindre* et *-aindre*
(*peindre, joindre, craindre*…), le *d* qui apparaît à l'infinitif se conserve seulement :

- à toutes les personnes du futur de l'indicatif ;   *je peindrai, je joindrai,*
  je craindrai
- à toutes les personnes du présent du conditionnel.   *je peindrais, je joindrais,*
  je craindrais

Règle 2

Ces verbes conservent les sons « ein », « oin » ou « ain » des radicaux :

- aux trois personnes du singulier du présent   *je peins, je joins, je crains*
  de l'indicatif ;
- à la 2e personne du singulier du présent   *peins, joins, crains*
  de l'impératif ;
- au participe passé.   *peint, joint, craint*

Règle 3

Toutes les autres personnes et tous les autres temps perdent ce son
et ajoutent *gn* au radical : *nous peignons, nous joignons, nous craignons.*

346 Verbes en *-soudre* : j'abs**ou**s, nous abs**olv**ons
Règle 1

Dans la conjugaison des verbes se terminant par *-soudre* (*absoudre, résoudre* et
dissoudre), le *d* se conserve :

- à toutes les personnes du futur de l'indicatif ;   *je dissoudrai*
- à toutes les personnes du présent du conditionnel.   *je dissoudrais*

Règle 2

Ces verbes conservent le son « ou » du radical :

- aux trois personnes du singulier du présent   *je dissous*
  de l'indicatif ;
- à la 2e personne du singulier du présent   *dissous*
  de l'impératif ;
- au participe passé (sauf *résolu*).   *dissous (dissoute)*

Règle 3

À toutes les autres personnes et à tous les autres temps « ou » devient *olv* :
je résolvais

REM Le passé simple de l'indicatif et l'imparfait du subjonctif des verbes *absoudre* et *dissoudre* n'existent pas.

Pour l'orthographe des participes passés → Tolérances orthographiques, paragraphe 390.

347 Verbes *faire, défaire, refaire* : je fais, vous faites, nous faisions

Le verbe *faire* et les verbes de la même famille perdent le *ai* du radical :

• à la 3ᵉ personne du pluriel du présent de l'indicatif ;	*ils font*
• à toutes les personnes du passé simple de l'indicatif ;	*je fis*
• à toutes les personnes du futur simple de l'indicatif ;	*je ferai*
• à toutes les personnes du présent du subjonctif ;	*que je fasse*
• à toutes les personnes de l'imparfait du subjonctif ;	*que je fisse*
• à toutes les personnes du présent du conditionnel.	*je ferais*

REM À la 1ʳᵉ personne du pluriel du présent de l'indicatif et à toutes les personnes de l'imparfait de l'indicatif, on prononce « fe » mais on écrit *fai* : **nous faisons, je faisais**
La 2ᵉ personne du pluriel du présent de l'indicatif est irrégulière : **vous faites**

348 Verbes en *-aître* : je connais, il connaît

Dans la conjugaison des verbes se terminant par *-aître* (*connaître, disparaître, comparaître...*), le *î* du radical se conserve lorsqu'il est suivi d'un *t*.

• à la 3ᵉ personne du singulier du présent de l'indicatif ;	*il connaît*
• à toutes les personnes du futur de l'indicatif ;	*je connaîtrai*
• à toutes les personnes du présent du conditionnel.	*je connaîtrais*

REM → Tolérances orthographiques, paragraphe 385.

349 Verbes *dire* et *redire* : vous dites

Les verbes *dire* et *redire* ont une forme particulière à la 2ᵉ personne du pluriel du présent de l'indicatif et de l'impératif présent.

vous dites, vous redites, dites, redites

Les autres verbes se terminant par *-dire* (*contredire, dédire, interdire, médire, prédire*) sont réguliers à ces personnes.

vous interdisez, contredisez

⚠ *vous maudissez.*

350 Verbe *croître* : je cro*î*s, il cro*î*t, cr*û*
Règle I
Le verbe *croître* garde un *î* :

- aux trois premières personnes du présent de l'indicatif ;   *je croîs*
- à toutes les personnes du futur de l'indicatif ;   *je croîtrai*
- à toutes les personnes du présent du conditionnel ;   *je croîtrais*
- à la 2e personne du singulier de l'impératif présent.   *croîs*

Règle 2
Le verbe c*roître* prend un *û* :

- à toutes les personnes du passé simple de l'indicatif ;   *je crûs*
- à toutes les personnes de l'imparfait du subjonctif ;   *que je crûsse*
- au participe passé quand il est au masculin singulier.   *crû*

351 Verbes en -*croître* : j'accrois, il accro*î*t, accru
La conjugaison des verbes se terminant par -*croître* (*accroître, décroître* et *recroître*), conserve le *î* du radical lorsqu'il est suivi d'un *t* :

- à la 3e personne du singulier du présent de l'indicatif ;   *il accroît*
- à toutes les personnes du futur de l'indicatif ;   *j'accroîtrai*
- à toutes les personnes du présent du conditionnel.   *j'accroîtrais*

REM   Contrairement au verbe *croître* (paragraphe 350), les verbes *accroître, décroître* et *recroître* n'ont pas de *î* aux deux premières personnes du singulier, ni de forme verbale contenant un *û*, sauf *recroître*, dont le participe passé est *recrû* au masculin singulier.

352 Verbes *battre* et *mettre* : je ba*t*s, tu ba*t*s
Les verbes *battre* et *mettre* et les verbes de la même famille (*débattre, remettre...*) perdent un *t* du radical :

- aux trois personnes du singulier du présent de l'indicatif ;   *je bats, je mets*
- à la 2e personne du singulier du présent de l'impératif.   *bats, mets*

353 -é ou -er à la fin du verbe : parler ou parlé

QUELLE EST LA DIFFÉRENCE ?	COMMENT LES DISTINGUER ?
-é est la terminaison du participe passé des verbes du 1er groupe : *chanté, mangé, joué…*	On peut remplacer le participe passé terminé par -é par un participe passé d'un verbe du 3e groupe. *Il a acheté un livre.* *Il a vendu un livre.*
-er est la terminaison de l'infinitif des verbes du 1er groupe : *chanter, manger, jouer…*	On peut remplacer l'infinitif du verbe du 1er groupe par l'infinitif d'un verbe du 3e groupe. *Elle veut marcher dehors.* *Elle veut courir dehors.*

REM Le participe passé en -é peut s'accorder et s'écrire -ée, -és, -ée.
→ paragraphe 300

354 -ai ou -ais à la fin du verbe : je chantai ou je chantais

QUELLE EST LA DIFFÉRENCE ?	COMMENT LES DISTINGUER ?
-ai est la terminaison de la 1re personne du singulier du passé simple des verbes du 1re groupe et du verbe *aller* : *j'aimai, je mangeai, j'allai…*	Si l'on conjugue le verbe à la 2e personne du singulier, -ai devient -as. *Je chantai ce matin.* *Tu chantas ce matin.*
-ais est la terminaison de la 1re personne du singulier de l'imparfait de l'indicatif pour tous les groupes de verbes : *j'aimais, je finissais, je pouvais…*	Si l'on conjugue le verbe à la 2e personne du singulier, -ais reste -ais. *Je chantais tous les jours.* *Tu chantais tous les jours.*

355 *-rai* ou *-rais* à la fin du verbe : je manger*ai* ou je manger*ais*

QUELLE EST LA DIFFÉRENCE ?   COMMENT LES DISTINGUER ?

-rai est la terminaison de la 1re personne du singulier du futur simple pour les trois groupes de verbes : *j'aimerai, je finirai, je dormirai...*

Si l'on conjugue le verbe à la 2e personne du singulier, *-rai* devient *-ras*.
Je sortirai après dîner.
Tu sortiras après dîner.

-rais est la terminaison de la 1re personne du singulier du conditionnel présent pour les trois groupes de verbes : *j'aimerais, je finirais, je dormirais...*

Si l'on conjugue le verbe à la 2e personne du singulier, *-rais* reste *-rais*.
Si tu le voulais, je sortirais maintenant.
Si tu le voulais, tu sortirais maintenant.

356 *-is, -it* ou *-i* à la fin du verbe : je m*is*, il m*it*, il a m*is*, il a suiv*i*

QUELLE EST LA DIFFÉRENCE ?   COMMENT LES DISTINGUER ?

-is, -is, -it peuvent être les terminaisons des trois personnes du singulier du passé simple des verbes des 2e et 3e groupes : *je finis, je dormis...*

Si l'on conjugue le verbe à la 3e personne du pluriel, *-is* et *-it* deviennent *-irent*.
Je sortis de bonne heure. Tu sortis de bonne heure. Il sortit de bonne heure.
Ils sortirent de bonne heure.

-i peut être la terminaison du participe passé d'un verbe en *-ir* à l'infinitif (verbes des 2e et 3e groupes) : *fini, dormi...*

Le *e* du féminin est muet : *i* devient *ie*.
Le garçon est parti.
La fille est partie.

-is peut être la terminaison du participe passé d'un verbe du 3e groupe : *mis, pris...*

Au féminin, *-is* devient *-ise*.
On entend le son [z].
Le poème est appris.
La leçon est apprise.

-it peut être la terminaison du participe passé d'un verbe du 3e groupe : *écrit...*

Au féminin, *-it* devient *-ite*.
On entend le *t*.
Le message est écrit.
La lettre est écrite.

VOCABULAIRE

Les numéros renvoient aux numéros des paragraphes.

357 a

à	*Il n'y a qu'à regarder.*	aïe	*Aïe ! cela fait mal.*
ah	*ah ! l'orthographe*	ail	*pas d'ailloli sans ail*
ha	*Ha, ha, ha, laissez-moi rire !*		*(au pluriel : les ails ou les aulx)*

à-valoir	*Un à-valoir est un acompte.*	aile	*Il s'envola à tire-d'aile(s).*
avaloir	*L'avaloir de l'égout est obstrué.*	elle	*Elle parle peu.*

abbé	*l'abbé de la paroisse*	aine	*le pli de l'aine*
abée	*l'abée du moulin*	haine	*un cri de haine*

accord	*l'accord du piano*	air	*prendre l'air — un air connu*
	la signature de l'accord	aire	*l'aire de stationnement*
accore	*une côte accore*	ère	*l'ère tertiaire*
accort	*Accort est synonyme d'habile.*	erre	*l'erre du pétrolier*
acore	*la fleur d'un acore*	ers	*L'ers est une plante fourragère.*
		haire	*un drap en haire*
		hère	*Cet homme est un pauvre hère.*

acétique	*de l'acide acétique*		
ascétique	*une vie ascétique*	alène	*L'alène du cordonnier est une aigu..*
		allène	*L'allène est un hydrocarbure.*
acné	*l'acné juvénile*	haleine	*Il a mauvaise haleine.*
haquenée	*La baronne montait une haquenée.*		

acquêts	*la communauté réduite*	alentour	*personne dans le refuge ni alentour*
	aux acquêts	alentours	*Les alentours étaient déserts.*
haquet	*un haquet attelé de mules*		

		alfa	*du papier d'alfa*
acquis	*l'acquis de la Révolution française*	alpha	*l'alpha et l'oméga*
acquit	*par acquit de conscience*		

		allaitement	*l'allaitement du bébé*
acre	*Une acre [a] faisait un bon*	halètement	*le halètement des asthmatiques*
	demi-hectare.		
âcre	*l'odeur âcre [ɑ] des feux d'automne*	aller	*aller et venir*
		hâler	*hâler la peau au soleil*
addition	*L'addition est une opération simple.*	haler	*haler une péniche*
adition	*l'adition en droit romain*		

		allô	*Allô ! qui demandez-vous ?*
age	*l'age [a] central de la charrue*	halo	*le halo de la pleine lune*
âge	*avoir l'âge [ɑ] de ses artères*		

allogène — *une population allogène*
halogène — *une lampe halogène*

aman — *demander l'aman : demander grâce*
amman — *amman : titre donné à des magistrats en Suisse*
amant — *l'amant et sa maîtresse*

amande — *L'amande est riche en huile.*
amende — *payer une bonne amende*

amen — *Il lui a dit amen sans réfléchir.*
amène — *un ton peu amène*

ammoniac — *le gaz ammoniac*
ammoniaque — *L'ammoniaque est une solution aqueuse du gaz.*

an — *en l'an mille*
han — *Le bûcheron fit han !*

anal — *le stade anal de la petite enfance*
annales — *Les archivistes consultent les annales.*

anche — *l'anche du saxophone*
hanche — *une luxation de la hanche*

ancre — *Le bateau lève l'ancre.*
encre — *une tache d'encre*

anse — *l'anse du panier*
hanse — *La hanse était une association de marchands.*

antre — *un antre de bête féroce*
entre — *entre deux portes*

appas — *Elle croyait ses appas irrésistibles.*
appât — *Les poissons mordent aux appâts.*

apprêt — *une toile sans apprêt*
après — *après l'orage…*

aquilain — *un cheval aquilain*
aquilin — *un nez aquilin*

ara — *Un ara est un grand perroquet.*
haras — *un haras de chevaux de course*

arcane — *l'arcane de l'alchimiste*
— *les arcanes de la psychanalyse*
arcanne — *un trait rouge tracé à l'arcanne*

archée — *l'archée [e] des alchimistes*
archer — *l'archer [e] et son arc*
archet — *l'archet [ɛ] du violoniste*

are — *un jardinet d'un are*
arrhes — *verser des arrhes à la commande*
ars — *saigner un cheval aux ars*
art — *les règles de l'art*
hart — *Une hart est un lien d'osier.*

arienne — *l'hérésie arienne*
aryenne — *Le mythe de la race aryenne était sans fondement.*

arôme — *l'arôme [o] d'un vin*
arum — *cueillir des arums [ɔ]*

arrêt — *l'arrêt de l'autobus*
haret — *Le chat haret craint l'homme.*

as — *l'as de pique*
asse — *Une asse est un outil.*

aster — *L'aster a des fleurs en étoiles.*
hastaire — *Le hastaire lança son javelot.*

atèle — *Un atèle est un singe.*
attelle — *Une attelle a été posée sur son bras.*

au — *s'adresser au président*
aulx — *L'ancien pluriel d'ail donnait aulx.*
eau — *les eaux de pluie*
ho - haut — *ho ! ho ! vous là-haut !*
ô — *ô mortel, souviens-toi !*
oh — *oh ! la belle eau limpide*
os — *Il n'a que la peau et les os.*

aubère	*Elle aimait la robe du cheval aubère.*
haubert	*Le haubert était exposé à la rouille.*

aurifier	*aurifier une dent*
horrifier	*horrifier et terrifier*

auspice	*l'auspice rituel du magistrat*
	sous de fâcheux auspices
hospice	*l'hospice de vieillards*

aussi tôt	*Je ne vous attendais pas aussi tôt.*
aussitôt	*Aussitôt que j'aurai une minute,*
	je vous recevrai.

autan	*L'autan est un vent orageux.*
autant	*Travaillez autant qu'il faudra.*

autel	*l'autel d'une église*
hôtel	*le maître d'hôtel*

auteur	*l'auteur de ce texte*
hauteur	*la hauteur d'une falaise*

avant	*l'avant du navire — avant l'orage*
avent	*le premier dimanche de l'avent*

358 b

baccara	*Le baccara est un jeu pratiqué*
	dans les casinos.
baccarat	*Le baccarat est une variété*
	de cristal.

bah	*Bah ! la chance finira par tourner.*
bas	*les nuages sont bien bas*
	une paire de bas de laine
bât	*Le bât était placé sur le dos de l'âne.*

bai	*un cheval bai* [ɛ]
baie	*le rivage de la baie* [ɛ]
	une baie [ɛ] *vitrée*
bée	*rester bouche bée* [e]
bey	*la politique du bey* [ɛ] *de Tunisie*

baile	*Un baile était un administrateur*
	de biens.
bel	*un bel oiseau*
belle	*une belle fleur*

bailler	*la bailler belle*
bayer	*bayer aux corneilles (rêvasser)*
bâiller	*bâiller de fatigue — bâiller comme*
	une huître (être entrouvert)

bal	*le bal du village*
bale	*On écrit bale ou balle d'avoine.*
balle	*saisir la balle au bond*

balade	*faire une balade dans les Vosges*
ballade	*une ballade de douze couplets*

balai	*donner un coup de balai*
ballet	*une danseuse du corps de ballet*

ban	*publier les bans*
	fermer le ban
	mettre au ban de la nation
banc	*un banc de jardin*
	un banc d'huîtres

bar	*Le bar est un poisson.*
	Le bar est une unité de pression.
	le comptoir du bar
bard	*porter des colis sur un bard*
barre	*de l'or en barres*
	donner un coup de barre à gauche

barbu	*un acteur chauve, barbu*
barbue	*La barbue ressemble au turbot.*

bardeau	*une cabane couverte de bardeaux*
bardot	*Le bardot est le croisement*
	d'un cheval et d'une ânesse.

basilic	*l'arôme du basilic*
basilique	*la nef de la basilique*

baume	mettre du baume au cœur	bote	une hanche bote
bôme	La bôme est perpendiculaire au mât.	botte	une botte de paille
			des bottes d'équitation
baux	Baux est le pluriel de bail.		pousser une botte avec l'épée
beau	un beau pied		
bot	un pied bot	boue	un bain de boue
		bout	un bout de ficelle
bécard	Le bécard ou beccard est un poisson.		
bécarre	Le bécarre est un signe de musique.	bouilli	Le cuir bouilli est plus résistant.
		bouillie	C'est de la bouillie pour les chats.
bête	La bête ne lâcha pas sa proie.		
bette	La bette est un légume.	bouleau	l'écorce du bouleau
		boulot	chercher du boulot
bien tôt	Cet auteur se met bien tôt à son		un pain de campagne boulot
	ouvrage, avant même le lever		
	du soleil.	bourg	le marché du bourg
bientôt	Cet auteur se mettra bientôt au	bourre	une bourre de laine
	travail.		
		box	Chaque cheval avait son box.
bit	Un bit est une unité de codage		un sac en box noir
	informatique.	boxe	la boxe française
bitte	une bitte d'amarrage		
		brai	Le brai est un sous-produit
blé	Le blé [e] est mûr.		du pétrole.
blet	Un fruit blet [ɛ] n'est pas	braies	Les braies étaient une sorte
	appétissant.		de pantalon.
bon	un bon spectacle	bric	de bric et de broc
bond	un bond en avant		le bric-à-brac
		brick	Le brick est un voilier.
bonace	une bonace d'avant tempête		le brick à l'œuf
bonasse	un air bonasse	brique	une brique romaine
			un teint brique
boom	le nouveau boom de l'informatique		
boum	On entendit un grand boum.	brie	Comme fromage, je prendrai du brie.
		bris	L'assurance couvre le bris de glace.
bord	jeter par-dessus bord		
bore	Le bore est un métalloïde.	brise	la brise de mer
bort	Le bort est un diamant.	brize	La brize est une plante sensible
			au vent.
boss	Le boss avait perdu l'initiative.		
bosse	la bosse du dromadaire	brocard	lancer des brocards ironiques
	une bosse d'amarrage		(brocarder)
		brocart	Un jeune chevreuil est un brocard.
			des rideaux de brocart

brut	*du champagne brut ou du sec ?*	buté	*un homme buté*
	en poids brut ou en poids net ?	buter	*buter contre un gros caillou*
brute	*une véritable brute, ce type*		*buter quelqu'un (familier)*
		butter	*butter les carottes*
but	*un but inespéré*		
butte	*une butte-témoin*	butoir	*Le butoir arrêta le wagon.*
		buttoir	*passer le buttoir dans le champ*

359 C

ça	*Ça, c'est vilain.*	caner	*caner devant l'obstacle (familier)*
çà	*çà et là, des arbres abattus*		*caner (ou canner) d'une maladie*
sa	*le regret de sa vie*		*(familier)*
		canner	*canner un fauteuil*
cabillaud	*la pêche au cabillaud*		
cabillot	*un cabillot d'amarrage*	cantique	*le cantique des cantiques*
		quantique	*la physique quantique*
cache	*une bonne cache*		
	un cache de photographe	cap	*maintenir le cap*
cash	*payer cash*	cape	*une cape de matador*
			se mettre à la cape (grand-voile)
caddie	*La cliente avait rempli son caddie.*		
caddy	*Le caddy, au golf, sert à porter les*	capital	*un argument capital*
	« clubs ».		*le capital souscrit*
		capitale	*la capitale de la France*
cadran	*le cadran de l'horloge*		*la peine capitale*
quadrant	*Le quadrant est un quart de cercle.*		
		capre	*Le capre* [a] *fut démâté en pleine*
cal	*le cal de la main d'un karatéka*		*course.*
cale	*la cale d'un navire*	câpre	*La câpre* [ɑ] *est un condiment*
	mettre une cale sous les roues		*apprécié.*
camp	*un lit de camp*	car	*Le car n'avait pas attendu.*
khan	*Le khan fit lever le camp.*	carre	*Il ne viendra pas, car il est malade.*
quand	*Quand reviens-tu ?*		*la carre du ski*
quant	*Quant à moi, je reste.*	quart	*un quart de litre*
canar	*installer un canar d'aération*	carré	*la diagonale du carré*
canard	*un canard à l'orange*		*un nombre carré*
			le carré des officiers
canaux	*les canaux d'irrigation*	carrée	*En musique, une carrée vaut*
canot	*un canot de sauvetage*		*deux rondes.*
			Une carrée est une chambre
cane	*le canard et sa cane*		*(familier).*
canne	*un pommeau de canne*		

carte	une carte à jouer	cène	la Cène du Jeudi saint
	la carte du ciel	saine	une vie saine
quarte	La fièvre quarte vient par	scène	une scène de théâtre
	intermittence.	seine	La seine (ou senne) est un filet.
	L'intervalle do-fa est une quarte.	sen	un sen japonais

cartier	Le cartier est un fabricant	cens	l'abolition du cens électoral
	de cartes à jouer.	sens	le sens unique
quartier	le premier quartier de la lune		
	le commissariat du quartier	censé	Nul n'est censé ignorer la loi.
		sensé	Voici un homme sensé !

catarrhe	Le médecin s'inquiétait	cent	Donne-moi cent francs.
	de son catarrhe.	sang	la circulation du sang
cathare	les châteaux cathare	sans	sans doute
causse	Le causse [o] est un plateau		
	calcaire.	centon	un centon satirique
cosse	une cosse [ɔ] de petit pois	santon	un santon de Provence

ce	Ce plat est bon.	cep	le cep de la vigne
se	Il se mange froid.	cèpe	Le cèpe est un champignon
			comestible.

céans	le maître de céans	cerf	chasser le cerf
séant	se dresser sur son séant	serf	Le serf regardait le seigneur.
	Ce comportement n'est pas séant.	serre	la serre tropicale du jardin
			botanique
ceint	les reins ceints		les serres de l'aigle
cinq	dans cinq minutes		
sain	s'en tirer sain et sauf	certes	Vous avez certes raison.
saint	le saint patron de la corporation	serte	la serte (le sertissage)
sein	serrer contre son sein		
seing	sous seing privé	ces	Ces perspectives l'effrayaient.
		ses	douter de ses propres forces

céleri	une salade de céleri	cession	un acte de cession
sellerie	La sellerie est le métier du sellier.	session	la session parlementaire

celles	Ceux et celles qui hésitent encore.	cétacé	La baleine est un cétacé.
sel	un régime sans sel	sétacé	un poil sétacé
selle	se mettre en selle		

cellier	Il n'y a plus de vin au cellier.	chah	En persan, chah (shah) signifie
sellier	Le sellier travaille le cuir.		roi.
		chas	le chas d'une aiguille
cendre	la cendre sous le feu	chat	le chat de la voisine
sandre	La (le) sandre est un poisson.		

chaîne	une chaîne de vélo	chérif	un chérif du désert d'Arabie
chêne	une porte en chêne	shérif	un shérif de western
		chic	un costume du dernier chic
chair	avoir la chair de poule	chique	mâcher sa chique
chaire	la chaire de philosophie		La chique est une variété de puce.
cher	cher cousin et chère cousine		
chère	faire bonne chère	chimie	L'alchimie précéda la chimie.
		shimmy	danser le shimmy
chais	Les chais [ɛ] sont remplis de vin.		
chez	Viens chez [e] nous.	chœur	les chœurs de l'Opéra
		cœur	au cœur des débats
champ	le champ de bataille		
chant	le chant du cygne	cholérique	Un médicament cholérique agit
			sur la bile.
chape	une chape brodée	colérique	un homme colérique
	une chape de plomb défectueuse		
schappe	des fils de schappe (déchets de soie)	choper	choper un rhume (familier)
		chopper	chopper, comme achopper, heurter
chasse	un rendez-vous de chasse [a]		
châsse	La châsse [ɑ] est un coffre où l'on	choral	les chorals de Bach
	garde des reliques.	chorale	la chorale de la paroisse
		corral	Le bétail était parqué dans le corral.
chassie	les paupières engluées de chassie		
châssis	le châssis d'une voiture	chrême	le saint chrême
		crème	la crème glacée
chaud	un chaud et froid		
chaux	la chaux vive	chut	Chut ! murmura-t-il.
show	le nouveau show d'une vedette	chute	en chute libre
			les chutes du Niagara
chaumage	Le chaumage consiste à couper		
	le chaume.	ci	celui-ci
chômage	l'augmentation du chômage		ci-joint une facture
		s'y	Il ne faut pas s'y fier.
chaumer	chaumer après la moisson	scie	découper à la scie
chômer	chômer en période de crise	si	sol, la, si
			Si la terre s'arrêtait…
cheik	le cheik arabe (scheikh, cheikh)	sis	sis à flanc de coteau
chèque	payer par chèque	six	six francs
chemineau	Le chemineau vagabondait.	cil	Un cil s'était glissé sous
cheminot	Le cheminot vérifiait la voie ferrée.		la paupière.
		scille	La scille ressemble à la jacinthe.
chéri	l'enfant chéri du destin		
cherry	Le cherry est une liqueur de cerise.	cilice	Le pénitent portait le cilice.
sherry	Le xérès se dit en anglais sherry.	silice	Le quartz est de la silice pure.

cime	*la cime de l'arbre*
cyme	*la cyme du myosotis*

cinq	*cinq hommes*
scinque	*Un scinque est un reptile.*

cire	*un cachet de cire*
cirre	*les cirr(h)es du lierre*
sire	*un triste sire*

cistre	*la musique du cistre (genre de mandoline)*
sistre	*Le sistre était un instrument à percussion.*

clac	*clac !*
claque	*un chapeau claque en avoir sa claque une tête à claques*
claie	*une simple claie* [ɛ] *entre les jardins*
clé	*Il avait perdu sa clé (ou clef)* [e].

clair	*Il ne fait pas encore clair.*
clerc	*le clerc de notaire*

clause	*une clause de sauvegarde*
close	*trouver porte close*

clic	*Clic ! le coffre est fermé.*
click	*faire un click avec la langue*
clique	*la clique du régiment le président et sa clique*
cliques	*prendre ses cliques et ses claques*

cocher	*un cocher* [e] *de fiacre cocher* [e] *un nom sur une liste*
cochet	*Un cochet* [ɛ] *est un coquelet.*

coi	*J'en reste coi.*
quoi	*Quoi de neuf chez vous ?*

coin	*le meilleur restaurant du coin*
coing	*de la gelée de coings*

coke	*le coke de la chaufferie La coke est une abréviation de cocaïne (familier).*

coq	*le coq du poulailler un maître-coq*
coque	*la coque du navire un œuf à la coque*

col	*les cols* [ɔ] *des Pyrénées le col* [ɔ] *du fémur un col* [ɔ] *de chemise*
colle	*la colle* [ɔ] *à bois poser une colle* [ɔ] *(familier) deux heures de colle* [ɔ] *(familier)*
khôl	*des yeux peints au khôl* [o]

colon	*les premiers colons* [o] *d'Amérique l'inspection du colon(el)* [ɔ] *(familier)*
côlon	*une inflammation du côlon* [o]

coma	*être dans le coma*
comma	*Un comma sépare sol dièse et la bémol.*

commande	*passer commande*
commende	*Il avait une abbaye en commende.*

comptant	*payer comptant*
content	*Il avait l'air content.*

compte	*Il a son compte, celui-là !*
comte	*le comte et la comtesse*
conte	*un vrai conte de fées*

compté	*Ses jours étaient comptés.*
comté	*Le comté est un fromage de Franche-Comté. Le comté était en deuil.*

compter	*compter les coups*
conter	*conter fleurette*

compteur	*un compteur électrique*	cour	*la cour du roi*
conteur	*un conteur-né, ce berger !*		*une cour des miracles*
			Il lui faisait une cour assidue.
consol	*faire un point consol*	courre	*la chasse à courre*
console	*la console de sonorisation*	cours	*le cours d'histoire, au cours du jour*
		court	*aller par le plus court chemin*
cool	*une personne « cool »,*		*un court de tennis*
	décontractée		
	être « à la coule » signifie être	crac	*Crac ! la branche cassa net.*
	au courant	crack	*Ce jockey est un crack.*
coule	*La coule est un vêtement*		*Le crack est un dérivé de la cocaïne.*
	à capuchon des religieux.	craque	*Il raconte des craques.*
		krach	*le krach de 1929 (crise financière)*
coolie	*un coolie chinois ou hindou*	krak	*le krak des Chevaliers (château)*
coulis	*préparer un coulis d'écrevisses*		
	Le vent coulis est traître.	craie	*un morceau de craie*
		crêts	*les crêts du Jura*
cor	*sonner du cor*		
	un cor au pied	cric	*un cric hydraulique*
	à cor et à cri	crique	*une crique abritée du vent*
corps	*le corps et l'esprit*		
	le corps d'armée	cross	*un coureur de cross*
		crosse	*la crosse de l'évêque*
cornu	*une bête cornue (à cornes)*	crosses	*À qui cherches-tu des crosses ?*
cornue	*La cornue sert à distiller.*		*(familier)*
cote	*une cote [ɔ] mal taillée*	croup	*On mourait facilement du croup.*
côte	*une côte [o] de bœuf*	croupe	*la croupe du cheval*
	une côte [o] escarpée		
cotte	*une cotte [ɔ] de maille*	cru	*un bon cru du Bordelais*
			un vin du cru
coté	*Il est bien coté [ɔ] dans l'usine.*	crue	*la crue du Nil, la viande crue*
côté	*les gens d'à côté [o]*		
		cuisseau	*un cuisseau de veau*
cou	*tendre le cou*	cuissot	*un cuissot de chevreuil*
coup	*accuser le coup*		
coût	*produire à moindre coût*	curé	*le curé du village*
		curée	*La curée est une portion de bête*
coulomb	*Le symbole du coulomb est C.*		*donnée aux chiens après la chasse.*
coulon	*Le coulon est l'autre nom*		
	du pigeon.	cygne	*Un cygne noir glissait sur le lac.*
		signe	*donner des signes de fatigue*
coupé	*Un coupé décapotable était exposé*		
	au Salon de l'automobile.	cyon	*Un cyon est un chien sauvage.*
coupée	*Le marin grimpa l'échelle de coupée.*	scion	*mince comme un scion de peuplier*

360 d

dais	*un dais* [ɛ] *nuptial*	**dengue**	*le virus de la dengue*
dé	*un dé* [e] *à coudre*	**dingue**	*Ce type est dingue.*
	un dé [e] *pipé*		
des	*des* [e] *temps difficiles*	**desceller**	*desceller une grille*
dès	*dès* [ɛ] *le lendemain*	**desseller**	*desseller un cheval*
dey	*la politique du dey* [ɛ] *d'Alger*		(**mais** *déceler une inexactitude*)
dans	*dans son assiette*	**dessein**	*quel est son dessein (son but) ?*
dent	*Il a perdu une dent.*	**dessin**	*un dessin à la plume*
danse	*une danse populaire*	**détoner**	*détoner avec un bruit inouï*
dense	*un brouillard très dense*	**détonner**	*détonner dans un décor discret*
dard	*le dard du scorpion*	**différend**	*Un différend les opposait.*
dare	*arriver dare-dare*	**différent**	*un avis différent*
date	*une date mémorable*	**do**	*le do de la clarinette*
datte	*un régime de dattes*	**dos**	*un dos d'âne*
décrépi	*Un pan de la façade était décrépi.*	**dom**	*Dom Pérignon*
décrépit	*un clochard prématurément décrépit*	**don**	*un don à la paroisse*
			des dons d'acteur
décri	*L'ex-champion était tombé en décri.*	**dont**	*L'endroit dont je t'ai parlé.*
décrit	*un paysage souvent décrit*		
		drill	*Le drill est un grand singe.*
défait	*le visage défait*	**drille**	*un joyeux drille*
défet	*Le second tirage comporte un défet.*		*forer à la drille*
dégoûter	*dégoûter les convives*	**dû**	*payer son dû*
dégoutter	*dégoutter le long du mur*	**due**	*une somme due*
délacer	*délacer les chaussures*		
délasser	*délasser le public*		

361 e

écho	*La montagne renvoie l'écho.*	**empâtement**	*l'empâtement* [ɑ] *de son tour de taille*
	des échos de couloir	**empattement**	*l'empattement* [a] *d'une voiture*
écot	*Chacun paya son écot sans rechigner.*		
		enter	*enter un arbre fruitier*
		hanter	*hanter les mauvais lieux*
éclair	*Un éclair l'aveugla un instant.*		
éclaire	*De l'éclaire on tirait un collyre.*	**envi**	*On se l'arrachait à l'envi.*
		envie	*Il ne résista pas à l'envie de s'enfuir.*

épais	un brouillard épais [ɛ]		étal	un étal de boucher
épée	un coup d'épée [e]		étale	le vent étale
				l'étale de la marée
épars	les cheveux épars			
épart	L'épart était mal ajusté.		éthique	Il s'était fixé une éthique de vie rigoureuse.
épicer	épicer un plat		étique	un cheval étique, d'une extrême
épisser	épisser deux cordages			maigreur
erse	l'erse de la poulie		être	un être humain
	la civilisation erse		hêtre	une forêt de hêtres
herse	La herse est tirée par le tracteur.			
			euh	Euh ! je ne sais pas.
ès	un docteur ès lettres		eux	Vous le savez mieux qu'eux.
esse	Une esse est un crochet en S.		heu	Heu ? cela suffira ?
			œufs	une demi-douzaine d'œufs
et	l'un et l'autre			
eh	eh quoi		exaucer	exaucer des prières
hé	hé hé oui !		exhausser	exhausser une digue
étain	un gobelet en étain		exprès	une lettre envoyée en exprès
éteint	un volcan éteint		express	un train express

fa	le premier concerto en fa majeur		fan	un fan de cinéma
fat	Cet homme est un fat.		fane	La fane du radis ne se mange pas.
face	perdre la face		far	Le far est un gâteau breton.
fasce	un écu à fasce d'argent (héraldique)		fard	Le fard change le teint naturel.
			phare	Le phare d'Ouessant est puissant.
faim	tenaillé par la faim		fausse	une fausse déclaration
fin	la fin de la représentation		fosse	la fosse aux lions
	un pinceau fin			
	parvenir à ses fins		fausset	une voix de fausset
feint	un bonheur feint			tirer du vin au fausset
			fossé	un fossé d'irrigation
fait	un fait-divers			
faix	succomber sous le faix des charges		ferment	le ferment lactique
			ferrement	ferrement (ferrage ou ferrure)
faite	une tête bien faite			
faîte	grimper au faîte de l'arbre		feuillée	creuser les feuillées [e] pour la troupe
fête	c'est la fête		feuillet	un feuillet [ɛ] imprimé

fi	*Fi donc vous récidivez ?*	**foi**	*Il gardait la foi du charbonnier.*
	Je faisais fi de ses conseils.	**foie**	*Son foie le faisait souffrir.*
phi	*La lettre grecque phi s'écrit f.*	**fois**	*Il était une fois…*

fil	*Cela ne tient qu'à un fil.*	**fond**	*le fond et la forme*
file	*une longue file d'attente*		*une épreuve de ski de fond*
		fonds	*un fonds de commerce*
filtre	*un filtre en papier*	**fonts**	*les fonts baptismaux*
philtre	*un philtre d'amour*	**for**	*en son for intérieur*
		fors	*Tout était perdu, fors l'honneur.*
fine	*un verre de fine*	**fort**	*un fort en thème*
	une fine de claire (variété		*Les Indiens attaquent le fort.*
	d'huître)		
fines	*charger du béton de fines (sorte*	**foret**	*percer un trou avec un foret*
	de sable)	**forêt**	*une forêt de sapins*

flac	*flac ! le voilà à l'eau*	**foule**	*Il redoutait la foule.*
flaque	*une flaque d'eau*	**full**	*un full aux as (au poker)*

flache	*une flache dans le pavé*	**fourni**	*une barbe bien fournie*
flash	*le flash de l'appareil-photo*	**fournil**	*Le fournil était encore chaud.*

flamand	*un vieux peintre flamand*	**frai**	*la saison du frai chez*
flamant	*Le flamant rose se tenait sur*		*les anguilles*
	une patte.	**frais**	*du poisson frais*
			des frais de travaux
flan	*Le flan est encore au four.*	**fret**	*On décharge l'avion de son fret.*
flanc	*à flanc de coteau*		
	un tire-au-flanc	**fréter**	*fréter un cargo*
	prêter le flanc aux critiques	**fretter**	*fretter un tube de canon*

floche	*Les nuages partaient en floches.*	**frite**	*un cornet de frites*
flush	*un flush de carreau (au poker)*	**fritte**	*La fritte sert à fabriquer du verre.*

foc	*le foc d'un voilier*	**führer**	*Hitler était appelé führer (guide).*
phoque	*Un phoque plongea sous la glace.*	**fureur**	*la fureur de vivre*

gai	*Mon grand-père a le cœur gai* [ɛ].	glaciaire	*le relief glaciaire*
guai	*Il fit frire un hareng guai* [ɛ].	glacière	*garnir une glacière de glaçons*
gué	*Il suffit de passer le gué* [e]*, ô gué !*		
guet	*faire le guet* [ɛ]	golf	*jouer au golf*
		golfe	*Le port se trouve au fond du golfe.*
gal	*Le gal mesure l'accélération.*		
gale	*un chien qui a la gale*	goulée	*une bonne goulée* [e] *d'alcool*
galle	*La noix de galle est riche en tanin.*	goulet	*Le goulet* [ɛ] *est long à franchir.*
galon	*un galon d'argent*	gourmé	*avoir un maintien gourmé* [e]
gallon	*un gallon d'essence*	gourmet	*C'est un fin gourmet* [ɛ].
	(unité de mesure)		
		goûter	*goûter la soupe*
gang	*On arrêta le cerveau du gang.*	goutter	*goutter comme un robinet*
gangue	*La gangue entoure un minerai.*		
		grâce	*la grâce présidentielle*
gaule	*la gaule du pêcheur*		*des manières pleines de grâce*
goal	*le goal de l'équipe*	grasse	*une substance grasse*
Gauss	*une courbe de Gauss* [o]	gram	*un gram positif ou négatif*
	(en mathématiques)		*(en chimie)*
gosse	*un sale gosse* [ɔ]	gramme	*Cela pèse quelques grammes.*
gaz	*les réserves de gaz naturel*	grau	*Les eaux se mêlent dans le grau.*
gaze	*L'infirmier demandait de la gaze.*	gros	*gros comme le poing*
geai	*J'ai aperçu un geai.*	grave	*une faute grave, le grave et l'aigu*
jais	*une chevelure noire de jais*	graves	*Les graves sont des vins*
jet	*un jet de pierre*		*de Bordeaux.*
gêne	*éprouver de la gêne*	gré	*de gré* [e] *ou de force*
gènes	*Certaines maladies sont inscrites*	grès	*une poterie en grès* [ɛ]
	dans les gènes.		
		group	*Un group disparut du sac postal.*
genet	*Le genet est un petit cheval.*	groupe	*Le groupe de tête ralentit.*
genêt	*Le genêt servait à faire des balais.*		
		guère	*Il n'y a guère de place.*
gens	*des gens heureux*	guerre	*la guerre et la paix*
gent	*la gent ailée (les oiseaux)*		
jan	*un jan de trictrac*	gueule	*la gueule du loup*
		gueules	*le rouge gueules de l'écu*
gin	*Le gin est un alcool de grain.*		*(héraldique)*
jean	*Il portait un jean et un blouson.*		

364   h

halage	le chemin de halage
hallage	Le hallage est un droit payé par les marchands.
hâle	Le hâle [ɑ] lui donne bonne mine.
halle	la halle [a] aux vins
harde	une harde de daims
hardes	les hardes du clochard
hausse	la hausse des salaires
os	un os à moelle
haute	la haute [o] société
hot	Il adorait le rythme hot [ɔ] du jazz.
hôte	un hôte [o] encombrant
hotte	une hotte [ɔ] de vendangeur
heaume	Le heaume [o] protégeait le visage.
home	un home [o] d'enfants
homme	l'homme [ɔ] et la femme
ohm	Un ohm [ɔ] est une unité de résistance (en électricité).
héraut	Le héraut annonçait le début des cérémonies.
héros	un héros de légende
heur	Il n'avait pas l'heur de lui plaire.
heure	Une heure après, il partit.
heurt	un heurt violent (heurter)
hi	Hi ! hi ! riait-elle ou pleurait-elle ?
hie	On enfonça les pilotis à la hie.
y	Il y en aura assez.
hile	Le hile du rein était enflammé.
île	Il vivait sur une île.
hobby	On ne lui connaissait pas de hobby.
obi	une obi pourpre du Japon

hockey	des crosses et un palet de hockey
hoquet	avoir le hoquet
O.K.	Il répondit O.K. !
hombre	L'hombre est un jeu de cartes.
ombre	à l'ombre, pêcher un ombre
hop	Hop ! c'est le moment.
ope	une ope dans les murs
hors	Il est hors de danger.
or	la ruée ver l'or mais, ou, et, or...
ores	Je suis d'ores et déjà décidé.
hou	Hou ! vous croyez me faire peur.
houe	biner à la houe à main
houx	une haie de houx
ou	hier ou avant-hier
où	Où vas-tu ?
houille	La houille est du charbon naturel.
ouille	Ouille ! j'ai mal !
houillère	une houillère dans le Nord
ouillière	une vigne en ouillière
hourdis	un hourdis de fortune
ourdi	un complot ourdi de longue date
huis	une séance à huis clos
huit	aujourd'hui ou dans huit jours
hune	grimper au mât de hune
une	une vedette à la une d'une revue
hutte	coucher dans une hutte de trappeur
ut	En solfège, le do se disait ut.
hyène	L'hyène rôdait dans les parages.
yen	Le yen est une monnaie.
hyphe	l'hyphe des champignons
if	les fruits rouges de l'if

365 i

ide	*pêcher un ide pourpre*	intercession	*Il a demandé l'intercession*
ides	*Dans le calendrier romain,*		*de ses proches.*
	les ides sont une division du mois.	intersession	*l'intersession parlementaire*
impérial	*le manteau impérial*	issu	*Il est issu d'une famille*
impériale	*un autobus à impériale*		*de vignerons.*
	une barbe à l'impériale	issue	*une rue sans issue*

366 j

jar	*jargonner le jar(s)*	jeune	*les jeunes [ʒœn] enfants*
jard	*les bancs de jard de la Loire*	jeûne	*Le jeûne [ʒøn] l'a amaigri.*
	(sable)		
jarre	*une grande jarre d'huile d'olive*	jeté	*épaulé et jeté, en haltérophilie*
	couper les jarres (ou jars)		*un jeté battu (danse)*
	d'une fourrure		*un jeté de table imprimé*
jars	*Le jars est le mâle de l'oie.*	jetée	*la jetée du port*
javel	*de la javel (de l'eau de Javel)*	joue	*une joue enflée*
javelle	*des javelles mises en gerbes*	joug	*le joug de l'occupation*
je	*Non, je ne joue pas à ce jeu.*	jumelle	*une sœur jumelle*
jeu	*Le rami est un jeu de cartes.*	jumelles	*des jumelles de spectacle*

367 k

kermesse	*la kermesse du village*	khi	*Le khi grec s'écrit u.*
kermès	*Le kermès vit sur un chêne.*	qui	*Qui n'a pas compris ?*

368 l

la	*le sommet de la montagne*	label	*un label de qualité*
	Je ne la vois pas arriver.	labelle	*Le labelle est un pétale.*
	un la bémol		
là	*Elle est passée par là.*	lac	*le rivage du lac*
lacs	*Le lièvre était pris dans un lacs.*	laque	*une bombe de laque*
las	*las d'avoir tant attendu*		*La laque est un vernis pour le bois.*
			la laque de Chine
lire	*la dévaluation de la lire*		
	un livre à lire	lacer	*lacer une chaussure*
lyre	*l'oiseau-lyre*	lasser	*lasser ses admirateurs*
	la lyre du poète		

lai   *Un lai [ɛ] était un poème.*
      Un frère lai [ɛ] tenait les comptes.
laid *C'est un acte très laid [ɛ].*
laie *La laie [ɛ] est la femelle du sanglier.*
lais *Lais [ɛ] est la forme ancienne de legs.*
lait *le lait [ɛ] de brebis*
lé   *un lé [e] de toile*
les   *les [e] quatre saisons*
lez   *lez ou lès [e] (« près de » dans*
      les noms de lieux)

laite *Laitance se dit aussi laite.*
let   *Au tennis, la balle est let.*
lette *Le lette est une langue*
       indo-européenne.

lard *du lard fumé à l'ancienne*
lare *vénérer les lares domestiques*

las   *las ! (hélas)*
lasse *de guerre lasse, avoir les jambes lasses*

laure *Une laure est un monastère.*
lord   *Lord est un titre de noblesse*
lors   *dès lors que vous le dites*

leader *le leader du mouvement*
lieder *des lieder de Schubert*

lest   *lâcher du lest*
leste *avoir la main leste*

leur   *Leur patience a des limites.*
leurre *Ce programme n'est qu'un leurre.*

li   *Un li chinois valait environ 576 m.*
lie   *boire la coupe jusqu'à la lie*
lit   *un lit à baldaquin*

lice   *entrer en lice*
       une tapisserie de haute lice
lis   *une fleur de lis ou de lys*
lisse *polir le cuir à la lisse*
       une surface lisse
       la lisse d'un navire

lieu   *pêcher du lieu, un lieu sûr*
lieue *une lieue marine (distance)*

limbe *Le limbe d'une feuille est sa partie*
       aplatie.
       Le bord extérieur d'un astre
       s'appelle le limbe.
limbes *les limbes de la pensée, un état*
       incertain

lob   *Un lob superbe surprit le gardien*
       de but.
lobe   *le lobe de l'oreille*

loch   *Un loch est un lac écossais.*
       Le loch sert à mesurer la vitesse
       d'un voilier.
loque *Il n'était plus qu'une loque.*

lods   *Lods et ventes rapportaient beaucoup.*
lot   *un lot de consolation*

lori   *Le lori est un perroquet des Indes.*
loris *Le loris est un petit singe.*
lorry *Un lorry était resté sur la voie ferrée.*

lourd *un poids lourd*
loure *danser une loure paysanne*

lunette *la lunette arrière d'une voiture*
         une lunette d'approche
lunettes *des lunettes de plongée*

lut   *Le lut protège du feu.*
luth   *Le luth est un instrument arabe.*
lutte *la lutte gréco-romaine*

lux   *Le lux est une unité d'éclairement.*
luxe   *avec un grand luxe de détails*
       Il vivait dans le luxe.

ma	*Le chat de ma voisine m'a griffé.*	**manse**	*Un(e) manse était un petit domaine féodal.*
mas	*un mas provençal*		
	(le -s se prononce parfois)	**mense**	*La mense abbatiale n'était pas maigre.*
mât	*Le mât du navire s'est brisé.*		

mai	*le mois de mai*	**mansion**	*les mansions du théâtre au Moyen Age*
maie	*La maie est une sorte de pétrin.*		
mais	*Mais, que fais-tu ?*	**mention**	*rayer les mentions inutiles*
maye	*La maye est une auge de pierre pour l'huile d'olive.*		
mets	*quel mets délicieux !*	**mante**	*une mante religieuse*
		menthe	*une menthe à l'eau*

maïa	*Un maïa est une araignée de mer.*	**marais**	*les marais [ɛ] salants*
maya	*la grande civilisation maya en Amérique centrale*	**marée**	*le calendrier des marées [e]*
		marrer (se)	*Se marrer [e] signifie rigoler. (familier)*

mail	*le vieux jeu de mail*	**marc**	*lire dans le marc de café*
maille	*une maille qui file*	**mare**	*Les canards avaient leur mare.*
	sans sou ni maille (avoir maille à partir)	**marre**	*« Y en a marre ! » cria-t-il.*

		marenne	*Les marennes sont des huîtres.*
main	*se serrer la main*	**marraine**	*La marraine gâte son filleul.*
maints	*Il se trame maints complots.*		

		mari	*Le mari de ma voisinne.*
maire	*le maire du village*	**marri**	*Il en est tout marri (fâché).*
mer	*le bord de mer*		
mère	*la mère de famille*	**mark**	*Le mark est la monnaie allemande.*
maître	*C'était un bon maître d'école.*	**marque**	*à vos marques… prêts ? partez !*
mètre	*un mètre de tissu*		*La marque avait été effacée.*
mettre	*mettre la table*		

		marocain	*le climat marocain*
maki	*les grimaces d'un maki (mammifère)*	**maroquin**	*un portefeuille en maroquin*
maquis	*En 1941, il a pris le maquis.*	**martyr**	*Un martyr est persécuté.*
		martyre	*souffrir le martyre*

mal	*Il a mal profité de ses vacances.*	**mas**	*un mas à restaurer*
	un mal incurable	**masse**	*une masse de documents*
mâle	*le mâle et la femelle*		
malle	*la vieille malle du grenier*	**mat**	*échec et mat !*
			un teint mat
mânes	*invoquer les mânes des ancêtres*	**math**	*le prof de math(s)*
manne	*attendre la manne du ciel*		

maté	Le maté est une variété de houx.
mater	mater la mutinerie
mâter	mâter une frégate

matin	matin [a] et soir
mâtin	Le mâtin [ɑ] est un gros chien de garde.

maure	les invasions des Maures [o] ou [ɔ]
mors	prendre le mors [ɔ] aux dents
mort	Il attendait la mort [ɔ].

maux	des maux de tête
mot	un mot malheureux

mécano	Le mécano s'affairait sur le moteur.
meccano	une grande boîte de meccano

mess	le mess des officiers
messe	la grand-messe

mi	do ré mi fa
mie	du pain de mie
	Où êtes-vous, ma mie ?
mis	de l'argent mis de côté

mil	des grains de mil
mille	Le mille est une mesure de longueur.
	mille neuf cent quatre-vingt-sept
	taper dans le mille

mir	Un mir était une communauté rurale en Russie.
mire	Elle était le point de mire de l'assemblée.
myrrhe	l'or, l'encens et la myrrhe des Rois mages

mirobolant	un avenir mirobolant
myrobolan	du myrobolan d'apothicaire

mite	plus une seule mite dans le placard
mythe	les récits et les mythes de l'Antiquité

moi	C'est moi qui vous le dis.
mois	La fin du mois sera difficile.
moye	la moye (moie) de la pierre

mole	Une mole [ɔ] est une unité de quantité de matière (en chimie).
môle	le môle [o] du port
	La môle [o] est un poisson-lune.
	La môle [o] est une croissance anormale du placenta.
molle	une pâte molle [ɔ]

mon	mon vélo
mont	le mont Blanc

mou	un caramel mou
	du mou (abats d'animaux)
moue	faire la moue
moût	le moût est un jus de raisin pas encore fermenté.

mu	La lettre grecque mu s'écrit i.
mû	Il était mû par un sentiment de charité.
mue	la mue d'un serpent
	Une mue est une petite cage.
	la mue de la voix

mur	un mur délabré
mûr	Le fruit mûr tombe tout seul.
mûre	de la confiture de mûres

370 n

n'y	Il n'y comprend rien.	notre	notre [ɔ] seule chance
ni	ni l'un ni l'autre	nôtre	C'est la nôtre [o].
nid	un vrai nid d'aigle		
		nu	La lettre grecque nu s'écrit n.
ne	Tu ne veux pas manger ?		mettre son cœur à nu
nœud	Il défait un nœud.		voir une planète à l'œil nu
		nue	Nue peut signifier nuage ou nuée.
né	une âme bien née		
nez	le nez de Cyrano	numéraux	les adjectifs numéraux
		numéro	tirer le bon numéro
none	Une none est un office religieux.		
nonne	Une nonne est une religieuse.		

norois — Le norois (noroît) soufflait.
norois — Le norois (norrois) est
une ancienne langue des peuples
scandinaves.

371 o

onglée	Le froid lui donnait l'onglée [e].	oubli	Le hasard le tira de l'oubli.
onglet	un assemblage de menuiserie	oublie	L'oublie est une petite gaufre.
	en onglet [ɛ]		
		oui	À la fin, il a dit « oui ».
ordinand	L'ordinand est celui qui est	ouïe	Il n'avait pas l'ouïe très fine.
	ordonné prêtre.		
ordinant	L'ordinant est un évêque.		

ouate — On prend de l'ouate
(ou de la ouate) pour les soins.
watt — Le watt est une unité de puissance.

372 p

pain	avoir du pain sur la planche	pairle	émail de gueules à pairle d'azur
peint	un bahut en bois peint		(héraldique)
pin	une pomme de pin	perle	une perle de culture
pair	un nombre pair	pal	le supplice du pal
	travailler au pair	pale	les pales de l'hélice
paire	une paire de jumelles	pâle	être pâle de peur
père	un bon père de famille		
pers	des yeux pers		

palais	un palais [ɛ] vénitien
	faire claquer sa langue contre son
	palais [ɛ]
palé	un écu palé [e] sable et argent
	(héraldique)
palet	Le palet [ɛ] fut détourné du but.
pali	Qui sait encore lire le pali ?
palis	Un palis est un pieu de palissade.
palmaire	la région palmaire interne à la main
palmer	mesurer une épaisseur au palmer
pan	un pan de son manteau
	pan ! dans le mille
paon	Le paon faisait la roue.
pané	une escalope panée
panné	Panné signifie sans un sou.
paneton	Le paneton est un panier dans lequel
	on met les pâtons (morceaux de pâte
	à pain).
panneton	Le panneton de la clé agit sur
	le pêne.
panne	La voiture tombe en panne.
	la panne de velours
	la panne du cochon (graisse)
	Les chevrons sont soutenus par
	une panne, dans une charpente.
	la panne de l'horizon (nuages)
paonne	La femelle du paon est la paonne.
panser	panser une plaie
penser	penser à l'avenir
pensée	J'ai cueilli des pensées.
	J'ai eu une pensée pour toi.
pante	Un pante est un individu
	quelconque (familier).
pente	un toit en pente douce

par	par ailleurs
	C'était par trop tentant.
part	à part entière
	un faire-part de mariage
parti	Il a adhéré à un parti politique.
partie	avoir affaire à forte partie
	une partie de cartes
	une partie de la ville
pat	Aux échecs, le pat entraîne
	la nullité.
pâte	une pâte à crêpes très réussie
	les pâtes alimentaires
patte	Ce chien traîne la patte.
pâté	le pâté de campagne
pâtée	la pâtée du chien
patté	une croix pattée
pater	réciter un pater (noster)
patère	une patère comme portemanteau
paume	la paume [o] de la main
	le jeu de paume [o]
pomme	une pomme [ɔ] verte
	une pomme [ɔ] d'arrosoir
pause	la pause de midi
pose	une pose avantageuse
pauser	pauser sur les syllabes finales
poser	poser des jalons
peau	la peau de l'ours
pot	un pot de fleurs
	un coup de pot (familier)
peaucier	un muscle peaucier
peaussier	Le peaussier fournit le tanneur.
péché	Ses péchés lui ont été pardonnés.
pécher	pécher par omission
pêcher	pêcher au harpon
	les fleurs du pêcher

peine	*Cela lui fit de la peine.*	pineau	*Le pineau est un vin de liqueur.*
pêne	*le pêne de la serrure*	pinot	*Le pinot noir est un cépage.*
penne	*la penne de la plume*		
		pipeau	*jouer du pipeau*
pelletée	*la dernière pelletée de terre*		*C'est du pipeau ! (familier)*
peltée	*La feuille de la capucine est peltée.*	pipo	*un candidat pipo (à Polytechnique)*
peluche	*un ours en peluche*	piton	*L'alpiniste enfonce un piton dans*
pluche	*la corvée de pluches*		*une faille.*
			un piton rocheux
penon	*Le penon indiquait des vents*	python	*Le python est un serpent.*
	variables.		
pennon	*un pennon de chevalier à lance*	placage	*un placage de bois précieux*
		plaquage	*un plaquage au rugby*
perce	*mettre un tonneau en perce*		
perse	*des langues perses*	plaid	*Le plaid est une assemblée judiciaire*
	des rideaux en perse		*ou une querelle.*
		plaie	*La plaie s'est infectée.*
peu	*C'est bien trop peu.*		
peuh	*Peuh ! Ça m'est égal !*	plain	*le plain-chant (musique vocale)*
			de plain-pied
phénix	*Le phénix est un oiseau fabuleux.*	plein	*faire le plein d'essence*
phœnix	*Un phœnix est un palmier*		
	ornemental.	plaine	*la plaine de Waterloo*
		pleine	*La coupe était pleine.*
pi	*Le nombre pi (π) est proche de 3,14.*		
pie	*La pie est jacasseuse et voleuse.*	plainte	*porter plainte*
pis	*le pis de la vache*		*la plainte du vent*
	de mal en pis	plinthe	*La plinthe cachait les fils*
			électriques.
pic	*Le pic noir est un oiseau.*		
	à coups de pic	plan	*le plan de la localité*
	le pic du Midi		*un miroir plan*
pique	*la pique du picador*	plant	*un plant de tomates*
picage	*Le picage est une maladie*	plastic	*un attentat au plastic*
	des gallinacés.	plastique	*les arts plastiques*
piquage	*un piquage à la machine*		*un sac en plastique*
pieu	*un pieu de fondation*	pli	*le pli du pantalon*
pieux	*un homme pieux et loyal*	plie	*La plie est un poisson plat.*
pinçon	*un pinçon sur la peau*		
pinson	*gai comme un pinson*		

plus tôt	*Ce jour-là, il était parti plus tôt que d'habitude.*
plutôt	*plutôt partir avec un peu de retard, que ne pas partir du tout*

poêle	*la poêle à frire*
poêle	*le poêle (poêle) à mazout*
poil	*une brosse en poil de sanglier*

poids	*un poids insuffisant*
pois	*le pois chiche*
poix	*enduire d'une poix épaisse*
pouah	*Pouah ! Que c'est vilain !*

poignée	*une poignée [e] de main chaleureuse*
	une poignée [e] de mécontents
poignet	*à la force du poignet [ɛ]*

poing	*faire le coup de poing*
point	*un joli point de vue*
	le point du jour
	les points et les virgules
	Ne forçons point notre talent.

poiré	*un petit verre de poiré*
poirée	*Les côtes de poirée étaient trop cuites.*

polissoir	*un polissoir de bijoutier*
polissoire	*une polissoire de coutelier*

pool	*Un pool est un groupement de producteurs.*
poule	*une poule au riz*
	Au rugby, les meilleures équipes de chaque poule sont qualifiées.

porc	*une côtelette de porc*
pore	*les pores de la peau*
port	*expédier en port dû*
	rentrer au port d'attache

pou	*des poux sur la tête*
pouls	*tâter le pouls*

pouce	*le pouce de la main*
	mesurer cinq pieds six pouces
	donner un coup de pouce
pousse	*une pousse de bambou*

poucettes	*mettre les poucettes au voleur (menottes)*
poussette	*Le bébé est dans sa poussette.*

poucier	*Le poucier protège le pouce.*
poussier	*Le poussier est de la poussière de charbon.*

poupard	*des joues de poupard*
poupart	*Un poupart est un gros crabe.*

pourquoi	*Pourquoi avez-vous ramassé cette pierre ?*
pour quoi	*Pour quoi aviez-vous pris cette pierre ? pour un véritable diamant ?*

pré	*Les vaches sont dans le pré [e].*
près	*près [ɛ] de la fenêtre*
prêt	*toujours prêt [ɛ]*
	un prêt [ɛ] sur l'honneur

préfix	*au jour et au lieu préfix*
préfixe	*Le préfixe s'oppose au suffixe.*
	le préfixe téléphonique

prémices	*les prémices de la vie (le commencement)*
prémisse	*les prémisses d'un raisonnement*

prou	*peu ou prou*
proue	*la proue du navire*
	une figure de proue

puis	*à droite, puis à gauche*
puits	*un puits creusé jadis par le puisatier*
puy	*un puy volcanique du Massif central*

quel que	*quel qu'en soit le motif*	**queue**	*une queue de poisson*
quelle qu'	*quelle qu'en soit la raison*	**queux**	*Le maître queux s'est surpassé.*
quelque	*Il y a quelque deux cents ans*		*aiguiser le couteau sur la queux*
	(il y a environ deux cents ans).		
	Ils étaient quelque peu fâchés	**quoiqu'**	*quoiqu'il se fasse tard (bien que)*
	(ils étaient assez fâchés, pas trop).	**quoi qu'**	*Quoi qu'elle fasse, il est trop tard.*
	Quelque méchants que vous		
	paraissent ces individus.		
	mille et quelques francs		

ra	*un ra de tambour*	**raisonnement**	*un raisonnement [ɛ] déductif*
ras	*un chien à poils ras*	**résonnement**	*On dit plutôt résonance [e]*
rat	*un rat d'égout*		*que résonnement.*
raz	*un raz(-)de(-)marée*		
		rami	*Le rami est un jeu de cartes.*
racket	*déposer une plainte pour racket*	**ramie**	*Il s'était tissé une bâche en ramie.*
raquette	*une raquette de tennis*		
		rancard	*avoir un rancard (rencard),*
radian	*Le radian est une unité de mesure*		*un rendez-vous*
	d'angle.	**rancart**	*bon à mettre au rancart*
radiant	*L'astronome scrutait le radiant.*		
	un ciel radiant	**rauque**	*une voix rauque [o]*
		roc	*solide comme un roc [ɔ]*
rai	*un rai(s) [ɛ] de lumière*	**rock**	*le rock [ɔ] des années 60*
raie	*porter la raie [ɛ] à gauche*	**roque**	*le petit roque [ɔ], au jeu d'échecs*
	une raie [ɛ] au beurre noir		
ré	*do ré [e] mi*	**record**	*Le record du monde tomba.*
rets	*un lion pris dans les rets [ɛ]*	**recors**	*Le recors accompagnait l'huissier.*
rez	*au rez-de-chaussée [e]*		
		recru	*Recru de fatigue, il dormait*
raid	*un raid aérien*		*debout.*
raide	*tomber raide mort*	**recrû**	*Le recrû (des pousses) se développe*
	une pente très raide		*sur les souches.*
		recrue	*l'instruction des nouvelles recrues*
rainette	*La rainette [ɛ] est une grenouille.*		
reinette	*La reine des reinettes [ɛ] est*	**reflex**	*Un appareil reflex permet de*
	une pomme très appréciée.		*mieux cadrer l'image.*
rénette	*Le bourrelier avait égaré*	**réflexe**	*C'était un mouvement réflexe.*
	sa rénette [e].		*Il a eu un bon réflexe.*

régal — *un vrai régal*
régale — *l'eau régale (mélange d'acides)*
Le régale est une partie de l'orgue.
La régale temporelle est un droit royal.

reine — *la reine des abeilles*
rêne — *Le cocher tient les rênes.*
renne — *un troupeau de rennes*

repaire — *un repaire de brigands*
repère — *Le clocher sert de point de repère.*

résidant — *les personnes résidant dans ce pays*
résident — *les résidents étrangers*

résonner — *résonner faiblement*
raisonner — *Il faut raisonner avant d'agir.*

revenu — *l'impôt sur le revenu*
revenue — *La revenue du taillis était plus claire.*

rho — *La lettre grecque rho s'écrit r.*
rot — *Bébé doit faire son rot.*
rôt — *Rôt voulait dire rôti.*

rhombe — *Le rhombe est un losange.*
rumb — *Le rumb ou rhumb est une mesure d'angle.*

ri — *On n'a jamais tant ri.*
ris — *du ris de veau*
prendre un ris sur une voile
riz — *une poule au riz*

rob — *Le rob a la consistance du miel.*
robe — *une robe de mariée*

rocher — *à flanc de rocher* [e]
rochet — *une roue à rochet* [ɛ]
Un rochet [ɛ] *était une tunique courte.*

roder — *roder les soupapes*
rôder — *rôder dans les parages*

roman — *Il voulait lire un roman.*
un chapiteau roman
romand — *le pays romand, sur les rives du Léman*

rondeau — *danser un rondeau de l'ancien temps*
rondo — *La sonate s'achève sur un rondo.*

rondel — *Pour rondeau, on disait aussi rondel.*
rondelle — *une rondelle de saucisson*

rosé — *un petit rosé de Provence bien frais*
rosée — *la rosée des matins d'automne*
roser — *roser (teindre) le coton*

rot — *Le rot est une maladie de la vigne.*
rote — *La rote est un tribunal ecclésiastique.*
Les cordes de la rote étaient pincées.

rôti — *un rôti de veau dans la noix*
rôtie — *un œuf poché sur rôtie*

roue — *La roue tourne.*
roux — *préparer d'abord un roux blanc*
des cheveux roux

ru — *Un ru est un ruisselet.*
rue — *une rue piétonne*
La rue est aussi une plante à fleurs jaunes.

sachée	une sachée [e] (un sac) de thé
sachet	un sachet [ɛ] de graines
saigneur	un saigneur de porc
seigneur	à tout seigneur tout honneur
sale	du linge sale
salle	une salle d'attente
saoul	Il était complètement saoul (soûl).
sou	n'avoir pas un sou en poche
soue	Une soue était une étable à cochons.
sous	une cachette sous le plancher
satire	Cette pièce est une satire de la vie politique.
satyre	Le satyre attendait ses victimes dans le bois
satirique	un journal satirique
satyrique	une danse satyrique
saule	un saule [o] pleureur
sol	Le sol [ɔ] était détrempé.
	Il n'avait plus un sol [ɔ].
	sol [ɔ] dièse
sole	une sole [ɔ] de charpente
	La sole [ɔ] est un poisson.
saur	un hareng saur
sore	Les sporanges de la fougère forment un sore.
sort	jeter un mauvais sort
saut	le saut de carpe
seau	un seau d'eau
sceau	un sceau royal
sot	Il est sot et prétentieux.
saute	une saute [o] d'humeur imprévisible
sotte	Tu n'es qu'une petite sotte [ɔ].

sceller	sceller une amitié
scellés	On a mis les scellés sur la porte.
seller	seller une mule
celer	celer un sentiment
sceptique	une attitude sceptique
septique	une fosse septique
sciène	La chair de la sciène (un poisson) est très estimée.
sienne	faire des siennes
scieur	le scieur de bois
sieur	le sieur untel
scythe	l'art scythe ou scythique
site	Le site offrait une vue panoramique.
sèche	rester en panne sèche
seiche	un os de seiche
seime	La seime est une maladie du sabot.
sème	Le sème est une unité de signification.
serein	Le ciel était serein.
serin	Le serin chantait dans sa cage.
serment	Il a fait le serment de ne plus mentir.
serrement	un serrement de gorge
si tôt	Ils marquèrent si tôt que leur public en fut presque déçu.
sitôt	Sitôt qu'ils eurent marqué un but, ils jouèrent la défense.
silphe	Le silphe s'attaque aux betteraves.
sylphe	Le sylphe était le génie de l'air.
soc	le soc de la charrue
socque	Le socque était une chaussure basse des acteurs de la comédie.

soi	*prendre sur soi*
	un soi-disant amateur d'art
soie	*un ruban de soie*
	la soie de la lame (partie opposée
	à la pointe)
soit	*une tonne, soit mille kilos*
somation	*la somation biologique*
	des caractères
sommation	*Après la troisième sommation, il tira.*
spath	*Le spath est une substance minérale.*
spathe	*une spathe gauloise (une épée)*
spiral	*un ressort spiral*
spirale	*une spirale de fumée*
spore	*la spore du champignon*
sport	*un sport d'équipe*
statu	*Le statu quo n'arrangeait personne.*
statue	*une statue équestre au milieu*
	de la place
statut	*le nouveau statut des professeurs*

subi	*un pouvoir autoritaire longtemps*
	subi
subit	*un renversement subit de*
	la situation
succin	*Le succin est un ambre jaune.*
succinct	*un traité plutôt succinct*
super	*vingt litres de super*
	C'est super ! (familier)
supère	*L'ovaire supère du lys.*
sur	*jouer cartes sur table*
sûr	*être sûr de son affaire*
sure	*une pomme sure (acide)*
sureau	*la confiture de sureau*
suros	*un cheval atteint de suros*
surfait	*Ce spectacle est surfait.*
surfaix	*Le surfaix du harnais est usé.*

376 t

ta	*C'est l'heure de ta tisane.*
tas	*un tas d'ennuis*
tache	*une tache [a] d'encre indélébile*
tâche	*une tâche [ɑ] difficile, mais noble*
tacher	*tacher un pantalon*
tâcher	*tâcher de le nettoyer*
tachine	*Le (ou la) tachine est une grosse*
	mouche.
taquine	*Elle était d'humeur taquine.*
taie	*une taie d'oreiller*
têt	*un têt de chimiste (pour tester)*

tain	*une glace sans tain*
teint	*un tissu grand teint*
thym	*du thym et du laurier*
tin	*Un tin en bois supporte la quille*
	d'un navire en construction.
taire	*Il faut se taire.*
ter	*le numéro sept ter*
terre	*la terre promise*
taler	*taler les pommes*
taller	*taller le gazon au rouleau*
talle	*un pied de vigne bien fourni*
	en talles
thalle	*le thalle du champignon*

tan	*Le tan sert à préparer le cuir.*	té	*tracer des parallèles à l'aide d'un té*
tant	*tant pis ou tant mieux*		*un fer à double té (ou T)*
taon	*Le taon ne pique pas, il mord.*	thé	*une tasse de thé*
temps	*Aura-t-on le temps ?*		
	Le temps s'améliore.	teinter	*teinter une feuille de papier*
		tinter	*tinter le glas*
tante	*une vieille tante charmante*		
tente	*une tente d'Indien*	tel	*tel maître, telle classe*
		tell	*Ce tell intriguait les archéologues.*
tapi	*un guépard tapi dans les herbes*	terme	*au terme de sa carrière*
tapis	*un accroc au tapis du billard*		*les termes du contrat*
		thermes	*les thermes gallo-romains*
taraud	*un taraud en acier trempé*		
taro	*Le taro est une plante tropicale*	termite	*Le termite ronge le bois.*
	aux fruits comestibles.	thermite	*La thermite est un mélange*
tarot	*une partie de tarots*		*pulvérisé de métaux.*
tard	*Ils arrivèrent trop tard.*	thon	*la pêche au thon en Méditerranée*
tare	*Il y manquait le poids de la tare.*	ton	*Ton partenaire s'est trompé de ton.*
	les tares humaines		
		thrombine	*La thrombine intervient dans*
tau	*Le tau grec (τ) s'oppose au thêta (θ).*		*la coagulation.*
taud	*s'abriter sous le taud d'un bateau*	trombine	*les trombines des camarades*
taux	*à quel taux emprunter ?*		*(familier)*
tôt	*Il est encore trop tôt pour le dire.*		
		tic	*un tic nerveux*
taule	*aller en taule (argot)*	tique	*La tique est un parasite du chien.*
	louer une taule (familier)		
tôle	*de la tôle ondulée*	tir	*le tir à l'arc*
		tire	*une tire en mauvais état (argot)*
taupe	*myope comme une taupe* [o]		*la tire du blason*
	Une classe de taupe [o] *prépare*		*un voleur à la tire*
	aux grandes écoles.		*la tire d'érable (sirop)*
top	*être prêt au top* [ɔ]		
	un top [ɔ] *model*	tirant	*le tirant d'eau d'un voilier*
		tyran	*Ce tyran semait la terreur.*
taure	*Une taure est une génisse.*		
tore	*le tore d'une colonne de marbre*	toc	*Ce n'est pas du toc.*
torr	*Le torr est une unité de mesure*		*et toc !*
	pour faible pression.	toque	*une toque de fourrure*
tors	*un fil tors (tordus)*		
tort	*On n'a pas toujours tort.*	toi	*toi et moi*
		toit	*un toit d'ardoises*
tauride	*L'astronome observait les taurides.*		
torride	*L'été fut torride.*		

tome	*un dictionnaire en huit tomes*
tomme	*une tomme de Savoie*

tour	*le tour du monde*
	les créneaux de la tour
tourd	*Le tourd est un oiseau, c'est aussi le nom d'un poisson.*

tournoi	*un tournoi régional de tennis*
tournois	*Le tournois était frappé à Tours (monnaie).*

trac	*avoir le trac*
	tout à trac
traque	*la traque du grand gibier*

train	*mener grand train*
	le train d'atterrissage
	un train de marchandises
trin	*Trin a le sens de trinitaire.*

trait	*un trait de crayon*
très	*C'est très beau.*

tram	*Tram est l'abréviation de tramway.*
trame	*Un tamis usé jusqu'à la trame.*

tramp	*Ce tramp ne trouvait plus de fret.*
trempe	*la trempe de l'acier*
	filer une trempe (familier)

trépan	*Le chirurgien prit le trépan.*
trépang	*Le trépang (tripang) est comestible.*

tribal	*le chef tribal*
triballe	*Une triballe est une tringlette de fer.*

tribu	*la tribu indienne*
tribut	*payer un lourd tribut*

trick	*Le trick est une levée au bridge.*
trique	*sec comme un coup de trique*

troc	*faire du troc sur un marché*
troque	*La troque (troche) est un coquillage.*

troche	*La troche a une forme de toupie.*
troches	*Le vigneron attache les troches (sarments).*

troll	*Un troll est un lutin.*
trolle	*chasser le cerf à la trolle*

trop	*Il est trop tard pour partir.*
trot	*une course de trot attelé*

truc	*Il a un truc ! ce n'est pas possible.*
truck	*la plate-forme du truc(k) (chariot)*

turbo	*un moteur turbo*
turbot	*du turbot à l'oseille*

377 V

vain	*un espoir vain*
vin	*soutirer du vin*
vingt	*vingt mille lieues*

vaine	*une tentative vaine*
veine	*une piqûre dans la veine*
	Il a de la veine.

vair	*la pantoufle de vair*
ver	*le ver de terre*
verre	*un verre de bière*
vers	*un vers de douze pieds, en poésie*
	marcher vers la vérité
vert	*se mettre au vert*
	un dépôt de vert-de-gris
	un drapeau vert

valet	un fidèle valet [ɛ] de chambre	vil	à vil prix
vallée	une vallée [e] fertile		un vil suborneur
		ville	la vieille ville
van	le van du cheval de course		
	un van en osier	viol	le viol des consciences
vent	Le vent se leva brusquement.	viole	un joueur de viole
			Ne tirez qu'au visé !
vantail	un vantail d'armoire		
ventail	Le ventail laisse passer l'air,	visé	la ligne de visée
	le vent.	visée	Ses visées politiques nous rendent
			sceptiques.
vanter	vanter les mérites de quelqu'un		viser avec un fusil
venter	venter et pleuvoir	viser	viser la députation
			viser un passeport
varan	Le varan est un reptile carnivore.		
warrant	Le warrant est un effet de commerce.	voie	une voie à sens unique
		voix	Il avait une voix éraillée.
vaux	par monts et par vaux		
veaux	des veaux élevés en liberté	vol	le vol à voile
vos	Vos projets vont à vau-l'eau.		le vol à la tire
		vole	réussir la vole aux cartes
venu	le premier venu		
venue	la venue du printemps	volatil	un produit volatil
		volatile	un volatile lourdaud
vergé	un tirage de luxe sur vergé (type		
	de papier)	volt	Le volt est une unité de mesure
verger	Le verger est en fleurs.		de la force électrique.
		volte	la volte du cheval de cirque
verni	Ce meuble a été verni.		
	Tu es verni ! (familier)	votre	Voici votre [ɔ] part.
vernis	le vernis d'un tableau	vôtre	à la bonne vôtre [o]
	Le vernis est un mollusque.		
		vu	vu les circonstances
vice	l'horreur du vice	vue	une vue imprenable
	le vice-président		
vis	Il a perdu une vis.		

Il existe des cas d'homonymie entre un nom et une ou plusieurs formes verbales.

Les listes suivantes (paragraphes 378 et 379) présentent des regroupements de ce genre, mais sans toujours offrir de contexte.

Voici cependant trois exemples explicites :

HOMONYMES	EXEMPLES
signe	*un mauvais signe*
cygne	*un cygne noir*
signent	*Ils signent.*
ais	*l'ais du relieur*
est	*Il est temps de terminer.*
ait	*Qu'il ait ce qu'il demande.*
cru	*un bon petit cru*
	Moi aussi, j'ai cru cela (**croire**).
crue	*la crue du Nil*
	la viande crue
crut	*On n'en crut pas un mot* (**croire**).
crût	*La rivière crût encore* (**croire**).

une agression
nous agressions

de l'ail
que j'aille...

une arête
j'arrête...

un atèle
une attelle
j'attelle...

un avion
nous avions

bah !
bas
le bât
je bats...

du bois
je bois...

une boîte
je boite...

de la boue
un bout
je bous...

un bourg
une bourre
je bourre...

chaud
de la chaux
un show
il lui chaut

le cou
un coup
le coût
je couds...

crac !
un crack
des craques
un krak
je craque

une dyne
je dîne...

un écossais
j'écossais...

un emploi
j'emploie...

de l'étain
éteint
j'éteins...

une face
une fasce
que je fasse...

la faim
feint
la fin
je feins...

le faîte
une fête
vous faites

du fil
une file
je file...

le flou
je floue...

le for
fors
un fort
je fore...

un four
je fourre...

le frai
frais
du fret
je fraie...

gauss
un gosse
je me gausse...

un glaçon
nous glaçons

haute
un hôte
j'ôte...

lai
laid
la laie
les lais
du lait
je laie...

lice
un lis (lys)
lisse
je lisse...

un loup
je loue...

un maure
le mors
un mort
je mords...

un métis
une métisse
je métisse...

mi
de la mie
je mis...

une mission
que nous missions

mou
du moût
je mouds...

ni
un nid
je nie...

une noix
je noie...

la noue
nous
je noue...

du pain
peint
un pin
je peins...

pair
paire
un père
pers
je perds...

un parti
une partie
je partis...

une passion
nous passions

une peine
le pêne
la penne
je peine...

un perse
je perce...

peu
peuh !
je peux...

un pic
une pique
je pique...

un plaid
je plaide...

un plaid
une plaie
je plais...

du plastic
du plastique
je plastique...

un pli
une plie
je plie

un pouf
je pouffe...

prête
je prête...

une puce
que je pusse

rauque
un roc
un roque
je roque...

un réveil
je réveille...

une roue
roux
je roue...

sain
un saint
un sein
un seing
je ceins...

du sang
sans
cent
je sens...

saur
un sort
je sors...

un savon
nous savons

une serre
je serre...

un site
je cite...

soi
de la soie
que je sois...

une somme
nous sommes

de la soude
je soude...

du soufre
je souffre...

un sourd
elle sourd

une souris
je souris...

un(e) tachine
je taquine...

du tan
tant
un taon
le temps
je tends...

une taure
tors
tort
je tords...

un tic
une tique
je tique...

le tien
je tiens...

une tire
je tire...

un trafic
je trafique...

un troc
je troque...

tu
(je me suis) tu...

un van
du vent
je vends...

un vau
un veau
vos
je vaux...

une voie
une voix
je vois...

un bail
une (la) baille
je baille... (bailler)
je bâille... (bâiller)
je baye... (bayer)

un but
une butte
je bute... (buter)
vous bûtes (boire)
je butte... (butter)

celle
du sel
une selle
je cèle... (celer)
je scelle... (sceller)
je selle... (seller)

un cerf
une serre
un serf
je serre... (serrer)
je sers... (servir)

un compte
un comte
un conte
je compte... (compter)
je conte... (conter)

une croix
je crois... (croire)
je croîs... (croître)

un étang
étant (être)
j'étends... (étendre)

du fer
faire (infinitif)
je ferre... (ferrer)
le fond
un (les) fonds
les fonts
je fonds... (fondre)
ils font (faire)

du lut
un luth
une lutte
je lute... (luter)
je lutte... (lutter)

un mur
mûr
mûre
elles murent (mouvoir)
je mure... (murer)

par
le part
une part
je pare... (parer)
je pars... (partir)

un prix
je prie... (prier)
je pris... (prendre)

le tain
le teint
du thym
un tin
je teins... (teindre)
je tins... (tenir)

une teinte
teinte (teindre)
je teinte... (teinter)
je tinte... (tinter)

vain
du vin
vingt
je vaincs... (vaincre)
je vins... (venir)

un vice
une vis
je visse... (visser)
que je visse... (voir)

Vous trouverez dans ce chapitre une occasion de recherche et de jeu sur les mots. Avec un peu d'imagination, il est possible d'exploiter certaines ambiguïtés liées au découpage des mots.

De sa fenêtre, le notaire observe les clercs ou *l'éclair.*
Le paysan observe les pis ou *l'épi* ou *les pies.*
Le faussaire reproduit les toiles ou *l'étoile.*

380 l'é – les

l'ébène – les bennes
l'écaille – les cailles
l'écart – les cars – les quarts – les carres
l'échangeur – les changeurs
l'échanson – les chansons
l'échec – les chèques – les cheik(h)s (scheiks)
l'écheveau – les chevaux
l'échoppe – les chopes
l'éclair – les clercs
l'écluse – les cluses
l'école – les colles
l'écorce – les Corses
l'écran – les crans
l'écrin – les crins
l'écurie – les curies
l'édifice – les dix fils
l'édit – les dits
l'effet – les faits
l'effort – les forts
l'effroi – les froids
l'effusion – les fusions
l'égard – les gares
l'égout – les goûts
l'élan – les lents
l'électeur – les lecteurs
l'élocution – les locutions
l'éloge – les loges
l'élytre – les litres
l'émail – les mailles

l'émérite – les mérites
l'émeute – les meutes
l'émigrant – les migrants
l'émir – les mires – les myrrhes
l'émission – les missions
l'émoi – les mois
l'émotif – les motifs
l'émotion – les motions
l'énorme – les normes
l'épais – les paix
l'épar(t) – les parts
l'épaule – les pôles
l'épeire – les pères
l'épi – les pis – les pies
l'épieu – les pieux
l'épique – les piques
l'époux – les poux
l'épreuve – les preuves
l'épure – les pures
l'érable – les râbles
l'érection – les rections
l'errant – les rangs
l'eschatologie – les scatologies
l'essai – les saies
l'essaim – les seins – les saints – les seings
l'essence – les sens
l'essieu – les cieux
l'essor – les sorts
l'estoc – les stocks

l'étable — les tables
l'étain — les teints — les tains — les tins
l'étalon — les talons
l'étang — les temps — les taons
l'état — les tas
l'étau — les taux
l'été — les thés
l'éther — les terres

l'éthique — les tics — l'étique — les tiques
l'étoile — les toiles
l'étrenne — les traînes
l'étrille — les trilles
l'étroit — les trois
l'éveil — les veilles
l'évocation — les vocations

REM L'ambiguïté n'est jamais totale, en raison du rôle important joué par l'intonation.

381 l'a — la

l'acerbe — la Serbe
l'airain — les reins
l'aisselle — les selles
l'ajout — la joue
l'alêne — l'haleine — la laine
l'allocataire — la locataire
l'allocation — la location
l'alogique — la logique
l'aloi — la loi
l'amarre — la mare
l'amer — la mer — la mère
l'amie — la mie
l'amine — la mine
l'annotation — la notation
l'anormal — la normale
l'apesanteur — la pesanteur
l'apolitique — la politique

l'appareil — la pareille
l'aqueux — la queue
l'arôme — la Rome [o/ɔ]
l'aronde — la ronde
l'arrêt — la raie
l'asocial — la « sociale »
l'Assyrie — la scierie — la Syrie
l'atoll — la tôle [ɔ/o]
l'atome — la tomme [o/ɔ]
l'attente — la tente — la tante
l'attention — la tension
l'attique — la tique
l'avaleur — la valeur
l'avarice — la varice
l'avenue — la venue
l'aversion — la version
l'avisé — la visée

382 Les principales racines grecques et latines

RACINE		SENS	EXEMPLES
aéro-	gr.	air	*aérodrome, aéronaute*
-agogie	gr.	guide	*pédagogie*
-agogue	gr.	guide	*démagogue*
agro-	lat.	champ	*agriculture, agronomie*
-algie	gr.	douleur	*névralgie, antalgique*
allo-	gr.	autre	*allogène, allomorphe*
andro-	gr.	homme	*androgyne*
anthropo-	gr.	être humain	*anthropologue, anthropophage*
aqu-	lat.	eau	*aquiculture, aqueduc*
archéo-	gr.	ancien	*archéologie*
-archie	gr.	commandement	*anarchie*
-arque	gr.	commandement	*monarque*
arthro-	gr.	articulation	*arthrite*
astro-	gr.	astre	*astronomie, astronaute*
auri-	lat.	oreille	*auriculaire*
auto-	gr.	lui-même	*autodestruction*
avi-	lat.	oiseau	*avion, aviation*
bary-	gr.	pression	*baromètre, barycentre*
biblio-	gr.	livre	*bibliophile, bibliothèque*
bio-	gr.	vie	*biologie, antibiotique*
brachy-	gr.	court	*brachycéphale*
calor-	lat.	chaleur	*calorifère, calorique*
cardio-	gr.	cœur	*cardiogramme, cardiologue*
carni-	lat.	chair	*carnivore*
céphal-	gr.	tête	*céphalopode, encéphalite*
chiro-	gr.	main	*chiropracteur, chirurgien*
chromo-	gr.	couleur	*chromatologie*
chrono-	gr.	temps	*chronomètre, chronologie*
cinéma-	gr.	mouvement	*cinématique*
cinét-	gr.	mobile	*cinétique*
col-	gr.	bile	*colère, mélancolie*
cosmo-	gr.	monde (ordre)	*cosmopolite, cosmique*
-crate	gr.	puissance	*phallocrate*
-cratie	gr.	puissance	*démocratie*
crypto-	gr.	caché	*cryptogame, décryptage*
cyano-	gr.	bleu	*cyanosé, cyanure*

RACINE		SENS	EXEMPLES
cyclo-	gr.	cercle	*bicyclette, cyclothymique*
cyto-	gr.	cellule	*cytoplasme*
dactylo-	gr.	doigt	*dactylographier*
démo-	gr.	peuple	*démographie, démocratie*
derm(o)-	gr.	peau	*dermique*
-derme	gr.	peau	*épiderme*
didact-	gr.	enseigner	*didactique*
digi(to)-	lat.	doigt	*digitale*
-doxe	gr.	opinion	*orthodoxe, paradoxe*
-drome	gr.	course, champ	*aérodrome, hippodrome*
dynamo-	gr.	force	*dynamique*
-èdre	gr.	face	*polyèdre, tétraèdre*
équi-	lat.	égal	*équilatéral, équivalent*
-fère	lat.	porter	*téléférique, aurifère*
galacto-	gr.	lait	*galactorrhée*
gastéro-	gr.	estomac	*gastéropode, gastrite*
-gène	gr.	qui engendre	*cancérigène, pathogène*
géo-	gr.	terre	*géographie, géologie*
gluco-	gr.	doux (sucré)	*glucide*
glyco-	gr.	doux (sucré)	*glycérine*
-gone	gr.	angle	*pentagone, polygone*
-gramme	gr.	lettre	*télégramme, épigramme*
grapho-	gr.	écrire	*graphique, graphologie*
gynéco-	gr.	femme	*gynécologue*
gyno-	gr.	femme	*gynécée*
hélio-	gr.	soleil	*héliothérapie, héliotrope*
hémato-	gr	sang	*hématome*
hémo-	gr.	sang	*hémoglobine*
hétéro-	gr.	autre	*hétérogène, hétérosexuel*
hippo-	gr.	cheval	*hippodrome, hippique*
holo-	gr.	entier	*holocauste (= brûler tout entier)*
homéo-	gr	semblable	*homéopathie*
homo-	gr	semblable	*homosexuel*
homo-	lat.	homme	*homicide*
horo-	gr.	heure	*horoscope*
hydro-	gr.	eau	*hydravion, hydraulique*
hygro-	gr.	humide	*hygrométrique*
hypno-	gr.	sommeil	*hypnose, hypnotique*
icono-	gr.	image	*icône, iconographie*
iso-	gr.	égal	*isotherme, isocèle*
kinési-	gr.	mouvement	*kinésithérapeute*
lacto-	lat.	lait	*lacté, lactique*
latéro-	lat.	côté	*équilatéral, quadrilatère*

RACINE		SENS	EXEMPLES
leuco-	gr.	blanc	*leucémie, leucocyte*
litho-	gr.	pierre	*lithographie*
-lithe	gr.	pierre	*paléolithique*
logo-	gr.	discours	*logorrhée*
-logue	gr.	discours	*monologue*
-lyse	gr.	dissolution	*analyse, électrolyse*
macro-	gr.	grand	*macrocosme, macrophotographie*
mam(m)-	lat.	mamelle	*mammifère, mammaire*
-manie	gr.	folie	*cléptomanie*
-mane	gr.	folie	*nymphomane*
méga-		grand	*mégalithe*
mégalo-	gr.	grand	*mégalomanie*
mélano-	gr.	noir	*mélancolie*
méso-	gr.	au milieu	*Mésopotamie*
méta-	gr.	transformer	*métamorphose*
métro-	gr.	mesure	*métronome*
-mètre	gr.	mesure	*kilomètre*
micro-	gr.	petit	*microphone, microscope*
miso-	gr.	haïr	*misogyne, misanthrope*
-mobile	lat.	qui se meut	*automobile*
mono-	gr.	seul	*monarchie, monoculture*
morpho-	gr.	forme	*morphologie, polymorphe*
multi-	lat.	nombreux	*multinationale, multicolore*
myo-	gr.	muscle	*myocarde, myopathie*
mytho-	gr.	légende	*mythologie, mythique*
naut-	lat.	matelot	*nautique, cosmonaute*
nécro-	lat.	mort	*nécrologie, nécropole*
néo-	gr.	nouveau	*néologisme, néophyte*
neuro-	gr.	nerf	*neurologue, neurone*
-nome	gr	loi	*agronome*
-nomie	gr.	loi	*astronomie*
nyct-	gr.	nuit	*nyctalope*
oléo-	lat.	huile	*oléagineux, oléoduc*
oligo-	gr.	peu nombreux	*oligarchie, oligospermie*
omni-	lat.	tout	*omnivore, omnisports*
onom-	gr.	nom	*onomatopée*
-onyme	gr.	nom	*homonyme, patronyme*
-ope	gr.	œil	*myopie, hypermétropie*
ophtalmo-	gr.	œil	*ophtalmie*
ornitho-	gr.	oiseau	*ornithologique*
ortho-	gr.	droit	*orthographe, orthophonie*
oto-	gr.	oreille	*otite, oto-rhino-laryngologiste*
ovo-	lat.	œuf	*ovocyte, ovulation*

RACINE		SENS	EXEMPLES
oxy-	gr.	acide	*oxygène, oxydation*
paléo-	gr.	ancien	*paléolithique*
pan-	gr.	tout	*panorama, panthéon*
patho-	gr.	souffrance	*pathologique, sympathie*
patr(i)-	lat.	père	*patriarche, patronymique*
péd-	gr.	enfant	*pédiatre, pédagogie*
pédi-	lat.	pied	*pédestre, pédicure*
pédo-	gr.	enfant	*pédologie, pédophilie*
pétro-	lat.	pierre	*pétrochimie, pétrole*
phago-	gr.	manger	*phagocyte*
-phage	gr.	manger	*anthropophage*
-phane	gr.	paraître (briller)	*diaphane*
phanéro-	gr.	visible	*phanérogame*
philo-	gr.	qui aime	*philosophe*
-phile	gr.	qui aime	*francophile*
-phobe	gr.	qui craint	*claustrophobe*
-phobie	gr.	qui craint	*xénophobie*
-phone	gr.	voix, son	*téléphone*
phono-	gr.	voix, son	*phonétique*
-phore	gr.	porter	*métaphore, sémaphore*
photo-	gr.	lumière	*photocopie, photographie*
phyllo-	gr.	feuille	*chlorophylle, phylloxéra*
phylo-	gr.	tribu, espèce	*phylogenèse*
physio-	gr.	nature	*physiologie, physionomie*
phyto-	gr.	plante	*phytoplancton, phytothérapie*
pisci-	lat.	poisson	*piscine, pisciculture*
pneum(o)-	gr.	souffle, poumon	*pneumatique, pneumonie*
podo-	gr.	pied	*podologue*
poli-	gr.	ville, cité	*politique*
-pole	gr.	ville, cité	*métropole*
poly-	gr.	plusieurs, nombreux	*polysémie, polygone*
potam-	gr.	fleuve	*hippopotame*
psych(o)-	gr.	âme, esprit	*psychiatre, psychologue, métempsycose*
ptéro-	gr.	aile	*hélicoptère, ptérodactyle*
pyro-	gr.	feu	*pyrogravure, pyromane*
radio-	lat.	rayon	*radioactivité, radiologie*
rect(i)-	lat.	droit	*rectangle, rectiligne*
rhé(o)-	gr.	couler	*aménorrhée, logorrhée*
rhino-	gr.	nez	*rhinocéros, rhinite*
rhizo-	gr.	racine	*rhizome*
-scope	gr.	examiner	*microscope, télescope*
séma-	gr.	signe	*sémantique*
sémio-	gr.	signe	*sémiologie*

RACINE		SENS	EXEMPLES
télé-	gr.	au loin	*télépathie, télévision*
thalasso-	gr.	mer	*thalassothérapie*
théo-	gr.	dieu	*polythéisme, théologie*
-thèque	gr.	lieu de rangement	*bibliothèque, phonothèque*
thérap(eu)-	gr.	soigner	*psychothérapie, thérapeute*
-thèse	gr.	action de poser	*hypothèse, synthèse*
-tomie	gr.	action de couper	*anatomie, mammectomie*
topo-	gr.	lieu	*topologie, toponyme*
-trope	gr.	tourner	*héliotrope*
-trophie	gr.	nourriture	*atrophie, hypertrophie*
-vore	lat.	manger	*carnivore, herbivore*
xéno-	gr.	étranger	*xénophobe*
xylo-	gr.	bois	*xylophage, xylophone*
zoo-	gr.	animal	*zoologique*

383   Préfixes d'origine savante

RACINE		SENS	EXEMPLES
a-	gr.	privatif	*atypique*
an-	gr.	privatif	*analphabète*
ab-	lat.	éloignement	*abstraction*
ana-	gr.	en remontant, par	*analyse, anagramme*
anté-	lat.	avant, devant	*antécédent, antérieur*
anti-	gr.	contre	*antigel, antivol*
apo-	gr.	à partir de	*apothéose, apogée*
cata-	gr.	en bas	*catacombe, catalyse*
circum-	lat.	autour de	*circonférence, circonscription*
cis-	lat.	en deçà de	*cisalpin*
co-	lat.	avec, achèvement	*coopérer*
com-	lat.	avec, achèvement	*comité, compassion*
con-	lat.	avec, achèvement	*concevoir*
dia-	gr.	à travers	*diapositive, diachronie*
dys-	gr.	difficulté, trouble	*dyslexie, dystrophie*
ecto-	gr.	en dehors	*ectoplasme*
en-	gr.	dans	*endettement, enraciné*
endo-	gr.	dedans	*endogène, endogamie*
épi-	gr.	sur	*épiderme, épigramme*
eu-	gr.	bien	*euphorie, euthanasie*
ex-	lat.	hors de	*exhumation, expatrié*
exo-	gr.	dehors	*exogamie*
extra-	lat.	au-delà	*extrapolation*
hyper-	gr.	sur, plus	*hypertension, hypertrophie*
hypo-	gr.	sous	*hypothèse, hypoglycémie*

RACINE		SENS	EXEMPLES
in-	lat.	dans	*inhalation, inhérent*
in-	lat.	négatif	*incurable, indigne*
inter-	lat.	entre	*interaction*
intra-	lat.	dedans	*intraveineux*
intro-	lat.	dedans	*introduction*
juxta-	lat.	à côté de	*juxtaposition*
méta-	gr.	après	*métaphysique*
para-	gr.	près	*parapsychologie, paragraphe*
para-	gr.	contre	*parapluie, parasol*
péné-	lat.	presque	*péninsule, pénéplaine*
per-	lat.	par, à travers	*perforateur*
péri-	gr.	autour	*périphérique, périscope*
pré-	lat.	devant, avant	*préfixe, préhistoire*
pro-	lat.	pour	*prolongation, pronom*
ré-	lat.	répétition, retour	*régression, réitération*
rétro-	lat.	en arrière	*rétroviseur, rétroactif*
semi-	lat.	à moitié, demi	*semi-conducteur*
sub-	lat.	sous	*subaquatique, suburbain*
super-	lat.	sur	*supermarché, supérieur*
supra-	lat.	au-dessus	*supranational, supraterrestre*
syn-	gr.	avec	*synchronie, synonyme, sympathie*
trans-	lat.	au-delà de, à travers	*transmetteur, transatlantique*
ultra-	lat.	au-delà de	*ultrason, ultraviolet*

384 Préfixes exprimant la quantité

FRANÇAIS	LATIN	GREC
un	*uni- (unicellulaire)*	*mono- (monologue)*
deux	*bi-, bis- (bicorne)*	*di- (diptère)*
trois	*tri- (trinôme)*	*tri- (trigonométrie)*
quatre	*quadri- (quadrilatère)*	*tetra- (tétraèdre)*
cinq	*quinqu- (quinquennal)*	*penta- (pentagone)*
dix	*déci- (décimètre)*	*déca- (décathlon)*
cent	*centi- (centimètre)*	*hecto- (hectolitre)*
mille	*mill- (millimètre)*	*kilo- (kilogramme)*
dix mille		*myria- (myriapode)*
demi	*semi- (semi-conducteur)*	*hémi- (hémicycle)*

TOLÉRANCES ORTHOGRAPHIQUES

385-393

Les numéros renvoient aux numéros des paragraphes.

Certains mots ont deux orthographes possibles, que l'Académie française ou les principaux dictionnaires ont enregistrées, souvent à titre de variantes. L'Académie française enregistre et recommande les rectifications publiées au Journal officiel du 6 décembre 1990 en spécifiant : « Aucune des deux graphies ne peut être tenue pour fautive » (Dictionnaire de l'Académie, 9ᵉ édition, 1993).

385 L'accent circonflexe

- L'accent circonflexe n'est plus obligatoire sur les voyelles *i* et *u*.

ANCIENNE ORTHOGRAPHE	NOUVELLE ORTHOGRAPHE
abîme	*abime*
abîmer	*abimer*
accroître	*accroitre*
août	*aout*
apparaître	*apparaitre* (et tous les verbes en *-aître*)
boîte	*boite*
brûler	*bruler*
chaîne	*chaine* (et tous les verbes en *-chaîner*)
connaître	*connaitre* (et tous les verbes en *-connaître*)
coût	*cout*
coûter	*couter*
croûte	*croute*
dîner	*diner*
emboîter	*emboiter*
encroûter	*encrouter*
entraîner	*entrainer*
flûte	*flute*
flûtiste	*flutiste*
fraîche	*fraiche*
fraîcheur	*fraicheur*
goût	*gout*
goûter	*gouter*
île	*ile*
maître	*maitre*
maîtresse	*maitresse*
maîtrise	*maitrise* (et le verbe *maîtriser*)
mûre	*mure*
plaît	*plait*

ANCIENNE ORTHOGRAPHE	NOUVELLE ORTHOGRAPHE
presqu'île	*presqu'ile*
ragoût	*ragout*
sûre	*sure*
sûrement	*surement*
sûreté	*sureté*
traîner	*trainer*
traître	*traitre*
traîtrise	*traitrise*

⚠ Il faut maintenir l'accent circonflexe sur les terminaisons des verbes.

nous suivîmes — nous voulûmes (passé simple)

qu'il suivît — qu'il voulût (imparfait du subjonctif)

REM   Certains mots conservent leur accent circonflexe parce qu'il permet
de les distinguer d'autres mots homonymes.

du lait, la porte du jardin — j'ai dû courir

un grand mur — un fruit mûr

sur la table — sûr de lui

- Les noms propres et leurs adjectifs dérivés conservent également leur accent circonflexe.

Nîmes   nîmois

386 L'accent grave sur le e ouvert

- On peut désormais accentuer, sur le modèle de *semer*, les verbes conjugués sur le modèle de *céder* (accent grave sur les formes du futur et du conditionnel).

je cèderai (au lieu de *je céderai*...)
il cèderait (au lieu de *il céderait*...)

- On peut désormais conjuguer sur le modèle de *peler* et *acheter* tous les verbes en -*eler* et -*eter*.

épeler   j'epèle (au lieu de *j'epelle*...)
moucheter   il mouchète (au lieu de *il mouchette*...)

⚠ Les verbes *jeter* et *appeler*, ainsi que leurs dérivés, conservent leur conjugaison habituelle (doublement du *t* et du *l* à certaines personnes et certains temps)
→ paragraphes 331 et 332.

- Les mots en *-ement* dérivés des verbes en *-eter* et *-eler* prennent également un accent grave (*amoncèlement, dénivèlement, ensorcèlement, étincèlement…*), de même que les mots suivants :

abrègement	*crènelage*	*règlementairement*
affèterie	*crèneler*	*règlementation*
allègement	*crènelure*	*règlementer*
allègrement	*empiètement*	*sècheresse*
assèchement	*évènement*	*sècherie*
cèleri	*fèverole*	*sènevé*
complètement	*hébètement*	*vènerie*
crèmerie	*règlementaire*	

387 Uniformiser l'emploi des consonnes doubles dans une même famille de mots

ANCIENNE ORTHOGRAPHE	NOUVELLE ORTHOGRAPHE
bonhomie	*bonhommie* (**comme** *bonhomme*)
cahute	*cahutte* (**comme** *hutte*)
chariot	*charriot* (**comme** *charrette*)
combatif	*combattif*
combative	*combattive*
combativité	*combattivité* (**comme** *combattre*)
imbécillité	*imbécilité* (**comme** *imbécile*)
interpeller	*interpeler*
(j'interpelle,	*(j'interpèle,*
il interpellera)	*il interpèlera)*
persifler	*persiffler* (**comme** *siffler*)
sotie	*sottie* (**comme** *sottise*)

388 Les mots en *-iller* ou *-illier*

On admet l'orthographe *-iller* dans les mots suivants, où le *i* ne s'entend pas.

ANCIENNE ORTHOGRAPHE	NOUVELLE ORTHOGRAPHE
joaillier	*joailler*
marguillier	*marguiller*
ouillière	*ouillère*
quincaillier	*quincailler*
serpillière	*serpillère*

389 Les mots composés

- Tous les noms composés d'un verbe ou d'une préposition et d'un nom suivent la formation du pluriel dans les noms simples : le nom, quel que soit son sens, s'accorde au pluriel.

un perce-neige → *des perce-neiges*
un après-midi → *des après-midis*

⚠ Les noms composés d'un nom propre ou d'un nom précédé d'un article singulier restent invariables.

des trompe-la-mort

- Les noms composés suivants séparés par un trait d'union ou une apostrophe peuvent s'écrire en un seul mot.

arcboutant	*coupecoupe*	*millefeuille*	*risquetout*
arrachepied	*couvrepied*	*millepatte*	*sagefemme*
autostop	*crochepied*	*millepertuis*	*saufconduit*
bassecontre	*croquemadame*	*passepartout*	*tapecul*
bassecontriste	*croquemitaine*	*passepasse*	*téléfilm*
bassecour	*croquemonsieur*	*piquenique*	*terreplein*
bassecourier	*croquemort*	*platebande*	*tirebouchon*
basselisse	*croquenote*	*porteclés*	*tirebouchonner*
bassetaille	*faitout*	*portecrayon*	*tirefond*
boutentrain	*fourretout*	*portemine*	*tournedos*
branlebas	*hautecontre*	*portemonnaie*	*vanupieds*
brisetout	*hautelisse*	*portevoix*	*vélopousse*
chaussetrappe	*hautparleur*	*potpourri*	*véloski*
chauvesouris	*jeanfoutre*	*poucepied*	*vélotaxi*
chèvrepied	*lieudit*	*poussepousse*	
cinéroman	*mangetout*	*prudhomme*	
clochepied	*mêletout*	*quotepart*	

390 Accord du participe passé *laissé*

Le participe passé *laissé* suivi d'un infinitif est invariable, sur le modèle de *fait*.

Elle les a laissé partir. Elle les a fait partir.
Je me suis laissé convaincre. Je me suis fait convaincre.

391 Noms empruntés à d'autres langues

- Les noms d'origine étrangère s'accordent au pluriel selon la règle générale (ajout de *s*, sauf s'ils sont terminés par s).

  des apparatchiks
  des confettis
  des graffitis
  des jazzmans
  des maximums

⚠ Les mots qui ont gardé leur valeur de citation : *des mea culpa.*

- Un certain nombre de mots composés d'origine étrangère perdent leur trait d'union.

  bluejean, globetrotteur, statuquo, vadémécum, weekend

- Les mots empruntés, enfin, s'accentuent selon les règles d'accentuation des mots français.

  délirium trémens, diésel, média, pédigrée, révolver

392 Trait d'union

Tous les nombres composés, qu'ils soient supérieurs ou inférieurs à *cent*, s'écrivent avec un ou des traits d'union.

trois-mille-quatre-cent-dix-huit
vingt-et-un

393 Le tréma

- Le tréma se place sur la lettre qui doit être prononcée.

ANCIENNE ORTHOGRAPHE	NOUVELLE ORTHOGRAPHE
aiguë	*aigüe*
ambiguë	*ambigüe*
ciguë	*cigüe*
exiguë	*exigüe*

- De plus, le tréma apparaît dans certains mots pour en préciser la prononciation.

  gageüre (au lieu de *gageure*), *argüer* (au lieu de *arguer*)

Les numéros renvoient aux numéros de paragraphes.

Les numéros en vert renvoient à la partie *Orthographe d'usage*. **Ex.** : abbaye 110
Le paragraphe 110 donne la règle d'écriture de la graphie *bb*, ainsi que d'autres exemples.

---

110 *b* ou *bb* comme *b*aguette ou a*bb*é

La graphie du son [b] pose moins de problèmes : on écrit en général *b* ; *bb* est
en effet très rare. Cette graphie n'apparaît ni à l'initiale ni en finale et elle
concerne essentiellement quelques termes religieux.

bb

abbaye	*rabbin*	*sabbatique*
abbé	*sabbat*	

Les numéros en violet renvoient à la partie *Orthographe grammaticale*. **Ex.** : accélérer ... 330
Le paragraphe 330 donne des indications sur la conjugaison et l'orthographe.

---

330 Verbes en *-é + consonne + er* : je cède, nous cédons

Les verbes se terminant par *-é + consonne + er* (*céder, célébrer, régler*...),
qui se conjuguent sur le modèle de *céder*, changent le *é* en *è* :

- aux trois personnes du singulier et à la 3ᵉ personne   *je cède*
  du pluriel du présent de l'indicatif ;
- aux trois personnes du singulier et à la 3ᵉ personne   *que je cède*
  du pluriel du présent du subjonctif ;
- à la 2ᵉ personne du singulier du présent de l'impératif.   *cède*

Les numéros en bleu renvoient à la partie *Vocabulaire*. **Ex.** : accord 357
Au paragraphe 357 figurent les homonymes d'*accord*.

---

accord	*l'accord du piano*	**accort**	*Accort est synonyme d'habile.*
	la signature de l'accord	**acore**	*la fleur d'un acore*
accore	*une côte accore*		

Abréviations utilisées :

adv = adverbe	inv = invariable	pl = pluriel
f = féminin	m = masculin	sg = singulier

a

a .... I 304 357
a cap(p)ella 285
a contrario 285
a fortiori 285
à 2 304 357
à-côté(s) m 285
à-coup(s) m 285
ab intestat 230
abaisse-langue m 285 322
abaissement II
abandon 72
abaque f 148
abat-jour m 285
abats 275
abattage 116
abattement 116
abattis 229
abattoir 175
abattre 352
abbatial 181 289
abbaye 110
abbé 22 110 357
abbesse 110 256
abcéder 330
abcès 182 275
abdication 214
abdomen 15
abdominal 289
abduction 214
abécédaire m II
abeille 98
aberrant 171 230
aberration 171
abîme 32
abject 230
abjection 214
abjuration 214
ablatif 265
ablation 214
ablette 116
ablution 214
abnégation 214
aboiement 224
abois pl 275
abolition 214

abolitionniste 166
abominable 163
abomination 214
abondamment 164
abondance 72
abonnement 166
abord 233
abordage 143
aborigène 10
abortif 265
aboutissants pl 72
aboutissement 73
aboyer 87 334
aboyeur 97
abrasif 265
abrégé 22
abrègement 10
abréger 328 330
abreuvoir 53
abréviation 214
abri 30
abribus 275
abricot 46 230
abricotier 115
abrogation 214
abroger 328
abrupt 115 230
abruptement 73
abscisse f 180
abscons 275
absence 179
absent 109 230
absentéisme 22
absinthe f 117
absolu 109
absolument 73
absolution 214
absorption 214
absoudre 346
abstention 72
abstentionnisme 166
abstinence 72
abstraction 214
abstraire 339
abstrait 230
absurdement 73
absurdité 22

abus 229 275
abusif 265
abyssin 34
acabit m 35
acacia I
académicien 63 267
académie 148
académique 148
acadien 147 267
acajou m 147
acariâtre 2
accablement 149
accalmie 149
accaparement 149
accapareur 149
accastillage 98
accéder 330
accélérateur 182 264
accélération 214
accélérer 330
accent 73 230
accentuation 214
acceptabilité 182
acceptation 214
acception f 214
accès 229 275
accession 215
accessit m 178
accessoire m 221
accessoiriste 178
accident 73 230
accidentel 260
accidentellement 160
acclamation 149
acclimatation 149
accointances f pl 72
accolade f 149
accommodation 164
accommodement 164
accompagnateur 264
accompagnement 81
accompli 257
accomplissement 178
accord 233 357
accordéon 22
accordéoniste 22
accordeur 174

aiguille 98
aiguilleter 332
aiguillette 14
aiguilleur 98
aiguillon 98
aïkido 150
ail (pl : ails, aulx) 98 279 357
aile 11 357
ailé 257
aileron 80
ailette 14
ailier 24
ailleurs 98
ailloli 98
aimable 11
aimant 73 230
aimantation 214
aîné 22
aine f 11 357
aînesse 178
ainsi 64
aïoli 237
air 11 357
airain 64
aire 221 357
airelle 14
aisance 72
aise 11
aisément 11
aisselle 178
ajonc 82
ajournement 142
ajout 230
ajusteur 174
akinésie 150
akkadien 150
alacrité 22
alaise f 11
alambic 147
alambiqué 148
alanguissement 178
albâtre m 2
albatros m 275
albigeois 144 270
albinos 275
album 163
albumine f 163

albumineux 272
alcali m 30
alcalin 257
alcaloïde m 237
alcazar 186
alchimie 220
alco(o)test 115 230
alcool m 49
alcoolémie 220
alcoolique 148
alcôve f 45
alcyon 97
ale f 159
aléa m 22
aléatoire 221
alémanique 159
alène f 10 357
alentour 72 357
alentours 357
aleph 126
alerte 159
alésage m 159
alèse f 10
aléser 330
aléseur 58
alevin 62
alexandrin 257
alezan 186
alfa 1 357
algarade f 131
algèbre f 10
algébrique 22
algérien 63 267
algérois 270
algie 220
algol 159
algorithme m 117
algue f 132
alias 159
alibi m 30
aliboron m 80
alicante m 72
aliénabilité 22
aliénation 214
aliéné 22
aliéner 330
alignement 159

aligoté 22
aliment 73
alimentaire 221
a posteriori 285
a priori 285
à peu près 285
à-plat(s) m 285
à-propos m 322
alimentation 214
alinéa m 1
aliquote f 148
alizé m 186
allaitement 160 357
allant 73 230
allécher 330
allée 27
allégation 160
allège f 160
allégeance 72
allégement 160
alléger 328 330
allégorie f 220
allègre 160
allégrement 160
allégresse 14
allegretto adv 160
allegro adv 160
alléguer 330
alléluia 1
allemand 160
allène m 160 357
allergie 220
allergologie 160
alliage 160
alliance 72
alligator 160
allitération f 214
allô ! 42 357
allocataire 221
allocation 214
allochtone 151
allocution 160
allogène m 160 357
allongement 160
allonger 328
allopathie 117
allumage 160

allume-feu ᵐ 285
allume-gaz ᵐ 285
allumette 160
allumeuse 160
allure 223
allusif 265
allusion 187
alluvial 289
alluvionnaire 166
alluvionnement 166
alluvions ᶠ 275
alma mater ᶠ 285
almanach ᵐ 151
aloès ᵐ 10
alogique 159
aloi 85
alors 229
alouette 237
alourdissement 178
aloyau 97 276
alpaga ᵐ 1
alpage ᵐ 143
alpax ᵐ 275
alpha 126 357
alphabet ᵐ 13
alphabétique 126
alphabétisation 214
alphanumérique 163
alpin 257
alpiniste 165
alsacien 63 267
altaïque 237
alter ego 285
altérable 22
altération 214
altercation 214
altérer 330
altérité 22
alternance 72
alternateur 15
alternatif 265
altesse 178
altier 256
altimètre 10
altimétrie 220
altiport 230
altiste 115

altitude ᶠ 115
alto 42
altruisme 237
aluminium 163
alun 67
alunissage 159
alvéole ᵐ ᵒᵘ ᶠ 22
amabilité 163
amadou 163 281
amalgame ᵐ 163
aman 72
amande 72 357
amanite ᶠ 115
amant 73 230 357
amarante ᶠ 72
amaril 257
amarrage ᵐ 171
amarre ᶠ 171
amas 1 275 357
amateur 174
amazone 186
amazonien 63 267
ambages 275
ambassade 72
ambassadeur 72 256
ambassadrice 178
ambiance 72
ambiant 73 230
ambidextre 72
ambigu 266
ambiguïté 237
ambitieux 210 272
ambition 214
ambivalence ᶠ 72
amble ᵐ 72
ambre ᵐ 72
ambroisie ᶠ 220
ambulance 72
ambulancier 24 262
ambulant 73 230
âme 2
amélioration 214
amen 15 357
aménageable 144
aménagement 163
aménager 328
amende 72 357

amendement 73
amène 10 357
amener 329
aménité 22
aménorrhée ᶠ 172
amenuisement 187
amer 15 357
amer ᵐ 15 170 357
amèrement 73
américain 64
américanisation 214
amerloque 148
amerrissage ᵐ 171
amertume ᶠ 163
améthyste ᶠ 117
ameublement 163
ami 257
amiable 237
amiante ᵐ 72
amibe ᶠ 163
amibien 63 267
amical 147 289
amicalement 147
amidon ᵐ 80
amidonnage 166
aminé 22
amine ᶠ 163
amiral 163 278
amirauté 43
amitié 22
amman 72 357
ammoniac 147 357
ammoniaque ᶠ 164 357
ammonite ᶠ 164
ammonium 164
amnésie 220
amnésique 148
amniotique 148
amnistie ᶠ 220
amoindrissement 178
amonceler 331
amoncellement 179
amont 82 230
amoral 163 289
amorçage 163
amorce ᶠ 179
amorcer 327

amorphe 126
amortissement 178
amortisseur 178
amour 170
amour(s)-propre(s) ᵐ ... 285
amourette 14
amourettes 275
amoureux 272
amovible 42
ampérage 72
ampère(s)-heure(s) ᵐ ... 285
ampère ᵐ 72
ampèremètre 72
amphétamine ᶠ 126
amphi 126
amphibie ᶠ 126
amphibologie 126
amphithéâtre 126
amphitryon 34
amphore ᶠ 126
ample 72
amplement 73
ampleur 72
ampli 30
ampliation 214
amplificateur 264
amplitude 72
ampoule 72
amputation 214
amulette ᶠ 163
amure ᶠ 223
amuse-gueule ᵐ 285
amusement 163
amusette 163
amygdale ᶠ 34
amygdalectomie 220
amylacé 34
an 72 357
anabolisant 230
anachorète ᵐ 151
anachronique 151
anachronisme 151
anacoluthe ᶠ 117
anaconda ᵐ 1
anaérobie 220
anagramme ᶠ 164
anal 289 357

analgésie 220
analogie 220
analogue 132
analphabète 126
analphabétisme 126
analyse 34
analytique 34
anamnèse ᶠ 10
anamorphose 126
ananas ᵐ 2
anar 170
anarchie 220
anarcho-syndicalisme ᵐ 285
anarcho-syndicaliste(s) .....
.... 285
anathème ᵐ 117
anatomie ᶠ 220
ancestral 289
ancêtre 10
anche ᶠ 72 357
anchois 86 275
ancien 267
anciennement 166
ancienneté 22
ancillaire 160
ancrage ᵐ 72
ancre ᶠ 72 357
andain 64
andalou 281
andante ᵐ 72
andantino 72
andésite ᶠ 72
andin 62
andorran 171
andouille ᶠ 98
andouillette 14
androcéphale 126
androgène 10
androgyne 34
androïde 237
andropause ᶠ 72
âne 2
anéantissement 22
anecdote ᶠ 147
anecdotique 220
anémie 220
anémique 148

anémomètre ᵐ 163
anémone ᶠ 163
anergie 220
ânerie 2
ânesse 14
anesthésie 117
anesthésiste 117
aneth ᵐ 117
anévrisme ᵐ 163
anfractuosité 72
ange 72
angélique 148
angelot 46 230
angélus 72
angevin 62
angine 72
angiome ᵐ 72
anglais 229 270
angle 72
anglican 257
anglicisme 179
anglo-normand(s) 285
anglo-arabe(s) 285
anglo-saxon(s) 285
anglomanie 220
anglophilie 126
anglophobie 126 357
angoisse 178
angora ᵐ 1
angström ᵐ 55
anguille 98
anguillère 98
angulaire 221
anhéler 330
anhydre 235
anicroche ᶠ 165
aniline ᶠ 165
animal 278
animalcule ᵐ 147
animalier 262
animalité 22
animateur 256
animation 214
animiste 163
animosité 163
anis 165
anisette 14

ankylose ᶠ 150
annales 166 357
annamite 166
anneau 166 277
année 27
année(s)-lumière ᶠ 285
anneler 331
annelet 166 230
annexe ᶠ 166
annexion 216
annihilation 235
anniversaire ᵐ 221
annonce 166
annoncer 327
annonciateur 264
annotation 166
annuaire ᵐ 221
annuel 260
annuellement 160
annuité ᶠ 22
annulable 166
annulaire ᵐ 221
annulation 214
anoblissement 163
anode ᶠ 165
anodin 257
anomalie 220
anomie 220
ânon ᵐ 2
ânonnement 166
anonymat 1 230
anonyme 34
anorak 150
anorexie 220
anorexique 148
anorganique 165
anormal 163 289
anse ᶠ 72 357
antagonique 148
antagonisme 72
antan 72
antarctique 148
antécambrien 267
antécédent 73 230
antéchrist ᵐ 151
antédiluvien 267
antenne 14

antépénultième 72
antéposition 72
antérieur 174
antérieurement 73
antériorité 22
anthologie 117
anthracite ᵐ 179
anthrax 117
anthropocentrique 117
anthropoïde 237
anthropologie 117
anthropométrie 117
anthropomorphe 126
anthropophage 126
anthropopithèque 117
antialcoolique 237
antiatomique 237
antibiotique 148
anticipation 214
anticlinal 289
anticoagulant 230
anticonceptionnel ... 166 260
anticorps 229 275
anticyclone 34
antidérapant 73 230
antidote ᵐ 115
antienne ᶠ 166
antigel 15
antigène ᵐ 10
antillais 98 270
antilope ᶠ 107
antimoine ᵐ 85
antinomie 220
antipathie 117
antiphrase 126
antipode ᵐ 107
antiquaille ᶠ 98
antiquaire 148
antique 148
antiquité 22
antirabique 148
antisémite 163
antiseptique 177
antithèse ᶠ 117
antithétique 117
antivol 159
antonomase ᶠ 72

antonymie ᶠ 34
antre ᵐ 72 357
anus 275
anxiété 22
anxieux 272
aoriste ᵐ 237
aorte ᶠ 237
août 230
aoûtien 205 267
apache 107
apaisement 187
apanage ᵐ 163
aparté ᵐ 22
apartheid ᵐ 117
apathie 117
apathique 117
apatride 107
apepsie 107
apercevoir 340
aperçu 179
apéritif 107 265
aperture ᶠ 223
apesanteur 107
apex 275
aphasie 126
aphone 126
aphorisme ᵐ 126
aphrodisiaque 126
aphte ᵐ 126
aphteux 54
api 30
apical 289
apicole 107
apiculture 107
apitoiement 224
apitoyer 87 334
aplanissement 107
aplasie 220
aplat 1 230
aplatissement 107
aplomb 82
apnée ᶠ 27
apocalypse ᶠ 34
apocope ᶠ 107
apocryphe ᵐ 126
apodictique 107
apodose ᶠ 107

apogée ^m ... 27
apolitique ... 148
apollinien ... 160 **267**
apologie ^f ... 220
apologue ^m ... 132
apophtegme ^m ... 126
apophyse ^f ... 126
apoplexie ^f ... 220
aporétique ... 170
aporie ^f ... 170
apostasie ... 107
apostat ^m ... 1
apostolat ^m ... 1
apostolique ... 148
apostrophe ^f ... 126
apothéose ^f ... 117
apothicaire ^m ... 221
apôtre ... 45
apparaître ... **348**
apparat ... 108 230
apparatchik ... 150
appareil ... 98
appareillage ... 98
apparemment ... 3 230
apparence ... 108
apparent ... 73 230
apparentement ... 73
appariement ... 224
appariteur ... 108
apparition ... 214
appartement ... 108
appartenance ... 72
appas ... 357
appât ... 2 230 357
appauvrissement ... 108
appeau ^m ... 44
appel ... 108
appeler ... **331**
appellation ... 160
appendice ^m ... 63
appendicite ... 63
appentis ^m ... 35
appesantissement ... 73
appétence ^f ... 72
appéter ... **330**
appétissant ... 108 230
appétit ... 108 230

applaudissement ... 108
application ... 214
applique ... 148
appoggiature ... 143
appoint ... 94 230
appointements ... **275**
appontement ... 108
apport ... 230
apposition ... 214
appréciable ... 179
appréciation ... 179
appréhension ... 215
apprenti ... 30
apprentissage ... 108
apprêt ... 13 230 357
apprivoisement ... 108
approbateur ... **264**
approbatif ... **265**
approbation ... 214
approche ... 108
approfondissement ... 110
appropriation ... 214
approvisionnement ... 164
approximation ... 214
approximativement ... 107
appui ... 30
appui(s)-bras ^m ... **285**
appui(s)-tête ^m ... **285**
appuyer ... **334**
âpre ... 2
après ... 10 229 357
après-demain ... **285**
après-dîner(s) ... **285**
après-guerre(s) ... **285**
après-midi ^{m ou f} ... **285**
après-ski(s) ^m ... **285**
âpreté ... 22
aprioriste ... **285**
apte ... 221
aptitude ... 115
apurement ... 107
aquafortiste ... 148
aquaplaning ... 148
aquarelle ^f ... 148
aquarium ^m ... 163
aquatique ... 148
aquavit ^m ... 148

aqueduc ^m ... 147
aqueux ... **272**
aquicole ... 159
aquiculture ... 148
aquifère ... 124
aquilin ... 62 357
aquilon ... 159
aquitain ... 64
ara ^m ... 1 357
arabesque ^f ... 148
arabique ... 148
arabisant ... 73 230
arable ... 225
arabophone ... 126
arachide ^f ... 104
arachnéen ... 151
araignée ... 27
araire ^m ... 221
araméen ... 63
arasement ... 187
aratoire ... 221
arbalète ^f ... 10
arbalétrier ... 24
arbitraire ... 221
arbitre ... 225
arborescence ... 180
arboricole ... 110
arboriculture ... 223
arbre ... 221
arbrisseau ... 178 **277**
arbuste ... 221
arc ... 147
arc(s)-boutant(s) ^m ... **285**
arcade ... 147
arcane ^m ... 357
arceau ... 44 **277**
archaïque ... 151
archaïsme ^m ... 237
archange ^m ... 151
arche ... 104
archéologie ... 151
archer ... 357
archet ... 230 357
archétype ^m ... 34
archevêché ... 22
archevêque ... 10
archiduc ... 147

archiépiscopal 289
archimandrite ᵐ 72
archipel ᵐ 159
architecte 147
architectonique 115
architectural 289
architecture 223
archives ᶠ ᵖˡ 275
arçon 179
arctique 148
ardéchois 86 270
ardemment 3 230
ardennais 166 270
ardent 73 230
ardeur 174
ardoise 187
ardoisier 262
ardu 257
are ᵐ 221 357
arène 10
aréopage ᵐ 22
arête 10
argent 73 230
argenterie 220
argentin 257
argile ᶠ 159
argileux 272
argon 80
argonaute 165
argot 42 230
argotique 115
argousin 187
argument 73
argumentation 214
argus 275
argutie 181
aria ᶠ 1
aria ᵐ 1
aridité 22
ariégeois 144 270
arien 63 267 357
arioso 42
aristocratie 181
aristotélicien 204 267
arithmétique ᶠ 117
arlequin 62
arlésien 206 267

armada ᶠ 1
armagnac 147
armateur 174
armature 223
arme 221
armée 27
armement 73
arménien 63 267
armistice ᵐ 179
armoire 221
armoiries 275
armoricain 147
armure 223
arnaque ᶠ 148
arnica ᶠ 1
aromate ᵐ 115
aromatique 148
arôme 357
aronde 80
arpège ᵐ 10
arpéger 328 330
arpent 73 230
arpenteur 174
arquebuse 148
arrachage 171
arrache-clou(s) ᵐ 285
arrache-pied ⁽ᵈ'⁾ 285
arrachement 171
arraisonnement 171
arrangement 171
arranger 328
arrestation 15
arrêt 230 357
arrêté 171
arrhes ᶠ ᵖˡ 172 357
arriéré 171
arrière 221
arrière-boutique(s) 285
arrière-cerveau(x) 285
arrière-pensée(s) ᶠ 285
arrière-ban(s) 285
arrière-bouche(s) 285
arrière-cour(s) 285
arrière-garde(s) ᶠ 285
arrière-pays ᵐ 285
arrière-petits-enfants ᵐ ᵖˡ ...
.... 285

arrière-plan(s) ᵐ 285
arrière-saison(s) 285
arrière-salle(s) ᶠ 285
arrière-train(s) ᵐ 285
arriérer 330
arrimage 171
arrivage 171
arrivant 73 230
arrivée 27
arrogant 73 230
arroger ⁽ˢ'⁾ 328
arrondi 171
arrondissement 171
arrosage 171
arrosoir ᵐ 171
ars ᵐ 229 357
arsenal 278
arsenic ᵐ 147
arsouille 98
art 230 357
artefact 115 230
artère 10
artériel 22 260
artériographie 126
artériosclérose 115
à vau-l'eau 276 285
à-valoir ᵐ 285
artésien 206 267
arthrite ᶠ 117
arthrose ᶠ 117
artichaut 43 230
article 225
articulaire 221
articulation 214
articulatoire 221
articulet 13 230
artifice 179
artificiel 200 260
artificieux 209
artillerie 98
artilleur 98
artimon 80
artisan 72
artisanat 1 230
artiste 221
arum [ᴀʀɔm] ᵐ 357
aruspice ᵐ 179

aryen ... 357
arythmie ... 34
as ... 357
ascaris **m** ... 275
ascendance ... 180
ascendant ... 73 180 230
ascenseur ... 180
ascension ... 180 215
ascensionnel ... 166 180 260
ascèse **f** ... 180
ascète ... 180
ascétique ... 115 357
asepsie ... 177
aseptique ... 177
asexué ... 177
ashkénaze ... 105
asiatique ... 187
asile **m** ... 159
asocial ... 179 289
asparagus **m** ... 275
aspect ... 230
asperge ... 143
asperger ... 328
aspérité ... 22
aspersion ... 215
asphalte **m** ... 126
asphyxie ... 126
aspic **m** ... 147
aspiration ... 214
aspirine **f** ... 165
assainissement ... 178
assaisonnement ... 178
assassin ... 178
assassinat ... 178 230
assaut ... 43 230
assèchement ... 178
assécher ... 330
assemblage ... 72
assemblée ... 27
assener ... 329
asséner ... 330
assentiment ... 178
asseoir **(s')** ... 342
assermenté ... 178
assertion ... 214
asservissement ... 178
assesseur ... 178

assez ... 25
assidu ... 257
assiduité ... 22
assidûment ... 178
assiégeant ... 144 230
assiéger ... 328 330
assiette ... 116
assiettée ... 27
assignat ... 1 230
assignation ... 214
assimilation ... 214
assises **f** ... 275
assistanat ... 1 230
assistance ... 178
assistant ... 73 230
association ... 214
associé ... 178
assolement ... 178
assombrissement ... 81
assommoir ... 164
assomption ... 81
assonance ... 72
assortiment ... 178
assoupissement ... 178
assouplissement ... 178
assouvissement ... 178
assurance ... 72
assurément ... 178
assureur ... 174
assyrien ... 34 267
aster **m** ... 170 357
astérisque **m** ... 148
astéroïde **m** ... 237
asthénie ... 117
asthme **m** ... 117
asticot ... 46 230
astigmate ... 115
astragale **m** ... 159
astrakan **m** ... 150
astre **m** ... 221
astreindre ... 345
astreinte ... 65
astringent ... 73 230
astrolabe **m** ... 159
astrologie ... 220
astronaute ... 43
astronomie ... 42

astrophysique **f** ... 126
astuce **f** ... 179
astucieux ... 209 272
asymétrie ... 34
asymétrique ... 34
asymptote **f** ... 66
atavisme ... 115
atèle **m** ... 115 357
atelier ... 24
atemporel ... 260
atermoiement ... 224
atermoyer ... 87 334
athée ... 117
athéisme ... 117
athénée **m** ... 27
athénien ... 267
athlète ... 117
athlétique ... 148
atlante **m** ... 72
atlas ... 275
atmosphère **f** ... 126
atmosphérique ... 126
atoll **m** ... 160
atome ... 42
atome(s)-gramme(s) **m** ... 285
atomique ... 148
atomiseur ... 174
atonal ... 289
atone ... 165
atonie ... 220
atours ... 275
atout ... 230
âtre **m** ... 2
atrium **m** ... 163
atroce ... 179
atrocement ... 179
atrocité ... 179
atrophie ... 126
atropine **f** ... 107
attachant ... 116 230
attaché ... 116
attaché(s)-case(s) **m** ... 285
attachement ... 116
attaque ... 116
atteindre ... 345
atteint ... 65 230

atteinte 116
attelage 116
atteler 331
attelle f 160 357
attenant 116 230
attendrissement 116
attendu 257
attentat 1 230
attente 72
attentif 265
attention 214
attentionné 166
atténuation 214
atténué 116
atterrissage 178
attestation 214
attiger 328
attique 116
attirail 98 279
attirance 72
attitré 116
attitude 116
attorney 16
attouchement 116
attractif 265
attraction 214
attraire 339
attrait 230
attrape 116
attrape-mouche(s) m 285
attrape-nigaud(s) m 285
attrayant 97 230
attribut 230
attributif 265
attribution 214
attroupement 116
atypique 34
au (pl : aux) 43
au(l)ne m 43
au-deçà 322
au-dedans 322
au-dehors 322
au-dessous 322
au-dessus 322
au-devant 230 322
aubade 43
aubaine 11

aube f 43
aubépine 43
auberge 43
aubergine f 43
aubier 24
aucun 67
aucunement 43
audace 179
audacieux 209 272
audible 225
audience 72
audiovisuel 260
auditeur 264
auditif 265
audition 214
auditoire 221
auge f 43
augmentation 214
augure m 43
augustin 257
augustinien 267
aujourd'hui 235
aulx pl 43 357
aumône 43
aumônier 43
aune f 43
auparavant 73 230
auprès 229
auquel (pl : auxquels) 148
aura f 1
auréole f 22
auriculaire m 221
auricule f 159
aurifère 124
aurignacien 204 267
aurochs 151
aurore f 43
auscultation 214
auspice m 179 357
aussi 178
aussitôt 43 230 357
austère 10
austérité 22
austral (pl : australs ou austraux) 289
australien 267
australopithèque 148
autan m 72 357

autant 73 230 357
autarcie f 220
autel 159 357
auteur 43 357
authenticité 117
authentique 117
authentiquement 117
autisme m 115
auto-accusation(s) 285
auto-allumage m sg 285
auto-école(s) f 285
auto-marché(s) m 285
auto-stop m 285
auto-stoppeur(s) 285
autobiographie 126
autobus 275
autocar 170
autocélébrer (s') 330
autochtone 151
autoclave m 221
autocollant 160 230
autocratie 181
autocritique 148
autodafé m 22
autodestruction 214
autodétermination 214
autofinancer 327
autogestion 143
autographe m 126
autolyse f 34
automate m 221
automatique 148
automatisation 214
automnal 164 289
automne 164
autonettoyant 116 230
autonome 163
autonomie 220
autopompe f 81
autoportrait 230
autopsie f 177
autoradio m 43
autorail m 98
autorisation 214
autoritaire 221
autorité 10
autoroute f 43

autoroutier	262
autos-couchettes	285
autosatisfaction	214
autosuggestion	143
autour	170
autre	43
autrefois	86
autrement	73
autrichien	267
autruche	104
autrui	30
auvent m	73
auvergnat	1 9 230
auxiliaire	221
auxiliariat	1 9 230
aval	289
avalanche	72
avaleur	264
avance	72
avancée	27
avancement	73
avancer	327
avanie	220
avant	73 230 357
avant(s)-centre(s) m	285
avant-première(s) f	285
avant-bras	285
avant-coureur(s)	285
avant-dernier(s)	285
avant-garde(s) f	285
avant-gardiste(s) m	285
avant-hier	285
avant-port(s) m	285
avant-poste(s) m	285
avant-projet(s) m	285
avant-propos	285
avant-scène(s) f	285
avant-toit(s) m	285
avant-train(s) m	285
avant-veille(s) f	285
avantage	72
avantager	328
avantageux	54
avare	221
avarice	179
avaricieux	54
avarie	220

avatar m	170
avec	147
aven m	163
avenant	73 230
avènement	73
avenir	170
avent	73 230 357
aventure	223
aventureux	54
aventurier	24 262
avenue	220
averse	15
aversion	215
avertissement	178
aveu	53 280
aveuglement	73
aveuglément	73
aveuglette (à l')	116
aviateur	256
aviation	214
avicole	159
aviculture	223
avidité	22
avion	80
aviron	80
avis	35 275
avisé	22
avitaminose	187
avocat	1 9 230
avocate	115
avocatier	24
avoine f	85
avoir	175
avortement	73
avorton	80
avouable	237
avoué	22
avril	159
avunculaire	221
axe m	221
axial	289
axiologie	220
axiomatique	148
axiome m	42
axis m	177
ayant(s) cause	285
ayant(s) droit	230

ayatollah	97
azalée f	186
azimut m	186
azote m	186
aztèque	186
azur m	186
azuréen	63
azyme m	34

b

baba f	1
baba m	1
babil	159
babillage	98
babines	275
babiole	41
bâbord	233
babouche f	104
babouin	86
baby (pl : babys ou babies)	34
babylonien	34 267
bac	147
bac(ch)ante	151
baccalauréat	149 230
baccara	149 358
baccarat	1 230 358
bacchanale	152
bâchage	2
bâche	2
bachelier	262
bachi-bouzouk(s) m	285
bachique	148
bachot	42 230
bachotage	143
bacillaire	221
bacille m	160
bacillose	160
bâclage	2
bacon	1
bactéricide	179
bactérie f	220
badaud	43
baderne f	15
badge m	143
badigeon	144

badigeonnage 144
badin 257
badine 165
badinerie 220
badminton 163
baffe 125
baffle ᵐ 125
bafouillage 98
bâfreur 264
bagad 118
bagage 131
bagarre 171
bagarreur 171
bagatelle 14
bagnard 176
bagnole 159
bagou(t) 131
baguage 132
bague 132
baguette 116
bah ! 1 358
bahut 230
bai 358
baie 220 358
baignade 11
baigneur 264
baignoire 221
bail (pl : baux) 98 358
bâillement 98
bailleur 98
bâilleur 2
bailli 98
bailliage 98
bâillon 2
bâillonnement 166
bain 64
bain(s)-de-pieds ᵐ 285
bain(s)-marie ᵐ 285
baïonnette 237
baisemain 64
baiser 187
baisse 178
bajoue 142
bakchich ᵐ 150
bal 278 358
bal(l)uchon 160
balade 159 358

baladeur 159
baladin 159
balafon 124
balafre 124
balai 11 358
balai(s)-brosse(s) ᵐ 285
balalaïka ᶠ 237
balance 72
balancelle 179
balancement 179
balancer 327
balancier 24
balançoire 221
balayer 333
balayette 97
balayeur 97 256
balayures 275
balbutiement 181
balcon 147
balconnet 166 230
baldaquin 148
baleine 12
baleineau 44 277
baleinier 262
balèze 186
balisage ᵐ 177
balistique ᶠ 148
baliveau 44 277
baliverne 159
balkanisation 214
ballade 160 358
ballant 160 230
ballast ᵐ 115
balle 160 358
ballerine 160
ballet 13 230 358
ballon 160
ballon(s)-sonde(s) ᵐ 285
ballonnement 166
ballot 42 230
ballotin 160
ballottage 116
ballottement 116
ballottine 116
balnéaire 221
balourd 257
balsa ᵐ 1

balte 221
baltique 148
balustrade 159
balustre ᵐ 159
balzacien 204 267
bambin 72
bamboche ᶠ 72
bambocheur 72
bambou 72 281
bamboula ᶠ 72
ban 72 358
banal (pl en -als ou -aux selon sens) 289
banalisation 214
banalité 22
banane 165
bananier 24 262
banc 74 358
bancaire 147
bancal 147 289
banco 42
bandage 72
bande 72
bande(s)-annonce(s) ᶠ 285
bandeau 44 277
bandelette 116
banderille 98
banderole 159
bandit 35 230
banditisme 115
bandonéon 22
bandoulière 10
bang 74
banjo 142
bank-note(s) ᶠ 285
banlieue 55
banlieusard 176
banni 166
bannière 166
bannissement 166
banque 148
banqueroute 148
banquet 13 230
banqueter 332
banquette 116
banquier 24 256
banquise 187

bans 72 358
bantou 281
baobab ᵐ 110
baptême 10
baptismal 289
baptiste 221
baquet 13 230
baqueter 332
bar 170 358
baragouin 95
baraka ᶠ 1
baraque 148
baraquement 148
baratin 62
baratineur 264
baratte 116
barbacane ᶠ 165
barbant 73 230
barbaque ᶠ 148
barbare 221
barbaresque 148
barbarie 220
barbe 110
barbeau 44 277
barbecue 147
barbelé 257
barbet 13 230
barbichette 116
barbier 24 256
barbiturique 115
barboteuse 58
barbouillage 98
barbouze ᶠ 186
barbu 358
barbue 220 358
barcarolle ᶠ 160
barcasse 178
barda 1
barde ᵐ 118
bardeau 44 277 358
bardot 46 230 358
barème 10
baréter 330
barge 143
baril 159
barillet 98 230
bariolage 159

bariolé 257
barmaid 11
barman ⁽ᵖˡ ᵉⁿ ⁻ᵐᵉⁿ ᵒᵘ ⁻ᵐᵃⁿ⁾ 282
barnum 163
baromètre 10
baron(ne) 268
baronet 165 230
baronnie 166
baroque 148
baroud 118
baroudeur 264
barouf 124
barque 148
barquette 116
barracuda 171
barrage 143
barre 171 358
barreau 44 277
barrette 171
barreur 264
barricade 171
barrière 10
barrique 171
barrissement 178
bartavelle ᶠ 160
barycentre ᵐ 34
baryon 97
baryton 34
bas 287 358
bas ᵐ 229 358
bas-bleu(s) ᵐ 285
bas-côté(s) ᵐ 285
bas-relief(s) ᵐ 285
bas-ventre(s) ᵐ 285
basal 187 289
basalte ᵐ 187
basaltique 148
basané 165
basculant 73 230
bascule 159
base 187
base-ball ᵐ ˢᵍ 285
basilic ᵐ 147 358
basilique ᶠ 148 358
basique 148
basket ᵐ 150
basketteur 256

basoche ᶠ 104
basquais 11
basque 259
basque(s) ᶠ 275
basse(s)-cour(s) ᶠ 285
basse(s)-fosse(s) ᶠ 285
basse ᶠ 178
bassement 73
bassesse 178
basset 13 230
bassin 62
bassine 165
bassinet 165 230
bassinoire 221
basson 178
bast(a)ing 62
basta 1
bastide ᶠ 115
bastille 98
bastingage 131
bastion 1
bastonnade 166
bastringue ᵐ 132
bât 2 230 358
bat-flanc ᵐ 285
bataclan 72
bataille 98
batailleur 264
bataillon 98
bâtard 233
batave 115
batavia ᶠ 1
bâté 2
bateau 44 277
bateau(x)-mouche(s) ᵐ ......
.... 285
bateau(x)-pompe(s) ᵐ ......
.... 285
batée 27
batelage 115
bateler 331
bateleur 256
batelier 24 256
batellerie 160
bath 117
bathyscaphe ᵐ 117
bâti 2

batifoleur 124
batik m 150
bâtiment 73
bâtisse 178
bâtisseur 178
batiste 115
bâton 2
bâtonnet 166 230
bâtonnier 166 256
batracien 204 267
battage 116
battant 73 230
batte f 116
battement 116
batterie 116
batteur 264
battoir 116
battre 352
battue 220
baud 43
baudelairien 267
baudet 13 230
baudrier 24
baudroie f 86
baudruche 104
bauge 143
bauger 328
baume m 43 358
baumier 163
bauxite f 115
bavard 233
bavarois 86 270
bavette 116
baveux 54
bavoir 175
bavure 223
bayadère f 97
bazar 186
bazooka 150
be-bop(s) m 285
béant 73 230
béarnais 270
béat 1 230
béatement 73
béatitude 115
beatnik 150
beau 44 287 358

beau(x)-fils m 285
beau(x)-frère(s) (ou beauf(s)) m
.... 285
beau(x)-père(s) m 285
beauceron 268
beaucoup 233
beaufort 230
beaujolais 270
beaupré 22
beauté 22
beaux-arts m pl 285
bébé 22
bec 15
bec(s)-de-cane m 285
bec(s)-de-lièvre m 285
bec(s)-fin(s) m 285
bécane 165
bécarre m 171 358
bécasse 178
bêchage 10
béchamel f 15
bêche 10
bêcheur 264
bêcheveter 332
bécot 42 230
becquée f 152
becquet m 152
becqueter 332
bedaine 11
bedeau 44 277
bedon 80
bédouin 95
bée f 27 358
beffroi 125
bégaiement 224
bégayer 333
bégonia m 1
bègue 132
bégueule 132
béguin 132
béguine 165
bégum 163
behavio(u)risme 235
beige 12
beigne f 12
beignet 13 230
bel 15 260 358

bel canto 285
bel(o)uga m 1
bêlement 10
belette 116
belge 15
belgicisme 179
bélier 159
bélître m 32
belladone f 160
bellâtre m 2
belle 14 358
belle(s)-famille(s) f 285
belle(s)-dame(s) f 285
belle(s)-de-jour f 285
belle(s)-de-nuit f 285
belle(s)-fille(s) f 285
belle(s)-mère(s) f 285
belle(s)-sœur(s) f 285
belles-lettres f pl 285
belliciste 179
belligène 10
belligérance 72
belligérant 73 230
belliqueux 54
belon f 159
belote 115
belvédère 10
bémol m 159
bénédicité 22
bénédictin 257
bénédiction 214
bénéfice 179
bénéficiaire 192
bénéfique 148
benêt 13 230
bénévolat 1 230
bénévole 159
bengali m 30
béni-oui-oui m inv 285
bénignité 22
bénin (f : bénigne) 62 273
bénisseur 178
bénit 35 230
bénitier 24
benjamin 62
benne 166
benoît 85 230

bilingue 132
bill 160
billard 233
bille 98
billet 13 230
billetterie 116
billevesée 27
billion 160
billot 42 230
bimbeloterie 62
bimensuel **260**
bimillénaire 160
bimoteur 163
binaire 221
binette 116
bingo 42
biniou 140 **281**
binocle ᵐ 225
binôme 45
biochimie 220
biodégradable 221
bioénergétique 22
bioénergie 22
biographie 126
biologie 220
biophysique 126
biopsie ᶠ 177
biosphère ᶠ 126
biosynthèse ᶠ 66
biothérapie 117
biotope ᵐ 107
biotype ᵐ 34
bioxyde ᵐ 34
bipartite 115
bipartition 214
bipède 118
biplace 179
biplan 72
bipolaire 221
bipolarisation 214
biquet 148 230
biréacteur 22
birman **257**
bis 177
bisaïeul 237
bisannuel **260**
bisbille ᶠ 98

biscaïen 237
biscayen 97
biscornu **257**
biscotte 116
biscuit 35 230
biscuiterie 220
bise 187
biseau 44 **277**
bison 187
bisou 187 **281**
bisque ᶠ 148
bissection 178
bissextile 178
bistouri 30
bistre 225
bistro(t) 42
bit ᵐ 115 358
bitension 215
biterrois 171
bitte 116 358
bitter 15
bitume ᵐ 115
bitumeux **272**
biture ᶠ 223
biunivoque 148
bivalence 72
bivouac 147
bizarre 171
bizarrement 171
bizarrerie 171
bizarroïde 237
bizut(h) 186
bl(e)uet 230
blablabla ⁱⁿᵛ 1
black-out ᵐ **285**
blackboulage 150
blafard 233
blague 132
blagueur **264**
blaireau 44 **277**
blâmable 2
blâme 2
blanc 74 **258**
blanc(s)-bec(s) ᵐ **285**
blanc(s)-seing(s) ᵐ **285**
blanchâtre 2
blancheur 58

blanchiment 73
blanchisserie 178
blanchisseur **256**
blanquette 14
blasé 187
blason 187
blasphémateur 126
blasphématoire 221
blasphème 126
blasphémer **330**
blastomère ᵐ 10
blatérer **330**
blatte ᶠ 116
blazer 186
blé 22 358
bled 118
blême 10
blêmissement 22
blennorragie 170
blessant 73 230
blessure 178
blet 13 230
bleu **294**
bleuâtre 2
bleusaille 98
bleuté **257**
blindage 62
blindé 62
blizzard 189
bloc 147
bloc(s)-cylindre(s) ᵐ **285**
bloc(s)-système(s) ᵐ **285**
bloc(s)-cuisine(s) ᵐ **285**
bloc(s)-moteur(s) ᵐ **285**
bloc(s)-notes ᵐ **285**
blocage 147
blockhaus 150
blocus **275**
blond 82
blondasse 178
blondinet 13 230 **263**
blondoyer 87 **334**
blouse ᶠ 187
blouson 187
blue-jean(s) ᵐ **285**
blues ᵐ 187
bluette 116

bluff		125
bluffeur		60
blutage		115
boa		1
bob(sleigh)		134
bobard		233
bobèche f		10
bobinage		165
bobine		165
bobo		42
bocage		147
bocal		278
bock		150
bœuf (pl : bœufs)		54 59
bog(g)ie m		35
bogue f		132
bohème		235
bohémien		267
bois		86 275
boiserie		187
boisseau		178 277
boisson		178
boîte		85
boiteux		272
boîtier		24
boitillement		98
bol		159
bolchevik		150
bolchevique		148
bolée f		27
boléro		42
bolet m		13
bolide		159
bolivien		267
bombance		72
bombarde		81
bombardement		81
bombardier		24
bombe		81
bombyx m		34
bôme f		45 358
bon		80 268 358
bon enfant		230
bon marché		285
bon sens m		285
bon(s)-papa(s) m		285
bonapartiste		259
bonasse		178 358
bonbon		81
bonbonne		166
bonbonnière		166
bond		82 358
bonde		221
bondé		22
bondieuserie		187
bondissement		178
bonheur		235
bonhomie		41
bonhomme (pl : bonshommes)		41
bonification		214
boniment		73
bonimenteur		264
bonjour		142
bonne		259
bonne(s)-maman(s) f		285
bonnement		166
bonnet		166 230
bonneteau		44 277
bonneterie		115
bonnetière		115
bonnette		116
bonniche		166
bonsoir		175
bonté		22
bonus m		177
bonze		186
bonzesse		178
boogie-woogie(s) m		285
bookmaker		150
booléen		267
boolien		267
boom		163 358
boomerang		163
bootlegger		133
boots m pl		275
boqueteau		44 277
bora f		1
borain		64
borborygme m		34
borchtch m		104
bord		233 358
bordeaux		231
bordée		27
bordel		159
bordelais		11 270
bordereau		44 277
bordure		223
bore m		221 358
boréal (pl en -als ou -aux)		289
borée		27
borgne		225
borique		148
bornage		143
bornoyer		87 334
bortsch m		105
bosquet		13 230
boss		178 358
bosse		178 358
bosseler		331
bosselure		223
bosseur		264
bossu		178
bot		42 230 358
botanique		148
botaniste		165
botte		116 358
botteler		331
botteur		174
bottier		116
bottillon		98
bottin		116
bottine		165
boubou		110 281
bouc		147
boucan		72
boucanier		165
bouche		104
bouche-bouteille(s) m		285
bouche-à-bouche m		285
bouche-trou(s) m		285
bouchée		27
boucher		24 256
boucherie		35
bouchon		80
bouchonné		166
bouchot		42 230
boucle		147
bouclette		14
bouclier		24
bouddha		119
bouddhisme		119

bouderie 35
boudin 62
boudiné 165
boudoir 175
boue 220 358
bouée 27
boueux 54
bouffant 125 230
bouffarde 125
bouffe 125
bouffée 125
bouffi 257
bouffon 125 268
bouffonnerie 166
bougainvillée f 27
bougainvillier m 27
bouge m 143
bougeoir 144
bougeotte 116
bouger 328
bougie 35
bougnat 1 230
bougon 268
bougonnement 166
bougrement 73
bougresse 178
boui(s)-boui(s) m 285
bouillabaisse 11
bouillant 73 230
bouille 98
bouilleur 98
bouilli 30 358
bouillie 35 358
bouilloire 221
bouillon 98
bouillon(s)-blanc(s) m 285
bouillonnant 166 230
bouillonnement 166
bouillotte 116
boulanger 256
boulanger 328
boulangerie 35
boule 159
bouleau 44 277 358
bouledogue 132
boulet 13 230
boulette 14

boulevard 176
boulevardier 24
bouleversant 73 230
bouleversement 73
boulier 24
boulimie 35
bouliste 159
boulon 159
boulonnage 166
boulonnais 166
boulot 42 230 358
boum ! 163 358
bouquet 13 230
bouquetière 148
bouquetin 148
bouquin 62
bouquineur 165
bouquiniste 165
bourbeux 272
bourbier 24
bourbonnais 166 270
bourde 118
bourdon 80
bourdonnant 166 230
bourdonnement 166
bourg 176 358
bourgeois 144 270
bourgeoisie 35
bourgeon 144
bourgeonnement 166
bourgmestre 131
bourgogne 225
bourguignon 132
bourlingueur 132
bourrache f 171
bourrade 171
bourrasque 171
bourratif 265
bourre f 171
bourreau 44 277
bourrée 171
bourreler 331
bourrelet 13 230
bourrelier 24 256
bourriche 171
bourrichon 171
bourricot 42 230

bourrin 171
bourrique 171
bourru 257
boursicoteur 264
boursouflé 124
boursouflure 124
bousculade 147
bouse 187
bousillage 98
boussole 178
bout 230 358
bout à bout m 285
bout(s)-de-table m 285
bout(s)-rimé(s) m 285
boutade 115
boutefeu 53 280
bouteille 98
boutique 148
boutiquier 256
bouton 115
bouton(s)-pression m 285
bouton(s)-d'or 285
boutonnage 166
boutonneux 272
boutonnière 10
bouturage 115
bouture 223
bouveter 332
bouveter 332
bouvier 24
bouvreuil 98
bovarysme 34
bovidé 22
bovin 257
bowling 233
box m 358
box-calf(s) m 285
box-office m sg 285
boxe f 221 358
boxer 170
boy 97
boy-scout(s) m 87 285
boyard 97
boyau 97 276
boycott 97 230
boycottage 97
brabançon 268

brabant 73 230
bracelet 13 230
bracelet(s)-montre(s) ᵐ 285
brachial 151 289
brachycéphale 151
braconnage 166
braconnier 166
braderie 35
braguette 132
brahmane ᵐ 235
brahmanisme 235
braies ᶠ ᵖˡ 11 358
braillard 176
braille ᵐ 98
braiment 73
brain-trust(s) ᵐ 285
brainstorming ᵐ 131
braire 339
braise 187
brame 163
brancard 176
branche 72
branchement 73
branchie 35
brandade 118
brandebourg 176
brandon 72
brandy 34
branlant 73 230
branle-bas ᵐ 285
braquage 148
braque 148
braquet 148 230
bras 1 8
bras-le-corps ⁽ᵃ⁾ 285
brasero 42
brasier 24
brassard 176
brasse 178
brassée 27
brasserie 35
brassière 10
bravissimo 178
bravo 42
bravoure 223
brayer 333
break 150

brebis 35
brèche 10
bréchet 13 230
bredouille 98
bredouillis 35
bref ⁽ᶠ : ᵇʳᵉᵛᵉ⁾ 15 265
brelan 72
breloque 148
brème ᶠ 10
brésilien 267
bressan 268
brestois 270
bretelle 14
breton 268
bretonnant 166 230
bretteler 331
bretteur 14
bretzel ᵐ ᵒᵘ ᶠ 15
breuvage 53
brevet 13 230
breveté 22
breveter 332
bréviaire ᵐ 221
briard 176
bribe ᶠ 110
bric et de broc ⁽ᵈᵉ⁾ 285
bric-à-brac ⁱⁿᵛ 285
bricolage 147
bricole 159
bricoleur 264
bridé 257
bridge 143
bridger 328
brie 35 358
briefing 131
brièvement 10
brièveté 10
brigade 131
brigand 74
brigantin 62
brillamment 164
brillantine 98
brimade 163
brin 62
brindille 98
bringue ᶠ 132
brio 42

brioche 104
brique 148 358
briquet 13 230
briqueter 332
briqueterie 115
briquette 116
bris 35 358
brisant 187 230
brise 187 358
brise-bise ᵐ ⁱⁿᵛ 285
brise-fer 285
brise-glace(s) 285
brise-jet ᵐ 285
brise-lames ᵐ 285
brise-vent ᵐ 285
brisées 275
bristol 159
brisure 187
britannique 166
broc 147
brocante 147
brocanteur 147
brocard 176 358
brocart 176 230 358
broche 104
brochet 13 230
brochette 14
brochure 223
brodequin 148
broderie 35
broiement 224
brome 163
bromure ᵐ 163
bronche ᶠ 80
bronchiole 159
bronchite 115
broncho-pneumonie(s) ᶠ ....
.... 285
brontosaure 43
bronzage 186
bronze 186
brossage 178
brosse 178
brouet 13 230
brouette 14
brouettée 27
brouhaha 235

brouillage 98
brouillamini 98
brouillard 176
brouille 98
brouillon 98
broussaille 178
broussailleux 54
brousse 178
broutille 98
browning 233
broyage 97
broyat 9 87
broyer 87 334
brrr ! 171
bruant 73 230
brucellose 160
brugeois 270
brugnon 80
bruine 165
bruissement 178
bruit 35 230
bruitage 115
bruiteur 174
brûlant 73 230
brûle-gueule ᵐ 285
brûle-parfum ᵐ 285
brûle-pourpoint ⁽ᵃ⁾ 285
brûleur 174
brûlis 35
brûlot 46 230
brûlure 223
brumaire 221
brume 163
brumeux 272
brun 257
brunâtre 2
brunette 14
brushing 105
brusque 148
brut 230 358
brutal 289
brutalement 115
brutalité 22
brute 221 358
bruxellois 270
bruyamment 97
bruyant 97 230

bruyère 97
buanderie 237
bubonique 165
buccal 149 289
buccin 182
bûche 104
bûcheron 80 268
bucolique 147
budget 230
budgétaire 221
budgéter 330
budgétisation 214
buée 27
buffet 125 230
buffle 125
bufflonne 125
buggy 133
bugle ᵐ 131
building 131
buis 35
buisson 178
buissonneux 272
buissonnier 262
bulbe ᵐ 110
bulbeux 272
bulgare 131
bull-terrier(s) ᵐ 285
bulldog ᵐ 160
bulldozer 186
bulle 160
bulletin 160
bungalow 233
bunker 170
buraliste 159
bure ᶠ 223
bureau 44 277
bureaucrate 115
bureaucratie 181
bureaucratisation 214
burette 116
burin 62
burlesque 148
burnous 229
bus 275
busard 187
buse 187
business 178

businessman 178
busqué 148
buste 115
bustier 24
but 115 230 358
butane 115
buté 257
butée 27
buteur 58
butin 62
butineur 264
butoir 115 175 358
butor 170
butte 116 358
buttoir 116 358
buvard 176
buvette 116
byzantin 257
byzantinisme 34

C

ça 1 318 359
çà 2 318 359
cabale 159
cabalistique 159
caban 72
cabane 165
cabanon 165
cabaret 13 230
cabaretier 24 256
cabas 2
cabernet 13 230
cabestan 72
cabillaud 48 359
cabine 165
cabinet 165 230
câble 2
câbleur 264
cabochard 233
caboche 104
cabochon 80
cabot 42 230
cabotage 165
caboteur 174
cabotin 257

cabotinage	165	
caboulot	46 230	
cabri	30	
cabriole	159	
cabriolet	13 230	
cacah(o)uète	235	
cacao	42	
cacatoès	10	
cacatois	86	
cachalot	46 230	
cache f	359	
cache m	359	
cache-cache m	285	
cache-col m	285	
cache-misère m	285	
cache-nez m	285	
cache-pot m	285	
cache-poussière m	285	
cache-sexe m	285	
cache-tampon m	285	
cachemire m	221	
cachet	13 230	
cacheter	332	
cachette	14	
cachot	42 230	
cachotterie	116	
cachottier	116 262	
cachou	281	
cacique	179	
cacophonie	126	
cactus	275	
cadastral	289	
cadastre m	115	
cadavérique	148	
cadavre	118	
caddie	30 359	
caddy	34 359	
cadeau	44 277	
cadenas	2	
cadence	72	
cadencer	327	
cadet	13 230 263	
cadmium	163	
cadran	72 359	
cadre	147	
cadre(s)-cible(s) m	285	
cadreur	174	
caduc m	258	
caducée m	27	
caducité	22	
cæcum	163	
caf'conc' m	285	
caf(e)tan	72	
cafard	176	
cafardeux	54	
café	19	
café(s)-crème m	285	
café(s)-théâtre(s) m	285	
caféier	24	
caféine	22	
cafétéria	1	
cafetière	115	
cafouillage	98	
cafouillis	35	
cafre	124	
cage	143	
cageot	144 230	
cagibi	30	
cagneux	272	
cagnotte	116	
cagoule	159	
cahier	235	
cahin-caha	285	
cahot	230	
cahoteux	272	
cahute	235	
caïd	237	
caillasse	178	
caille	98	
caillebotis	98	
cailleter	332	
caillot	42 230	
caillou	281	
caillouteux	272	
caïman	72	
caisse	178	
caissette	116	
caissier	256	
caisson	178	
cajolerie	142	
cajoleur	264	
cajou	281	
cajun	67	
cake	150	
cal m	359	
calabrais	270	
calamine f	163	
calamité	22	
calamiteux	272	
calandre f	72	
calanque	72	
calao	42	
calcaire	11	
calcination	179	
calcul	159	
calculateur	264	
calé	22	
cale f	159 359	
cale-pied(s) m	285	
calebasse	178	
calèche	104	
caleçon	179	
calédonien	267	
calembour	72	
calembredaine	11	
calendes	275	
calendrier	24	
calepin	62	
calfatage	124	
calfeutrage	53	
calibrage	159	
calibre	159	
calice m	179	
calicot	42 230	
califat	1 230	
calife	124	
californien	267	
califourchon	159	
câlin	257	
câlinerie	2	
calisson	178	
call-girl(s) f	285	
calleux	160	
calligraphie	160	
callipyge	34	
callosité	160	
calmar	170	
calme	259	
calmement	73	
calomniateur	164	
calomnie	164	

calorie f	35
calorifère m	124
calorifique	148
calorifuge	124
calorifuger	**328**
calot	42 230
calotin	115
calotte	116
calque m	148
calumet	13 230
calvados	179
calvaire	221
calviniste	165
calvitie	181
calypso m	34
camaïeu m	237
camarade	163
camaraderie	35
camarde f	163
camarguais	132 **270**
cambiste	72
cambodgien	**267**
cambouis	35
cambrien	**267**
cambriolage	72
cambrioleur	174
cambrousse	178
cambrure	223
cambuse	187
came f	163
camée m	27
caméléon	22
camélia m	1
camelot	46 230
camelote	115
camembert	72 230
caméra	1
cameraman	163
camériste	163
camerlingue m	132
camerounais	163 **270**
camion	163
camion(s)-citerne(s) m	
	285
camionnette	166
camionneur	166
camisard	176

camisole	187
camomille f	98
camouflage	124
camouflet	124 230
camp	72 233 367
campagnard	176
campagne	72
campagnol	159
campanile m	159
campanule f	159
campêche	10
campement	73
campeur	174
camphre m	126
camping	131
campus	**275**
canadair	170
canadien	**267**
canaille	98
canal	165 **278**
canalisation	214
canapé	107
canaque	148
canard	176 359
canari	30
canasson	178
canasta f	1
cancan	72
cancanier	24 262
cancer	170
cancéreux	**272**
cancérigène	10
cancre	147
cancrelat	1 230
candélabre	159
candeur	174
candi inv	30
candidat	2 230
candidature	115
candide	118
cane	165 359
caneton	80
canette	116
canevas	1 8
caniche	165
caniculaire	221
canicule	159

canif	124
canin	**257**
canine	165
caniveau	44 **277**
cannabis m	166
cannage	166
canne	166 359
cannelé	166
canneler	**331**
cannelle	14
cannelloni	160
cannelure	166
cannibale	166
canoë	237
canon	80
canonique	165
canonisation	214
canonnade	166
canonnière	166
canot	46 230 359
canotage	165
canotier	24
cantabile m	159
cantal	159
cantaloup	233
cantate f	115
cantatrice	115 256
cantharide f	117
cantilène f	159
cantine	115
cantinier	**256**
cantique	148 359
canton	72
cantonade	165
cantonal	**289**
cantonnement	166
cantonnier	166
canular	170
canularesque	148
canule f	159
canut	230
canyon	97
caoutchouc	233
caoutchouteux	**272**
cap	107 359
capable	107
capacitaire	221

capacité	179
caparaçon	179
cape	221 359
capeler	**331**
capeline	179
capésien	206 **267**
capétien	205 **267**
capeyer	**335**
capharnaüm	126 237
capillaire	160
capillarité	160
capitaine	11
capitainerie	2
capital	**289**
capital ᵐ	159 359
capitale ᶠ	159 359
capitalisme	159
capitation	214
capiteux	**272**
capitole	159
capitonnage	166
capitulaire ᵐ	221
capitulation	214
caporal	107 **278**
capot	46 230
capote	ʳ. 115
câpre ᶠ	2 359
capriccio	42
caprice	179
capricieux	**272**
capricorne ᵐ	147
capsule	179
captieux	210
captif	**265**
captivité	22
capture	223
capuce ᵐ	179
capuche	104
capuchon	104
capucin	179
capucine	179
caquelon	148
caquet	148 230
caqueter	**332**
car	147 170 359
car-ferry ᵐ (pl : car ferries)	**285**
carabin	62

carabine	165
caraco	42
caracole ᶠ	159
caractère	10
caractériel	**260**
caractéristique	148
carafe	124
carafon	124
caraïbe	237
carambolage	72
carambouillage	98
caramélisé	159
carapace	179
carat	1 230
caravane	165
caravaneige ᵐ	12
caravaning	131
caravansérail	98 **279**
caravelle	160
carbonaro (pl : carbonari)	42
carbone	165
carburant	73 230
carburateur	174
carbure ᵐ	221
carcan	72
carcasse	178
carcéral	**289**
cardan	72
cardeur	**264**
cardiaque	148
cardigan	72
cardinal	**278**
cardio-pulmonaire(s)	285
cardio-vasculaire(s)	285
cardiogramme	164
cardiologie	2
cardiologue	132
carême	10
carême(s)-prenant(s) ᵐ	
	285
carénage ᵐ	22
carence	72
carencer	**327**
carène ᶠ	10
caréner	**330**
carentiel	199 **260**
caressant	178 230

caresse	178
cargaison	187
cargo	42
caribou	110 281
caricatural	**289**
caricature	221
carie	35
carié	**257**
carillon	98
carillonneur	166
carlingue	132
carmagnole	159
carmel	159
carmélite ᶠ	159
carmin	62
carnage	143
carnassier	**262**
carnation	214
carnaval	**278**
carnavalesque	148
carnet	13 230
carnivore	221
carolingien	**267**
carotène ᵐ	10
carotide	115
carottage	116
carotte	116
carpe	221
carpette	116
carquois	148
carrare ᵐ	171
carré	22 359
carre ᶠ	1 171 359
carreau	171 277
carrefour	171
carrelage	171
carreler	**331**
carrelet	171 230
carreleur	**264**
carrément	171
carrier	24
carrière	171
carriole	159
carrosse	178
carrosserie	178
carrousel	179
carroyer	87 **334**

célébrer 330
célébrité 10
celer 331
céleri 30 359
célesta 1
céleste 179
célibat 1 230
célibataire 221
celle 160 359
celle(s)-ci ᶠ 322
celle(s)-là ᶠ 322
cellier 160 359
cellophane ᶠ 126
cellulaire 160
cellule 160
cellulite 115
celluloïd 237
cellulose ᶠ 160
celte 15
celtique 148
celui 179
celui-ci 322
celui-là 322
cément 73
cénacle 225
cendre 72 359
cendrée 27
cendrillon 98
cène ᶠ 10 359
cénobite 115
cénotaphe ᵐ 126
cens 359
censé 359
censément 179
censeur 179
censitaire 179
censure 179
cent 73 292 359
centaine 11
centaure 223
centenaire 221
centième 10
centigrade 72
centime 163
central 289
centrale 159
centralisation 214

centre 72
centrifuge 143
centrifuger 328
centripète 115
centuple 72
centurion 72
cep ᵐ 107 359
cépage 143
cèpe ᵐ 10 221 359
cependant 73 230
céphalée ᶠ 126
céphalo-rachidien(s) 285
céphalopode ᵐ 126
céramique ᶠ 148
cerbère ᵐ 10
cerceau 179 277
cercle 15
cercueil 59
céréale ᶠ 159
céréalier 262
cérébral 289
cérébro-spinal ᵐ ⁽ᵖˡ ᵉⁿ ⁻ᵃᵘˣ⁾
.... 285 289
cérémonial 163 289
cérémonie 163
cérémonieux 163
cerf 179 359
cerf(s)-volant(s) ᵐ 285
cerfeuil 98
cerisaie 11
cerise 179
cerne ᵐ 179
certain 257
certainement 73
certes 179 359
certificat 1 230
certitude 115
cérumen ᵐ 163
cerveau 44 277
cervelas 1 8
cervelet 13 230
cervelle 14
cervical 289
cervidé 22
cervoise 179
ces 179 309 359
césarienne 166

cessation 214
cesse 178
cessez-le-feu ᵐ 285
cession 215 359
césure ᶠ 187
cet 230 263 308
cétacé ᵐ 22 359
ceux 54
ceux-ci 285
cévenol 159
chablis 35
chacal 278
chaconne 166
chacun 257
chagrin 62
chahut 230
chai ᵐ 11 359
chaîne 11 359
chaînette 11
chaînon 165
chair ᶠ 170 359
chaire ᶠ 221 359
chaise 11
chaland 74
chaldéen 151
châle 2
chalet 13 230
chaleur 174
chaleureux 272
châlit ᵐ 2
challenge ᵐ 160
challenger 170
challenger 328
chaloupe 107
chalumeau 44 277
chalut 230
chalutier 24
chamade ᶠ 163
chamailleur 264
chaman ᵐ 163
chamarrure 171
chambard 176
chambellan 160
chambranle ᵐ 72
chambre 72
chambrée 27
chambrette 14

chameau 44 277
chamelier 24
chamelle 14
chamito-sémitique(s) 285
chamois 229
champ 72 233 359
champenois 270
champêtre 10
champignon 80
champignonnière 166
champion 268
championnat 166 230
champlever 329
chance 179
chancelant 73 230
chanceler 331
chancelier 159
chancellerie 160
chanceux 272
chancre m 72
chandail 98 279
chandeleur f 170
chandelier 159
chandelle 160
chanfrein 65
change 143
changeable 144
changeant 144 230
changement 73
changer 328
chanoine 165
chanson 179
chansonnette 166
chansonnier 256
chant 73 230 359
chantant 73 230
chanterelle f 14
chanteur 264
chantier 24
chantilly 34
chantre m 72
chanvre 72
chaos 151
chaotique 151
chapardeur 264
chape f 107 359
chapeau 44 277

chapelain 64
chapeler 331
chapelet 13 230
chapelier 159
chapelle 160
chapellerie 160
chapelure 159
chaperon 170
chapiteau 44 277
chapitre 107
chapka f 150
chapon 107
chaptalisation 214
chaque 148
char 170
charabia 1
charade 118
charançon 179
charbon 80
charbonnage 166
charbonnier 166
charcuterie 220
charcutier 256
chardon 80
chardonneret 166 230
charentais 270
chargement 73
charger 328
chargeur 174
chariot 42 230
charisme 151
charité 22
charivari 30
charlatan 72
charlatanesque 148
charleston 165
charlotte 116
charmant 73 230
charmeur 264
charmille 98
charnel 15 260
charnière 221
charnu 257
charognard 176
charogne f 170
charolais 270
charpente 72

charpie 35
charretée 171
charretier 171
charrette 171
charroi 85
charron 171
charroyer 87 334
charrue 220
charte 104
charter 170
chartreux 272
chas m 1
chasse 1 178 359
châsse 2 359
chassé(s)-croisé(s) m 285
chasse-goupille(s) m 285
chasse-clou(s) m 285
chasse-mouches m 285
chasse-neige m 285
chasse-pierres m 285
chasse-rivet(s) m 285
chasselas 1 8
chasseur 264
chassie f 220 359
chassieux 211
châssis m 229 359
chaste 104
chasteté 22
chasuble f 80
chat 1 230 359
chat(s)-huant(s) m 285
châtaigne 2
châtaignier 24
châtain 64
château 44 277
château(x) fort(s) m 285
châtelain 257
châtiment 2
chatoiement 224
chaton 80
chatouillement 98
chatouilleux 272
chatoyant 97 230
chatoyer 87 334
chatte 116
chatterton 116
chaud 43 359

chaudière 10
chaudron 80
chaudronnier 166
chauffage 125
chauffard 176
chauffe ᶠ 125
chauffe-biberon(s) ᵐ 285
chauffe-assiettes ᵐ 285
chauffe-bain(s) ᵐ 285
chauffe-eau ᵐ 285
chauffe-pieds ᵐ 285
chauffe-plat(s) ᵐ 285
chaufferette 125
chaufferie 125
chaulage 159
chaumage 43 359
chaume 43
chaumière 10
chausse-trappe(s) ᶠ 285
chausse-pied(s) ᵐ 285
chaussée 27
chausses 178
chaussette 116
chausson 178
chaussure 223
chauve(s)-souris ᶠ 285
chauvin 257
chauvinisme 43
chaux 43 231 359
chavirement 73
chéchia ᶠ 1
check-list(s) ᶠ 285
check-up ᵐ 285
cheddite ᶠ 119
chef 15
chef(s)-d'œuvre ᵐ 285
chef(s)-lieu(x) ᵐ 285
cheftaine 11
cheikh 150 359
chelem 163
chemin 62
chemin de fer ᵐ 285
chemineau 44 277 359
cheminée 27
cheminement 73
cheminot 46 230 359
chemise 187

chemisette 116
chênaie ᶠ 220
chenal 165 278
chenapan 72
chêne 10 359
chêne(s) vert(s) ᵐ 285
chêne(s)-liège(s) ᵐ 285
chéneau 44 277
chenet 13 230
chenil 159
chenille 98
chenillette 98
chenu 257
cheptel 159
chèque 148 359
chèque(s) barré(s) ᵐ 285
chèque(s) postal(aux) ᵐ ....
.... 285
chéquier 148
cher 359
chercheur 264
chère 10 359
chérer 330
chéri 359
chérot 46 230
cherry 34 359
cherté 22
chérubin 62
chétif 265
cheval 278
cheval fiscal ᵐ 285
cheval-vapeur ᵐ 285
chevaleresque 148
chevalet 13 230
chevalière 159
chevalin 257
chevauchée 27
chevaux fiscaux ᵐ ᵖˡ 285
chevaux-vapeur ᵐ ᵖˡ 285
chevelure 223
chevet 13 230
cheveu 53 280
cheveu(x)-de-Vénus ᵐ .. 285
chevillette 98
chèvre 10
chevreau 44 277
chèvrefeuille ᵐ 98

chevreter 332
chevrette 116
chevreuil 98
chevronné 166
chevrotine 115
chewing-gum(s) ᵐ 285
chez 25 359
chez-soi ᵐ 285
chianti 151
chiasme ᵐ 151
chic 147 359
chicane 165
chichement 104
chichi 104
chichiteux 272
chicorée ᶠ 27
chicot 46 230
chien 63
chien(s)-loup(s) ᵐ 285
chiendent ᵐ 72
chienlit ᶠ 35
chiffe ᶠ 125
chiffon 125
chiffonnier 166
chiffre 125
chignole 159
chignon 80
chihuahua 235
chiite 115
chilien 267
chimère 10
chimérique 148
chimie 35 359
chimiothérapie 117
chimiquement 148
chimpanzé 186
chinchilla ᵐ 1
chinois 270
chinoiserie 35
chiot 46 230
chiourme ᶠ 97
chipie 35
chipolata ᶠ 1
chipotage 115
chips ᶠ ᵖˡ 275
chiqué 148
chique ᶠ 148 359

chiquenaude 43
chiromancie 151
chiropraxie 151
chirurgical 289
chirurgien-dentiste ᵐ ... 285
chistera ᵐ ᵒᵘ ᶠ 1
chlorate ᵐ 151
chlore 151
chloroforme 151
chlorophylle ᶠ 160
chlorure ᵐ 221
choc 147
chochotte ᶠ 116
chocolat 1 230
chocolaté 22
chœur 151 359
choix 86 275
choléra 1
cholestérol 159
chômage 45 359
chômeur 256
chope ᶠ 107
chopine 165
choquant 148 230
choral ᵐ 151 359
chorale ᶠ 151 359
chorégraphie 151
chorizo ᵐ 42
chorus 151
chose 187
chou 281
chou(x)-fleur(s) ᵐ 285
chou(x)-rave(s) ᵐ 285
chouan 72
chouannerie 166
choucas ᵐ 1
chouchou 281
choucroute 147
chouette 14
choyer 87 334
chrême ᵐ 151 359
chrétien 205 267
chrétiennement 166
chrétienté 151
christianisme 163
chromatique 151
chrome 151

chromo ᵐ ᵒᵘ ᶠ 151
chromosome ᵐ 187
chronique 151
chrono(mètre) 151
chronologie 151
chronométrer 330
chronométreur 174
chrysalide ᶠ 34
chrysanthème ᵐ 117
chuchotement 115
chuintement 62
chut ! 115 359
chute 115 359
ci 179
ci-après 285
ci-contre 285
ci-dessous 285
ci-dessus 285
ci-devant 230 285
ci-gît 230 285
ci-inclus(es) 285
ci-joint(es) 285
cible 179
ciboire ᵐ 221
ciboulette 14
ciboulot 46 230
cicatrice 179
cidre 179
ciel (pl : cieux et ciels) 15 282
cierge 179
cieux 209
cigale 159
cigare 179
cigarette 14
cigarillo 98
cigogne 179
ciguë ᶠ 237
cil 159 359
cilice ᵐ 179 359
cime 179 359
ciment 73
cimenterie 35
cimeterre ᵐ 171
cimetière 10
ciné-club(s) ᵐ 285
cinéaste 22
cinéma 1

cinémathèque 117
cinémato-graphique ....
.... 126 285
cinéphile 126
cinéraire ᶠ 221
cinglant 73 230
cinq 148 291 359
cinq-à-sept ᵐ 285
cinquantenaire 221
cinquantième 148
cintre ᵐ 62
cirage 179
circoncis 270
circonférence 124
circonflexe 124
circonlocution 214
circonscription 214
circonspect 230
circonspection 214
circonstance 72
circonstanciel 200 260
circonvolution 214
circuit 35 230
circulaire 221
circulation 214
circulatoire 221
cire ᶠ 179 359
cireur 264
cireux 272
cirque 148
cirrhose ᶠ 172
cirrus ᵐ 171
cisaille 98
ciseau 44 277
ciseaux 275
ciseler 331
ciselure 223
cistercien 204 267
citadelle 160
citadin 62
citation 214
cité(s)-dortoir(s) ᶠ 285
cité(s)-jardin(s) ᶠ 285
cité ᶠ 22
citerne 179
cithare ᶠ 117
citoyen 97

citoyenneté 87 166
citronnade 166
citronnelle 166
citrouille 98
cive f 179
civet 13 230
civette 14
civière 10
civil 159
civilisation 214
civilité 22
civique 148
clac ! 147 359
clafoutis 35 275
claie f 220 359
clair 11 359
clair(s)-obscur(s) m 285
claire(s)-voie(s) f 285
clairement 73
clairet 13 230
clairière 10
clairon 11
claironnant 166 230
clairsemé 257
clairvoyant 97 230
clamecer 327 329
clameur 174
clan 72
clandestin 257
clandestinement 73
clandestinité 22
clapet 13 230
clapier 24
clapotis 35 275
claquage 148
claque 148 359
claqueter 332
claquette 116
clarification 214
clarinette 165
clarté 22
classe 178
classement 178
classicisme 179
classique 148
claudication 214
clause 43 359

claustral 289
claustrophobie 126
clavecin 62
claveter 332
clavette 116
clavicule 159
clavier 24
clayette 97
clayonnage 166
clé 22 359
clef 25 359
clématite f 115
clémence 72
clémentine 72
clenche f 72
clepsydre f 34
cleptomanie 35
clerc 15 233 359
clergé 22
clergyman 34
clérical 289
clic ! 147 359
cliché 22
client 73 230
clientèle 10
clignement 73
clignotant 73 230
climat 1 230
climatique 148
climatisation 214
clin 62
clinicien 204 267
clinique 148
clinquant 148 230
clip m 107
clique 148 359
cliques 148 359
cliquet 13 230
cliqueter 332
cliquetis 35
clisse f 178
clitoridien 267
clitoris 275
clivage 143
cloaque 237
clochard 176
cloche 104

cloche-pied (à) 285
clocheton 115
clochette 14
cloison 187
cloisonnement 166
cloître 85
clone m 163
clopin-clopant 230 285
clopinettes 275
cloporte m 107
cloque f 148
clos 47 287
close-combat m 285
clôture 45
clou 281
clouterie 35
clovisse f 178
clown 165
clownerie 35
clownesque 148
club 60
cluse f 187
clystère m 34
coadjuteur 237
coagulation 214
coalisé 22
coalition 214
coassement 178
coauteur 237
cobalt m 115
cobaye 97
cobol 159
cobra 1
coca f 1
coca-cola m 285
cocagne f 147
cocaïne 237
cocarde 147
cocardier 262
cocasse 178
cocasserie 35
coccinelle 182
coccyx 182
coche 104
cocher 24 359
cochère f 10
cochon 268

cochon(s) d'Inde ᵐ 285
cochonnaille 98
cochonnet 166 230
cocker 150
cockpit 150 230
cocktail 150 279
coco 42
cocon 147
cocorico 147
cocotier 24
cocotte 116
cocu 147
coda ᶠ 1
code 118
codex 275
codicille ᵐ 160
coefficient 125 230
coercition 214
cœur 59 359
coexistence 237
coffre 125
coffre(s)-fort(s) ᵐ 285
coffret 125 230
cogérer 330
cogito 42
cognac 147
cognassier 178
cognée 27
cognement 73
cohabitation 235
cohérent 230 235
cohéritier 235 262
cohésion 235
cohorte 235
cohue 235
coi (ᶠ: coite) 85 147 359
coiffe 125
coiffeur 256
coiffure 223
coin 93 359
coin(s)-de-feu ᵐ 285
coin-coin ᵐ 285
coincement 85
coincer 327
coïncidence 237
coing 94 359
coït 230

coke 150 359
col 159 359
col(s)-bleu(s) ᵐ 285
col(s)-de-cygne ᵐ 285
colchique ᵐ 148
coléoptère 22
colère 10
coléreux 272
colérique 148 359
colibacille ᵐ 160
colibri 30
colifichet 13 230
colimaçon 179
colin 42
colin-maillard ᵐ 285
colique 159
colis 35 275
colite ᶠ 115
collaborateur 264
collaboration 160
collage 160
collant 160 230
collatéral 289
collation 214
colle 160 359
collecte 160
collecteur 264
collectif 265
collection 214
collectionneur 166
collectivité 160
collège 160
collégial 97 289
collégien 267
collègue 132
collerette 160
collet 160 230
colleter 332
collier 24
collimateur 160
colline 160
collision 160
colloque 148
collusion 160
collutoire ᵐ 221
collyre ᵐ 34
colmatage 115

colombier 159
colon 159 359
côlon 45 359
colonel 165
colonial 289
colonialisme 163
colonie 35
colonisation 214
colonnade 166
colonne 166
colonnette 116
coloquinte ᶠ 148
colorant 230
coloris 35
colossal 178 289
colosse 178
colporteur 264
colt 115 230
columbarium 163
colza ᵐ 186
coma 163 359
comateux 272
combat 1 230
combatif 265
combativité 81
combattant 116 230
combattre 352
combien 63 267
combinaison 163
combinard 176
combine 163
comble 81
combustion 80
comédie 35
comédie(s)-ballet(s) ᶠ .. 285
comédien 267
comestible 163
comète 10
comices ᵐ 275
comics ᵖˡ 275
comique 148
comité 22
comma ᵐ 164 359
commandant 73 230
commande 164 359
commandement 164
commanditaire 221

commando 42
commedia dell'arte ᶠ 285
commémoratif 164 265
commémoration 164
commencement 164
commencer 327
comment 73
commentaire 164
commentateur 256
commérage 164
commerçant 164 230
commerce 164
commercer 327
commercial 289
commère 164
commérer 330
commettre 352
comminatoire 221
commis 164
commis voyageur(s) ᵐ .....
.... 87 275
commis-greffier(s) ᵐ 285
commisération 214
commissaire 178
commissaire-priseur ᵐ .285
commissariat 1 230
commission 215
commissionnaire 166
commissure 178
commode 164
commodément 164
commodité 164
commodore ᵐ 221
commotion 214
commun 257
communard 176
communautaire 221
communauté 22
commune 164
communicant 73 230
communication 214
communion 164
communiqué 22
communisme 164
commutateur 174
commutation 214
compact 115 230

compagnie 35
compagnonnage 166
comparaison 187
comparaître 348
comparse 179
compartiment 73
comparution 214
compas 1 8
compassé 178
compassion 215
compatibilité 81
compatible 81
compensation 214
compensatoire 221
compère(s)-loriot(s) ᵐ .285
compétence 72
compéter 330
compétition 214
compilation 214
complainte 64
complaisamment 164
complaisance 72
complémentaire 221
complet 13 230 263
complet(s)-veston ᵐ 285
complètement 73
compléter 330
complétive 115
complexité 22
complication 214
complice 179
complicité 22
complies ᶠ ᵖˡ 275
compliment 73
compliqué 148
complot 46 230
componction 214
componentiel 199 260
comportement 73
compos(ac)ée 27
composante 72
composite 115
compositeur 256
composition 214
compost ᵐ 115
compote 115
compotier 115

compréhension 215
compresse 178
compresseur 174
comprimé 22
compromettant 116 230
compromettre 352
compromis 35
compromission 215
comptabilité 220
comptant 73 230 359
compte 81 221 359
compte(s) courant(s) ᵐ 285
compte(s) rendu(s) ᵐ ...285
compte-fils ᵐ 285
compte-gouttes ᵐ 285
compte-tours ᵐ 285
compteur 81 233 359
comptine 221
comptoir 175
comput 115 230
computer 170
comte 81 359
comté 81 359
comtesse 178
comtois 270
concasseur 178
concaténation 214
concaténer 330
concéder 330
concélébrer 330
concentration 214
concentrationnaire 221
concentré 257
concept 115 230
conception 214
conceptuel 260
concert 230
concerto 42
concession 215
concessionnaire 221
concevoir 340
concierge 179
concile ᵐ 159
conciliabule 159
conciliaire 221
conciliateur 264
concis 270

concitoyen 97
conclave ᵐ 80
concluant 73 230
conclusif 265
concombre 147
concomitant 73 230
concordance 179
concordat 1 230
concordataire 221
concourir 338
concours 229 275
concret 230 263
concrètement 73
concréter 330
concrétion 214
concrétisation 214
concubin 62
concubinage 165
concupiscence 180
concurremment 3
concurrence 171
concurrencer 327
concurrent 171 230
concurrentiel 199 260
concussion 215
condamnation 214
condensateur 72
condensation 214
condescendance 180
condiment 73
condisciple 180
condition 214
conditionnel 166 260
condoléances ᶠᵖˡ 275
condor 170
condottiere 116
conducteur 264
conduit 35 230
conduite 115
cône 45
confection 214
confédération 214
confédérer 330
conférence 72
conférencier 179 256
conférer 330
confession 215

confessionnal 166 289
confetti 116
confiance 72
confidence 72
confidentiel 199 260
confins 275
confirmation 214
confiscation 147
confiserie 35
confiseur 187
confisqué 148
confit 230
confiture 223
conflictuel 260
conflit 35 230
conformément 73
conformité 22
confort 230
confrère 10
confrérie 35
confus 270
confusément 73
congé 22
congélateur 174
congeler 331
congénère 221
congénital 289
congère ᶠ 10
congestion 214
congestionné 166
conglomérat 2 230
conglomérer 330
congratulation 214
congre 147
congrégation 214
congrès 229 275
congressiste 178
congruence 237
congrûment 73
conifère ᵐ 163
conique 165
conjecture 223
conjoindre 345
conjoint 94 230
conjointement 73
conjonction 214
conjonctivite 115

conjoncture 223
conjugaison 131
conjugal 289
conjuration 214
connaissance 166
connaître 348
connecteur 174
connerie 166
connétable 166
connexe 166
connexion 216
connivence 72
connotation 166
connu 257
conque ᶠ 148
conquérant 148 230
conquête 10
conquistador ᵐ 170
consanguin 257
consanguinité 132
consciemment 3
consciencieux 209
conscient 180 230
conscription 214
conscrit 35 230
consécration 214
consécutif 265
conseil 98
conseiller 24 256
consensus 275
consentement 73
consentir 337
conséquemment 3
conséquence 148
conservateur 264
conservatoire 221
conserve 179
considération 214
considérer 330
consignation 214
consigne 179
consistant 73 230
consistoire ᵐ 221
consolateur 264
console ᶠ 159 359
consolidation 214
consommation 164

consomption 214
consonance 165
consonne 166
consort 230
consorts 275
constable ᵐ 225
constance 179
constat .... I 230
constellation 214
consternation 214
constipation 214
constituant 73 230
constitution 214
constitutionnel 166 260
constriction 214
construction 214
consul 159
consulaire 221
consulat .... I 230
consultation 214
contact 115 230
contagieux 272
container ᵐ 27
contamination 214
conte 80 359
contemplatif 265
contemporain 257
contempteur ᵐ 264
contenance 72
content 73 230 359
contentement 73
contentieux 210
contention 214
contenu 80
contestataire 221
conteur 80 256 359
contextuel 260
contigu 266
contiguïté 237
continence 72
contingence 143
continuel 260
continûment 73
contondant 73 230
contorsion 215
contorsionniste 166
contour 170

contraceptif 265
contraception 214
contraction 214
contractuel 260
contradicteur 264
contradictoire 221
contraignant 73 230
contraindre 345
contraint 64 230
contrainte 64
contraire 221
contralto ᵐ 42
contraste 115
contrastif 265
contrat .... I 230
contravention 214
contre-amiral(aux) ᵐ ... 285
contre-enquête(s) ᶠ 285
contre-épreuve(s) ᶠ 285
contre-espionnage ᵐ ˢᵍ . 285
contre-expertise(s) ᶠ 285
contre-indication(s) ᶠ ... 285
contre-manifestation(s) ᶠ ...
.... 285
contre-offensive(s) ᶠ 285
contre-performance(s) ᶠ ....
.... 285
contre-plongée(s) ᶠ 285
contre-révolution(s) ᶠ ... 285
contre-torpilleur(s) ᵐ ... 285
contre-allée(s) ᶠ 285
contre-appel(s) ᵐ 285
contre-attaque(s) ᶠ 285
contre-chant(s) ᵐ 285
contre-courant(s) 285
contre-écrou(s) ᵐ 285
contre-essai(s) ᵐ 285
contre-jour(s) ᵐ 285
contre-pente(s) ᶠ 285
contre-pied(s) ᵐ 285
contre-plaqué(s) ᵐ 285
contre-réforme(s) ᶠ 285
contre-sujet(s) ᵐ 285
contre-ut ᵐ ˢᵍ 285
contre-vérité(s) ᶠ 285
contre-visite(s) ᶠ 285
contre-voie (à) 285

contrebalancer 327
contrebande 72
contrebas .... I 8
contrebasse 178
contrebattre 352
contrecœur 58
contrecoup 233
contrée 27
contrefaçon 179
contrefaire 347
contrefort 230
contremaître II
contremarque ᶠ 285
contrepartie 35
contrepèterie 115
contrepoids 229
contrepoint 94 230
contrepoison ᵐ 285
contreprojet ᵐ 285
contreproposition ᶠ 285
contresens 275
contresignataire ᵐ 285
contretemps 275
contretype 34
contrevenant 73 230
contrevent 73 230
contribution 214
contrit 35 230
contrition 214
contrôle 42
contrordre ᵐ 285
controverse ᶠ 179
contumace ᶠ 179
contusion 187
convaincant 147 230
convaincre 344
convalescence 133
convalescent 180 230
convenance 72
conventionnel 166 260
convergence 72
converger 328
conversation 214
conversion 215
converti 30
convertisseur 178
convexe 259

convict	230
conviction	214
convive	80
convocation	214
convoi	85
convoitise	187
convoyer	87 334
convoyeur	97
convulsif	265
convulsion	215
cool [kul]	159 359
coolie ᵐ	159 359
coopératif	265
coopérer	330
cooptation	214
coordination	237
coordonné	22
coordonnées	275
copain	64
copal ᵐ	159
copartager	328
copeau	42 277
copie	35
copie conforme ᶠ	285
copine	165
coposséder	330
copra(h) ᵐ	1
copte	147
copule ᶠ	159
copyright ᵐ	134
coq ᵐ	148 359
coq-à-l'âne (du)	285
coquard	148
coquart	176 230
coque ᶠ	148 359
coquelicot	42 230
coqueluche	148
coquet	230 263
coqueter	332
coquetterie	116
coquillage	98
coquille	98
coquin	257
cor	170 359
cor au pied ᵐ	285
corail	279
corallien	267

coranique	148
corbeau	44 277
corbeille	98
corbillard	176
corde	225
cordeau	44 277
cordée	27
cordeler	331
cordelette	14
cordial	289
cordon	80
cordonnier	166 256
coreligionnaire	166
coriace	179
coriandre ᶠ	72
corinthien	117 267
cormoran	72
corne	165
corned-beef ᵐ ˢᵍ	285
cornée	27
corneille	98
cornélien	267
cornemuse	187
corniaud	43
cornichon	80
cornu	359
cornue	220 359
corollaire ᵐ	221
corolle ᶠ	160
coronaire ᶠ	165
coronarien	165 267
corporation	214
corporatisme	115
corporel	257
corps	229 275 359
corps-mort(s) ᵐ	285
corpulence	72
corpus	275
corpuscule	159
corral	147 289 359
correct	171 230
correcteur	264
correctionnel	166 260
corrélatif	171 265
corrélation	214
corréler	330
correspondance	72

correspondant	171 230
corrida ᶠ	171
corridor	171
corriger	328
corrosif	265
corroyer	87 334
corrupteur	264
corsage	143
corsaire	170
corse	179
corset	13 230
corseter	332
corso	42
cortège	143
cortex ᵐ	275
cortisone ᶠ	165
corvée	27
corvette	14
coryphée ᵐ	126
coryza ᵐ	34
cosaque	187
cosinus	275
cosmétique	148
cosmique	148
cosmogonie ᶠ	163
cosmonaute	163
cosmopolite	159
cosmos	275
cossard	178
cosse ᶠ	178 359
cossu	257
costaud	43
costume	163
cosy	34
cote	42 359
coté	42 359
côte	45 359
côté	45 359
coteau	44 277
côtelette	45
coterie	35
cothurne ᵐ	117
côtier	256
cotillon	98
cotisation	214
côtoiement	224
coton	80

cotonnade 166
côtoyer 87 **334**
cotre m. 42
cottage 116
cotte f 116 359
cou 147 **281** 359
cou(s)-de-pied m **285**
couac 147
couard 176
couardise 187
couchant 73 230
couche 104
couchette 14
couci-couça **285**
coucou 147 281
coudée 27
coudoyer 87 **334**
coudrier 24
couenne f 166
couette 14
couffin m 125
couic ! 147
couillonnade 98
couinement 163
coule f 159 359
coulée 27
couleur 174
couleuvre 58
coulis 35 **275** 359
coulisse 178
couloir 175
coulomb 81 **233** 359
coulommiers 164
coup **233** 359
coup(s) de pied m **285**
coup(s) de poing m **285**
coupable 107
coupe 107
coupé 107 359
coupe-choux m **285**
coupe-cigares m **285**
coupe-circuit m **285**
coupe-coupe m **285**
coupe-feu m **285**
coupe-file m **285**
coupe-gorge m **285**
coupe-jarret(s) m **285**

coupe-légume(s) m **285**
coupe-papier m **285**
coupe-vent m **285**
coupée 27 359
coupelle 14
couperet 13 230
couple f 147
couple m 147
couplet 13 230
coupole 159
coupon 80
coupure 170
cour f 170 359
courage 170
couramment 164
courant 73 230
courbatu 115
courbature 170
courée 27
coureur 174
courge 143
courgette 14
courir **338**
couronne 166
courrier 24
courroie 86
courroucé 171
courroucer **327**
courroux **275**
cours m 359
course 225
coursive 179
court(s)-bouillon(s) m .. **285**
court(s)-circuit(s) m **285**
court m 359
court-vêtu(e)(s) **285**
courtaud 43
courtier 24
courtisan 72
courtois 270
courtoisie 35
couscous **275**
cousette 187
cousin **257**
cousinage 187
coussin 178
coût 230 359

coûtant 73 230
couteau 44 **277**
couteau(x)-scie(s) m **285**
coutelas 1 8
coûteux **272**
coutil m 159
coutume 163
coutumier **256**
couturier **256**
couvée 27
couvent 73 230
couvert 230
couvre-chef(s) m **285**
couvre-feu(x) m **285**
couvre-lit(s) m **285**
couvre-pied(s) m **285**
cover-girl(s) f **285**
cow-boy(s) m **285**
coyote m 97
crabe 110
crac ! 147 359
crachat 1 230
crachin 62
crack 150 359
cracker 150
craie 11 220 359
craindre **345**
craintif **265**
cramoisi **257**
crampe 72
crampon 72
cramponné 166
cran 72
crâne 2
crâneur **264**
crapaud 43
crapule 159
crapuleux **272**
craque f 148 359
craqueler **331**
craquelure 148
craqueter **332**
crash m 105
crasse 178
crasseux **272**
crassier 24
cratère m 10

cravate 115
crawl 49
crayeux 272
crayon 97
crayon(s)-feutre(s) ᵐ 285
crayonnage 166
créance ᶠ 22
créancier 256
créateur 264
création 214
créativité 22
crécelle 14
crèche 104
crécher 330
crédence ᶠ 72
crédibilité 22
crédit 35 230
créditeur 264
credo 42
crédulité 22
crémaillère 98
crématoire 221
crématorium 163
crème 10 359
crémer 330
crémerie 35
crémone ᶠ 163
créneau 44 277
créneler 331
créner 330
créole 159
crêpe 10
crépine 165
crépitement 73
crépon 80
crépu 22
crépuscule 159
crescendo 71
cresson 178
crêt 13 230 359
crétacé 22
crête 10
crétin 62
cretonne 166
creuset 13 230
creux 54
crevaison 187

crevasse 178
crève-cœur ᵐ 285
crève-la-faim ᵐ 285
crève-tonneau ᵐ 285
crever 329
crevette 116
cri 1
criard 176
crible 225
cric 147 150 359
cricket 230
criée 27
crime 163
criminel 260
crin 62 359
crinière 10
crinoline 165
crique 148 359
criquet 148 230
crise 187
crispation 214
crissement 178
cristal 289
cristallin 160
cristallisation 214
critère ᵐ 10
critérium 163
criticisme 179
critique 148
croassement 237
croc 233
croc(s)-en-jambe ᵐ 285
croche ᶠ 104
crochet 13 230
crocheter 332
crochu 104
crocodile 147
crocus ᵐ 275
croire 339
croisade 187
croisé ᵐ 187
croisée ᶠ 27
croisement 73
croisillon 98
croissance 178
croissant 73 230
croître 350

croix 231 275
croque-mitaine(s) ᵐ 285
croque-monsieur ᵐ 285
croque-note(s) ᵐ 285
croquenot 46 230
croquet 148 230
croquette 148
croqueur 264
croquignolet 148 230
croquis 35
cross 178 359
cross-country ᵐ 285
crosse 221 359
crotale ᵐ 159
crotte 116
crottin 116
croup ᵐ 107 359
croupe ᶠ 221 359
croupion 107
croustillant 98 230
croûte 115
croyance 97
croyant 97 230
cru 257
cruauté 22
cruchon 80
crucial 289
crucifix 179
crucifixion 216
cruciverbiste 179
crudité 22
crue 220 359
cruel 260
crûment 73
crustacé 22
cryogénie 34
cryothérapie 34
crypte 34
cryptogame ᵐ 34
cube 110
cubique 148
cubitus 275
cueillette 98
cui-cui ᵐ 285
cuiller 170
cuillère 10
cuillerée 220

cuir 170
cuirasse 178
cuisine 187
cuisinier 256
cuisse 178
cuisseau 44 277 359
cuisson 178
cuissot 46 230 359
cuistot 46 230
cuivreux 272
cul 233
cul(s)-blanc(s) ᵐ 285
cul(s)-de-basse-fosse ᵐ 285
cul(s)-de-jatte 285
cul(s)-de-lampe 285
cul(s)-de-sac ᵐ 285
cul-de-bouteille 285
culasse 178
culbute 115
culée 27
culminant 73 230
culot 46 230
culotte 116
culpabilité 159
cultivateur 256
culturel 260
cumin 62
cumul 159
cumulatif 265
cumulo-nimbus ᵐ 285
cumulo-stratus ᵐ 285
cumulus 275
cupidité 22
cupidon 30
curaçao 179
curare ᵐ 170
curatif 265
curé ᵐ 22 359
cure-dent(s) ᵐ 285
cure-ongles ᵐ 285
cure-pipe(s) ᵐ 285
curée ᶠ 27 359
cureter 332
curie 35
curieux 272
curiosité 22
curling 131

curriculum 171
curry 34
cursif 265
cursus 275
cutané 257
cuti 30
cuti-réaction(s) ᶠ 285
cutter 116
cuvée 27
cuveler 331
cuvette 14
cyanure ᵐ 97
cybernétique 34
cyclamen 34
cycle ᵐ 34
cyclique 34
cyclo-cross ᵐ 285
cyclomoteur(s) ᵐ 34
cyclone 34
cyclope 34
cyclothymique 34
cyclotourisme 34
cygne 34 359
cylindre 34
cylindrée 34
cylindrique 34
cymbale ᶠ 66
cynisme 34
cyprès ᵐ 34
cyrillique 34
cystite ᶠ 34
cytologie 34
czar 170

d

dactylographie 34
dadais 229 275
dadaïsme 237
dague 132
dahlia ᵐ 235
dahoméen 235
daim 62
dais 229 360
dalle 160
daltonien 165 267

dam 163
dame 221
dame(s)-blanche(s) ᶠ 285
dame(s)-jeanne(s) ᶠ 285
damier 163
damnation 214
damoiseau 187 277
dan 165
dancing 179
dandin 62
dandy 34
danger 143
dangereux 272
dans 72 360
danse 72 360
dard 233 360
datcha ᶠ 1
date 115 360
datte 116 360
daube 43
dauphin 126
dauphinois 126 270
daurade 43
davantage 143
de jure 285
dé 22 360
de-ci de-là 285
dead-heat ᵐ ˢᵍ 285
débâcle 2
déballage 160
débarcadère ᵐ 221
débarquement 148
débarras 171 275
débat 1 230
débattre 352
débauche 43
débile 159
débilité 22
débit 35 230
déblai 11
déblaiement 224
déblatérer 330
déblayage 97
déblayer 333
déblocage 147
déboire 221
déboisement 187

déboîtement 85
débonnaire 166
débordement 73
débosseler 331
débotté 116
débouché 22
déboulé 22
débours 229
debout 230
débraillé 98
débrayage 97
débrayer 333
débris 35 275
début 230
deçà 2
décacheter 332
décadence 72
décaèdre 22
décaféiné 22
décalcification 214
décalcomanie ᶠ 35
décalogue 147
décan 72
décapant 73 230
décapeler 331
décarreler 331
décathlon 117
décéder 330
déceler 331
décélérer 330
décembre 72
décemment 3
décence 72
décennie 166
décentralisation 214
déception 214
décérébrer 330
décerveler 331
décès 229 275
décevant 230
décevoir 340
déchaînement 11
décharger 328
dèche 10
déchéance 72
déchet 13 230
déchiqueter 332

déchirement 73
déchirure 223
décibel 159
décidément 73
décimal 289
décisif 265
déclamatoire 221
déclaration 214
déclaveter 332
déclenchement 73
déclic 147
déclin 62
décliqueter 332
décoction 214
décoincer 327
décolérer 330
décollage 160
décolleté 160
décolleter 332
décombres 275
décommettre 352
décongeler 331
déconnexion 216
déconsidérer 330
décontenancer 327
déconvenue 220
décor 170
décorticage 147
décorum 163
décourager 328
décousu 187
découverte 147
décrépi 30 360
décrépit 30 230 360
decrescendo 360
décret 13 230
décret(s)-loi(s) ᵐ 285
décréter 330
décrochez-moi-ça ᵐ 322
décroître 351
décryptage 34
décuple 147
dédaigneux 272
dédain 64
dédale ᵐ 159
dedans 72
dédicace 179

dédicacer 327
dédit 35 230
dédommagement 164
dédommager 328
déductif 265
déesse 178
défaillance 98
défaire 347
défaite 11
défaut 43 230
défécation 214
défectif 265
défection 214
défectueux 272
défense 72
déféquer 330
déférence 72
déférer 330
défi 30
défiance 72
déficeler 331
déficience 179
déficit 179 230
déficitaire 221
défiger 328
défilé 159
définitif 265
définition 214
définitoire 221
déflation 214
défoliant 73 230
défoliation 214
défoncer 327
défoulement 73
défrayer 333
défroncer 327
défunt 67 230
dégager 328
dégaine 11
dégât 2 230
dégazage 186
dégel 15
dégelée 27
dégeler 331
dégénérer 330
dégénérescence 180
dégingandé 257

déglacer ... 327
déglutition ... 214
dégorger ... 328
dégoût ... 131 230
dégoûtant ... 73 230
dégradant ... 73 230
dégradé ... 22
dégravoyer ... 87 334
degré ... 22
dégressif ... 265
dégrèvement ... 10
dégrever ... 329
dégringolade ... 159
déguenillé ... 132
déhanché ... 235
dehors ... 235
déicide ... 179
déiste ... 22
déjà ... 2
déjauger ... 328
déjection ... 214
déjeuner ... 53
déjuger (se) ... 328
delà ... 2
délacer ... 327
délai ... 11
délateur ... 115
délayage ... 97
délayer ... 333
delco ... 42
délégué ... 132
déléguer ... 330
délétère ... 10
délibérément ... 22
délibérer ... 330
délicat ... 230
délicatesse ... 178
délice m ... 179
délices f pl ... 275
délicieux ... 209 272
délictueux ... 272
délinquant ... 148 230
déliquescence ... 180
délit ... 35 230
délivrance ... 72
déloger ... 328
déloyal ... 97 289

delta m ... 1
déluge ... 143
déluré ... 257
démagogie ... 35
demain ... 64
demande ... 72
démangeaison ... 144
démanger ... 328
démantèlement ... 10
démanteler ... 331
démaquillant ... 98 230
démarcation ... 147
démarquage ... 148
démarrage ... 171
démêlage ... 10
démêlé ... 10
déménager ... 328
déménageur ... 256
démence ... 72
démener (se) ... 329
démenti ... 30
démentiel ... 199 260
démentir ... 337
démesurément ... 73
démettre ... 352
demeure ... 58
demi ... 30
demi-douzaine(s) f ... 285
demi-pensionnaire(s) ... 285
demi-bas m ... 285
demi-botte(s) f ... 285
demi-cercle(s) m ... 285
demi-clef(s) f ... 285
demi-deuil m ... 285
demi-dieu (x) m ... 285
demi-droite(s) f ... 285
demi-fin(s) m ... 285
demi-finale(s) f ... 285
demi-frère(s) m ... 285
demi-gros m ... 285
demi-heure(s) f ... 285
demi-journée(s) f ... 285
demi-litre(s) m ... 285
demi-mal (pl : demi-maux) m ... 285
demi-mot (à) ... 285
demi-pause(s) f ... 285
demi-pension(s) f ... 285

demi-queue m ... 285
demi-sang m ... 285
demi-sel m ... 285
demi-sœur(s) f ... 285
demi-solde(s) m ... 285
demi-tarif(s) m ... 285
demi-teinte(s) f ... 285
demi-ton(s) m ... 285
demi-tour(s) m ... 285
demie ... 35
démissionnaire ... 221
démocrate-chrétien m ... 285
démocratie ... 181
démographie ... 126
démolisseur ... 178
démolition ... 214
démoniaque ... 148
démonstratif ... 265
démonte-pneu(s) m ... 285
démoucheter ... 332
démurger ... 328
démuseler ... 331
dénégation ... 214
déneiger ... 328
déni ... 30
denier ... 24 262
dénivelé ... 22
déniveler ... 331
dénivellation ... 160
dénominateur ... 163
dénoncer ... 327
dénouement ... 224
dénoyer ... 87 334
denrée ... 27
dense ... 72 360
densité ... 22
dent ... 73 230 360
dent(s)-de-lion f ... 285
dent(s)-de-loup f ... 285
dentaire ... 221
denteler ... 331
dentellerie ... 160
dentelure ... 159
dentifrice ... 179
dénué ... 22
dénuement ... 224
déodorant ... 230

déontologie 22
dépannage 166
dépaqueter 332
dépareillé 98
départ 176 230
départager 328
départir 337
dépeçage 179
dépecer 327 329
dépêche 10
dépeindre 345
dépenaillé 98
dépendance 72
dépens ᵐ ᵖˡ 275
dépense 72
déperdition 214
déphasé 126
dépit 35 230
déplacer 327
déplafonnement 166
déploiement 224
déployer 87 334
dépositaire 221
déposition 214
déposséder 330
dépossession 215
dépôt 42 230
dépotoir 175
dépouillement 98
dépourvu 257
dépoussiérer 330
dépréciation 214
dépressif 265
dépression 215
déprimant 73 230
dépuceler 331
depuis 35
député 22
déraillement 98
dérailleur 98
déranger 328
dérapage 107
dérayer 333
derby 34
derechef 15
déréglé 22
dérèglement 10

dérégler 330
dérision 187
dérive ᶠ 170
derm(at)ite 115
dernier 256
dernier(s)-né(s) ᵐ 285
dérogation 214
déroger 328
déroute 115
derrick 150
derrière 171
derviche 104
des 25 360
dés embrayer 333
dès 10 360
désaccord 149
désagencer 327
désagréger 328 330
désaliéner 330
désaltérer 330
désamorcer 327
désappointé 108
désargenté 22
désarroi 171
désastreux 272
désavantager 328
désaveu 53 280
descellement 180
descendance 180
descente 180
désemparé 72
désempeser 329
désengager 328
désengorger 328
désengrener 329
désenlacer 327
désennuyer 334
désenrayer 333
désensorceler 331
désentrelacer 327
désert 176 230
désertion 214
désespéré 22
désespérer 330
déshérité 235
déshonneur 235
déshonorant 230 235

déshydrogéner 330
desiderata ᵐ ᵖˡ 275
désinence ᶠ 72
désintégrer 330
désintéressé 178
désinvolture 223
désir 170
désireux 272
désobéissance 72
désobligeance 144
désobliger 328
désodorisant 73 230
désœuvré 59
désopilant 73 230
désordonné 166
désormais 229
désoxygéner 330
desperado 42
despotisme 115
desquelles ᶠ ᵖˡ 275
desquels ᵐ ᵖˡ 275
dessaisissement 178
dessécher 330
dessein 65 360
desserrage 171
dessert 178 230
dessiccation 149
dessin 178 360
dessinateur 256
dessous 275
dessous(-)de(-)table ᵐ .. 285
dessous-de-plat ᵐ 285
dessus 275
dessus-de-lit ᵐ 285
destin 62
destinée 27
destitution 214
destroyer 97
destruction 214
désuet 13 230 263
désuétude 22
détail 98 279
détaillant 98 230
détaxe 115
détection 214
•déteindre 345
dételer 331

détente 72
détention 214
détergent 73 230
déterger 328
détérioré 22
détonateur 165
détonation 165
détour 170
détracteur **264**
détrempe 72
détresse 178
détriment 73
détritus **275**
détroit 86 230
dette 116
deuil 98
deus ex machina **m** **285**
deux 54 **291**
deux-mâts **m** **285**
deux-pièces **m** **285**
deux-roues **m** **285**
deux-temps **m** **285**
deuxième 188
dévaluation 214
devancer **327**
devant 73 230
devanture 223
déveine 12
développement 108
devers 229
dévêtir **337**
déviance 179
déviation 214
devin 62
devineresse 178
devinette 116
devis 35 **275**
dévisager **328**
devoir **341**
dévolu **257**
dévot 230 **269**
dévotion 214
dévouement 224
dévoyer 87 **334**
dextérité 22
dey 16 360
diabète **m** 10

diabétique **259**
diable 97
diablotin 62
diabolique 148
diabolo 42
diabolo menthe **m** **285**
diachronie 151
diadème 10
diagnostic **m** 147
diagonal **289**
diagramme **m** 164
dialecte **m** 159
dialectique 148
dialogue 132
dialyse **f** 34
diamant 73 230
diamantaire 221
diamétralement 22
diamètre 10
diantre 72
diapason 187
diaphane 126
diaphragme 126
diapré 22
diarrhée 172
diaspora **f** 1
diatribe **f** 110
dichotomie **f** 151
dictateur **264**
dictée 27
diction 214
dictionnaire 166
dicton 147
didacticiel 200
didactique 148
dièdre **m** 10
dièse **m** 10
diesel 159
diéser **330**
diète 10
diététicien 204 **267**
dieu 53 **280**
diffamatoire 125
différemment 3
différence 125
différenciation 214
différend 74 360

différent 73 230 360
différentiel 199 **260**
différer **330**
difficile 159
difficilement 159
difficulté 125
difformité 125
diffraction 214
diffus **270**
digérer **330**
digeste 221
digital **289**
digitale **f** 159
dignité 22
digression 215
diktat 150 230
dilacérer **330**
dilatation 214
dilatoire 221
dilemme **m** 164
dilettante 116
diligemment 3
diligence 72
dilution 214
dîme 32
dimension 215
diminution 214
dinar **m** 170
dindonneau 166 **277**
dîner 24
dingue 62 360
dinosaure **m** 221
diocèse **m** 10
diode **f** 118
diorama 1
diphtérie 126
diphtongue **f** 126
diplodocus **275**
diplomate 221
diplôme 45
diptyque **m** 34
dire **349**
direct 15 230
direction 214
directionnel 166 **260**
directoire 221
dirigeant 144 230

diriger **328**
dirimant 73 230
discernement 180
discipline 180
discobole ᵐ 159
discophile 126
discordance 72
discorde 147
discothèque 117
discourir **338**
discours 176 **275**
discourtois 270
discrédit 35 230
discret 230 **263**
discrétion 214
discrimination 214
discursif **265**
discussion 215
disert 230
disette 116
disgrâce 2
disgracieux 209 272
disjoindre **345**
disjoint 94 230
disparaître **348**
disparate 115
disparité 22
disparition 214
dispatching 131
dispensaire ᵐ 221
dispense 72
disponibilité 22
dispos **275**
dispute 115
disquaire 148
disque 148
disquette 116
dissection 214
dissemblable 178
dissémination 178
dissension 215
disséquer **330**
dissidence 72
dissimulation 178
dissipation 178
dissociation 179
dissolu 178

dissolution 214
dissonance 165
dissoudre **346**
dissuasion 187
distance 72
distancer **327**
distillerie 160
distinct 66 230
distinction 214
distinguo ᵐ 42
distorsion 215
distraction 214
distraire **339**
distrait 230
distrayant 97 230
distribution 214
district 115 230
dithyrambique 117
diurne **259**
diva ᶠ 1
divagation 214
divan 72
divergent 73 230
diverger **328**
divers 229
diversement 177
dividende ᵐ 72
divination 214
divinité 22
divisibilité 22
divisionnaire 166
divorce 179
divorcer **327**
divulgation 214
dix 182
dixième 188
dizaine 186
djebel 142
djellaba ᶠ 160
do 42 360
doberman 15
docile **259**
docilité 159
dock 150
docker 150
doctorat 1 230
doctrinal **289**

doctrine 165
documentaire 221
dodécaèdre 22
dodécaphonique 126
dodu 118
doge 143
dogmatique 148
dogue 132
doigt 230
doigté 22
dolce vita ᶠ ˢᵍ **285**
doléances ᶠ ᵖˡ **275**
dollar 160
dolmen 15
dolomite ᶠ 163
domaine 11
domaine(s) public(s) ᵐ ......
.... **285**
domanial **289**
dôme 45
domesticité 22
domestique 148
domicile 159
dominance 72
domination 214
dominical **289**
dominion ᵐ 163
domino 42
dommage 164
dompteur 233
don 80 360
donataire 165
donateur 41
donation 214
donation(s)-partage(s) ᶠ ....
.... **285**
donc 147
donjon 142
donne 41
donneur 166
dont 82 230 360
doping 107
dorade 170
dorénavant 73 230
dorien **267**
dormeur **264**
dorsal **289**

dorso-palatal(e)(s) **285**
dorso-vélaire(s) **285**
dortoir 175
dorure 223
doryphore ᵐ 126
dos 42 229 360
dose 187
dossard 176
dossier 178
dot 115 230
dotation 214
douairière 10
douane 237
doublet 13 230
douce(s)-amère(s) **285**
douceâtre 179
douceur 174
douille 98
douillettement 116
douleur 174
douloureux **272**
douteux **272**
douve ᶠ 221
doux **272**
douzaine 186
douze 186
doyen 97
drachme ᶠ 151
draconien 165 **267**
dragage 104
dragée 27
dragon 104
dragonnade 166
dragueur 132
drain 64
dramaturge 143
drame 163
drap 233
drap(s)-housse(s) ᵐ **285**
drapeau 44 **277**
drayer **333**
dresseur 256
dressoir 175
dribble ᵐ 110
dribbleur 110
drille ᵐ 98 360
drink ᵐ 150

drisse ᶠ 178
drive [dʀajv] ᵐ 97
drogue 132
droguerie 132
droit 86 230
droiture 223
drolatique 159
drôle 45
drôlerie 45
drôlesse 178
dromadaire ᵐ 221
drop 107
dru 257
drugstore 221
druide 118
du 118 360
dû ᵐ (f due) 360
dualité 22
duc 147
ducasse ᶠ 178
duché 22
duchesse 178 256
duel 15 260
duelliste 160
duffel-coat(s) ᵐ **285**
dulcinée 27
dûment 73
dumping 60
duo 42
duodénum 163
dupe 107
duplex **275**
duplicata ⁱⁿᵛ 1
duplicité 179
duquel 148
dur 257
durablement 170
duralumin 62
durant 73 230
durée 27
dureté 22
durillon 98
durit ᶠ 35
duvet 13 230
duveter (se) 332
dynamique 34
dynamo ᶠ 34

dynamométrique 163
dynastie 34
dyne ᶠ 34
dysenterie 34
dysfonctionnement 35
dyslexie 34
dystrophie 34

e

eau 44 **277**
eau(x)-de-vie ᶠ **285** 361
eau(x)-forte(s) **285**
ébahi 235
ébats **275**
ébattre (s') **352**
ébauche 43
ébène ᶠ 10
ébéniste 22
éberlué 22
ébiseler **331**
éblouissant 73 230
éblouissement 178
ébonite ᶠ 165
éboueur 22
éboulis 35
ébrécher **330**
ébréchure 223
ébriété 22
ébullition 160
écaille 98
écarlate 115
écart 230
écartèlement 147
écarteler **331**
ecchymose ᶠ 149
ecclésiastique 149
échafaud 43
échafaudage 143
échalas ᵐ 1
échalote ᶠ 115
échancrure 223
échanger **328**
échangeur 174
échanson 72
échantillon 98

échantillonnage 166
échappatoire f 108
échappée 108
échassier 178
échauffourée f 125
échéance 22
échéant 73 230
échec 147
échelle 160
échelon 159
échelonnement 166
écheveau 44 277
écheveler 331
échevin 62
échine 165
échiquier 148
écho 42 361
échoppe 108
éclaboussure 178
éclair 170 361
éclaircie 179
éclat 1 230
éclectique 148
éclipse f 179
éclisse f 178
éclopé 107
éclosion 187
écluse 187
écœurant 59 230
école 159
écologie 147
économie 163
écope f 107
écorce 179
écorcer 327
écorchure 223
écossais 270
écot 46 230 361
écoute f 147
écoutille 98
écouvillon 98
écran 72
écran(s)-filtre(s) m 285
écrémage 22
écrémer 330
écrêtement 10
écrevisse 178

écrin 62
écrit(s)-parlé(s) m 285
écriteau 44 277
écritoire f 221
écrivain 64
écrou 22 281
écrouelles 275
écru 257
ectoplasme 147
écu 147
écueil 59
écuelle 160
écume 163
écumoire 221
écureuil 98
écurie 35
écusson 178
écuyer 97 256
eczéma 15
edelweiss m 178
éden 15
édification 147
édifice m 179
édile m 159
édit 35 230
éditeur 256
éditorial 278
édredon 80
éducateur 256
effaçable 179
effacer 327
effarant 125 230
effectif 125 265
efféminé 125
effervescence 180
effet 125 230
effeuillage 98
efficace 179
efficience 72
effigie 35
efflanqué 148
effleurement 125
effluve m 125
efforcer (s') 327
effort 230
effraction 214
effraie f 220

effranger 328
effrayant 97 230
effrayer 333
effroi 85
effrontément 125
effroyable 97
effusion 187
égal 289
égalitaire 221
égalité 22
égard 233
égayer 333
égérie 22
égide f 143
églantine f 72
église 187
ego 131
égocentrisme 131
égoïne f 237
égoïste 237
égorger 328
égotisme 115
égout 230
égoutier 24
égouttoir 116
égrainage 165
égratignure 139
égrenage 165
égrener 329
égrillard 98
égruger 328
égyptien 205 267
eh ! 25
éhonté 235
eider 170
éjection f 214
élaboration 214
élagage 131
élan 72
élancer 327
élargissement 178
élasticité 179
eldorado 42
électeur 256
électif 265
élection 214
électorat 1 230

électricité	22
électrique	148
électro-aimant(s) ᵐ	285
électroacoustique	22
électrocution	214
électrogène	10
électrolyse ᶠ	34
électron	80
électronique	148
électronucléaire	221
élégamment	164
élégance	72
élégiaque	148
élégie ᶠ	35
élément	73
élémentaire	221
éléphant	126 230
éléphantesque	148
élévateur	264
élève	10
élever	329
elfe ᵐ	15
éligible	143
éliminatoire	221
élision ᶠ	187
élite ᶠ	115
élixir	170
elle	14 357
ellipse	23 357
elliptique	23
élocution	214
éloge ᵐ	143
élogieux	272
élongation	214
élonger	328
éloquence	148
élucubration	214
élytre ᵐ	34
émail	279
émanation	163
émancipation	214
émarger	328
émasculation ᶠ	214
emballage	160
embarcadère	221
embardée	27
embargo	42
embarquement	148
embarras	171 275
embarrassant	171 230
embatre	352
embattre	352
embauche ᶠ	43
embauchoir	175
embêtant	10 230
emblée (ᵈ')	27
emblématique	22
emblème ᵐ	10
emboîtement	85
embolie ᶠ	35
embonpoint	94 230
embotteler	331
embouchure	223
embout	230
embrasse ᶠ	178
embrassement	178
embrasure	223
embrayage	97
embrayer	333
embrever	329
embrocation	214
embrouillamini	30
embruns	275
embryon	97
embryonnaire	166
embûche ᶠ	104
embuscade	72
éméché	22
émécher	330
émeraude ᶠ	43
émergence	72
émerger	328
émeri ᵐ	30
émérite	115
émersion	215
émerveillement	98
émetteur	116
émettre	352
émeute	115
émigrant	73 230
émincer	327
éminemment	3
éminence	72
émir	170
émirat	1 230
émissaire	221
émission	215
emmagasinage	164
emmanchure	164
emménagement	164
emménager	328
emmener	329
emment(h)al	164
emmétrer	330
émoi	85
émolument	73
émotif	265
émotion	214
émotionnel	166 260
émoucheter	332
émoulu	257
émoustillant	98 230
empaillage	98
empan ᵐ	72
empaquetage	115
empaqueter	332
empâtement	2 361
empattement	116 361
empêchement	10
empêcheur	264
empeigne ᶠ	12
empennage	166
empereur	264
empeser	329
empêtré	10
emphase ᶠ	126
emphatique	126
empiècement	163
empiéger	328 330
empierrement	171
empiètement	10
empiéter	330
empilement	159
empire ᵐ	221
empiriquement	148
emplacement	73
emplâtre ᵐ	72
emplette	116
emploi	85
employer	87 334
employeur	97

empoisonnement 166
empoissonnement 178
emporte-pièce ᵐ 285
empoussiérer 330
empreindre 345
empreinte ᶠ 65
empressement 178
emprise ᶠ 187
emprisonnement 166
emprunt 67 230
émule 159
émulsion 215
en 72 357
en-avant 230 285
énarque 148
encablure ᶠ 221
encager 328
encaisse ᶠ 178
encan 72
encart 176 230
encas 275
encasteler (s') 331
encastrement 147
encaustique ᶠ 148
enceindre 345
enceinte 65
encens 275
encensoir 175
encéphale ᵐ 126
enchaînement 11
enchanteur 264
enchâssement 2
enchère ᶠ 10
enchevêtrement 10
enchifrener 329
enclave ᶠ 72
enclin 257
encliqueter 332
enclos 275
enclume ᶠ 72
encoche ᶠ 72
encoignure 139
encollage 160
encolure 159
encombrant 73 230
encombre ᵐ 81
encontre 80

encor(e) 72
encorbellement 160
encornet 13 230
encourageant 144 230
encourager 328
encourir 338
encrassement 178
encre 72 357
encroûtement 72
encyclique ᶠ 34
encyclopédie 34
endémique 148
endettement 116
endive ᶠ 72
endocrinien 267
endoctrinement 163
endogamie 35
endogène 10
endommager 328
endossement 178
endroit 86 230
enduit 35 230
endurance 72
endurcissement 179
énergétique 148
énergie 165
énergumène 163
énervement 73
enfance 72
enfant 73 230
enfantillage 98
enfantin 62
enfer 170
enfiévrer 330
enfilade 159
enfin 62
enflé 22
enflure 223
enfoncer 327
enfreindre 345
enfuir (s') 339
engageant 144 230
engager 328
engeance ᶠ 144
engelure 223
engin 62
engoncer 327

engorger 328
engouement 224
engouffrement 125
engourdissement 178
engrais 11 275
engránger 328
engrenage 143
engrener 329
engrumeler 331
enharmonie 235
énième 10
énigmatique 148
énigme ᶠ 22
enivrant 73 230
enjambée 72
enjaveler 331
enjeu 53 280
enjoindre 345
enjôleur 42
enjolivure 223
enjoncer 327
enjouement 224
enkysté 150
enlacer 327
enlèvement 10
enlever 329
enluminure ᶠ 163
enneigement 166
enneiger 328
ennemi 166
ennuager 328
ennui 166
ennuyer 334
ennuyeux 98 272
énoncer 327
énonciation 214
énorme 163
énormité 163
enquête 148
enrageant 144 230
enrager 328
enrayage 97
enrayement 97
enrayer 333
enregistrement 73
enrôlement 45
enrouement 224

ensauvager **328**
enseignant l2 230
enseigne f l2
enseigne m l2
ensemble 72
ensemencement l79
ensemencer **327**
ensevelissement l78
ensilage m l77
ensoleillement 98
ensommeillé l64
ensorceler **331**
ensorcellement l79
enstérer **330**
ensuite l77
entaille 98
entame f 72
enté 361
enténébrer **330**
entente 72
entérite f 72
enterrement l7l
entêté l0
enthousiasme m ll7
entier **262**
entité 22
entomologie ll5
entonnoir l66
entorse f l77
entourage ll5
entourloupette l4
entournure 223
entr'égorger (s') **328**
entracte l47
entraide ll
entrailles **275**
entrain 64
entraînement ll
entrapercevoir **340**
entrave f 72
entre 72 357
entre-deux m **285**
entre-deux-guerres m ou f ....
.... **285**
entre-égorger (s') **322 328**
entre-haïr (s') **322 336**
entre-manger (s') **322 328**

entre-temps adv **285**
entrebâillement 98
entrebattre (s') **352**
entrechat .... l 230
entrecôte f 45
entrée 27
entrefaites **275**
entrefilet l3 230
entrejambe m **285**
entrelacer **327**
entrelacs m 229
entremets 229 **275**
entremetteur ll6
entremettre (s') **352**
entremise l87
entrepont 82 230
entrepôt 45 230
entrepreneur l65
entreprise l87
entresol m l77
entretien 63 205
entrevue f 221
entrobliger (s') **328**
entropie f 72
entrouvert 230
énucléation 22
énumération 214
énumérer **330**
envahi 235
envahissant 230
enveloppe l08
enveloppement l08
envenimé **257**
enverger **328**
envergure f 223
envers 229
envi 30 361
envie f 35 361
envieux **272**
environ 80
environnant l66 230
environnement l66
envisager **328**
envoi 85
envol l59
envolée 27
envoûtement 73

envoûteur l74
envoyer 87 **334**
enzyme m ou f 34
éolien **267**
épagneul 58
épais **270** 361
épaisseur l74
épaississant l78 230
épanchement 73
épandage m 72
épanneler **331**
épanouissement l78
épargne f l39
éparpillement 98
épars 361
épate f ll5
épaulard l76
épaule 43
épaulette l4
épave 22
épée 27 361
épeire f l2
épeler **331**
éperdument l5
éperon 27
épervier 24
éphèbe m l26
éphémère l26
éphéméride f l26
épi 30
épice f l79
épicéa l
épicer **327**
épicerie 220
épicier **256**
épicurien **267**
épidémie 220
épieu 53 **280**
épiglotte f ll6
épigone m l63
épigramme f l64
épigraphe f l26
épilation 214
épilepsie l77
épileptique l48
épilogue m l59
épinard l76

épinceler 331
épincer 327
épinceter 332
épine 165
épine(s)-vinette(s) f 285
épinette 14
épineux 272
épingle 62
épinoche f 165
épiphanie 126
épiphénomène 126
épique 259
épiscopat .... I 230
épisiotomie 187
épisode m 187
épissure f 178
épistémologie 220
épistolaire 221
épitaphe f 126
épithète f 117
épître f 32
épizootie 186
éploré 22
éployer 87 334
épluchure 223
éponge 143
épongeage 144
éponger 328
épopée 107
époque 148
épouillage 98
épousailles 275
épouse 187
époussetage 178
épousseter 332
époustouflant 73 230
épouvantail 98 279
épouvante 72
époux 272
épreindre 345
épreuve 58
éprouvette 14
epsilon m 163
épucer 327
épuisant 73 230
épuisette 14
épuration 214

épure f 223
équarrissage 148
équateur 174
équation 214
équatorial 148 289
équerre f 171
équestre 148
équidé 148
équilatéral 289
équilibre 148
équinoxe m 148
équipage 148
équipe 148
équipée 27
équipollence f 160
équipotent 148 230
équitable 148
équitation 214
équité f 148
équivalence 72
équivalent 73 230
équivoque f 148
érable m 22
éraflure 223
éraillé 98
ère f 10 357
érectile 159
érection 214
éreintant 65 230
erg m 131
ergol m 131
ergot 46 230
ergoteur 115
ergothérapie 117
ériger 328
ermitage m 15
ermite 115
érogène 10
éros 177
érosion 187
érotique 148
errance 171
errant 171 230
errata m inv I
erratique 171
erratum m sg 171
erre f 14 361

errements 275
erreur 171
erroné 171
ersatz m 275
érudit 230
érudition 214
éruptif 257
éruption 214
érythème m 34
ès 10 361
ès lettres 285
ès qualités 285
ès sciences 285
esbroufe f 15
escabeau 44 277
escadre 15
escadrille f 98
escadron 147
escalade 159
escalator m 159
escale 159
escalier 24
escalope f 107
escamotable 147
escampette 14
escapade 147
escarbille f 98
escarboucle f 147
escarcelle f 14
escargot 46 230
escarmouche 147
escarpement 147
escarpin 62
escarpolette f 14
escarre f 171
eschatologie 151
escient 180 230
esclandre m 72
esclavage 147
esclavager 328
esclave 15
escogriffe m 125
escompte m 81
escorte 115
escouade f 237
escrime f 163
escroc 47

escroquerie 148
eskimo 150
ésotérique 22
ésotérisme 22
espace 179
espace(s)-temps ᵐ 285
espacer 327
espadon 80
espadrille ᶠ 98
espagnol 257
espagnolette 14
espalier 24
espèce ᶠ 15
espérance 72
espérer 330
espiègle 10
espièglerie 10
espion 268
espionnage 166
espionnite 165
esplanade 165
espoir 175
esprit 35 230
esquif 148 265
esquimau ᵐ ⁽ᶠ ⸱ ᵉˢᑫᵘᶦᵐᵃᵘᵈᵉ⁾ 148
esquisse ᶠ 148
esquive ᶠ 148
essai 11 23
essaim 23 62
essaimage 11 23
essanger 328
essart 23 176 230
essayage 23 97
essayer 333
essayiste 23 97
esse ᶠ 23 31 178
essence ᶠ 23 72
essentiel 23 199 260
esseulé 23 178
essieu 23 53 280
essor 23 170
essorage 23 170
essoreuse 23 178
essoufflement 23 125
essuie-glace(s) ᵐ 23 285
essuie-mains ᵐ 23 285
essuie-pieds ᵐ 23 285

essuyage 23 97
essuyer 334
est 115 230 310
est-allemand(e)(s) 285
est-ce que 322
establishment 105
estafette ᶠ 14
estafilade 124
estaminet 13 230
estampe ᶠ 72
estampille ᶠ 98
esthète 117
esthéticien 204 267
esthétique 117
estimation 214
estime 163
estival 289
estivant 73 230
estoc 147
estocade ᶠ 147
estomac 233
estompe ᶠ 81
estrade 15
estragon 15
estropié 22
estuaire ᵐ 221
estudiantin 257
esturgeon 144
et 27 310 361
et cætera ⁽ᵉᵗᶜ⸱⁾ 285
étable 22
établi 30
établissement 178
étage ᵐ 22
étager 328
étagère 10
étai ᵐ 11
étaiement 224
étain 64 361
étal 278 361
étalage 143
étalager 328
étale 159 361
étalement 73
étalon 159
étalon-or ᵐ ˢᵍ 285
étalonnage 166

étamage 163
étamine ᶠ 163
étanche 72
étanchéité 22
étançon 179
étang 233
étape 107
état 1 230
état(s)-major(s) ᵐ 285
étatique 148
étau 43 276
étayer 333
été 22
éteignoir 175
éteindre 345
éteint 65 230 361
étendard 176
étendue 220
éternel 260
éternellement 160
éternité 22
éternuement 224
éther 117
éthéré 117
éthiopien 117 267
éthique ᶠ 117 361
ethnarque 148
ethnie ᶠ 117
ethnocentrisme 117
ethnologie 117
éthologie 117
éthylène ᵐ 34
éthylisme 34
étiage ᵐ 143
étincelant 73 230
étinceler 331
étincelle 14
étiolement 159
étiologie 220
étique 115 361
étiquetage 148
étiqueter 332
étiquette 14
étoffe 125
étoile 159
étoile polaire ᶠ 285
étole ᶠ 159

étonnamment ... 166
étonnement ... 166
étouffée ... 125
étouffement ... 125
étouffoir ... 175
étoupe f ... 107
étourderie ... 220
étourdiment ... 73
étourdissement ... 178
étourneau ... 44 277
étrangement ... 73
étranger ... 262
étranger ... 328
étrangeté ... 22
étranglement ... 73
étrave f ... 22
être ... 10 361
étreindre ... 345
étreinte ... 65
étrenne f ... 14
êtres ... 10
étrier ... 24
étrille f ... 98
étriqué ... 148
étrivière f ... 10
étroit ... 86
étroitesse ... 178
étrusque ... 148
étude ... 115
étudiant ... 73 230
étui ... 30
étuve f ... 22
étuvée ... 27
étymologie ... 34
eucalyptus m ... 275
eucharistique ... 151
euclidien ... 267
eugénique ... 143
euh ! ... 53 233 361
eunuque ... 165
euphémisme ... 126
euphonie ... 126
euphorie ... 126
eurafricain ... 64
eurasien ... 63 206 267
eurêka ! ... 1
euristique ... 148

eurodollar ... 170
européen ... 267
euthanasie f ... 117
eux ... 54 361
évacuation ... 214
évaluation ... 214
évanescence ... 180
évangélique ... 148
évangile m ... 159
évanouissement ... 163
évaporé ... 107
évasement ... 187
évasif ... 265
évasion ... 187
évêché ... 22
éveil ... 98
événement ... 73
événementiel ... 199 260
éventail ... 98 279
éventaire m ... 221
éventualité ... 22
éventuel ... 260
évêque ... 10
éviction ... 214
évidement ... 163
évidemment ... 3
évidence ... 179
évident ... 73 230
évier m ... 27
évincer ... 327
éviscérer ... 330
évocation ... 147
évolutif ... 265
évolution ... 214
évolutionnisme ... 166
evzone m ... 186
ex abrupto ... 285
ex æquo ... 285
ex cathedra ... 285
ex-voto m inv ... 285
exacerbation ... 214
exact ... 115 230
exaction ... 214
exagération ... 214
exagérément ... 73
exagérer ... 330
exaltation ... 214

examen ... 63
examinateur ... 264
exaspération ... 214
exaspérer ... 330
exaucement ... 179
exaucer ... 327
excavateur ... 264
excédant ... 73 230
excédent m ... 72
excédentaire ... 221
excéder ... 330
excellemment ... 160
excellence ... 160
excellent ... 160 230
excentrique ... 148
exception ... 214
exceptionnel ... 165 260
excès ... 229 275
excessif ... 265
excipient ... 73 230
excision ... 187
excitation ... 214
exclamation ... 214
exclu ... 257
exclusif ... 265
exclusivité ... 22
excommunication ... 164
excrément ... 73
excrémentiel ... 199 260
excréter ... 330
excroissance ... 178
excursion ... 215
excursionniste ... 165
excusable ... 187
exeat m ... 237
exécrable ... 188
exécrer ... 330
exécutant ... 73 230
exécution ... 214
exégèse f ... 188
exégète ... 188
exemplaire ... 221
exemplarité ... 22
exemple ... 72
exempt ... 230
exemption ... 214
exercer ... 327

f

faciès ᵐ 179
facile 179
facilité 22
façon 179
faconde 147
façonnage 166
facteur 285
factice 179
factieux 210
faction 214
factoriel 260
factotum 163
facturation 214
facture 223
facultatif 265
faculté 22
fada 1
fadaise 11
fade 259
fadeur 174
fagot 46 230
fagoté 115
faible 11
faiblesse 14
faïence 237
faille 98
failli 98
faillibilité 22
faillite 115
faim ᶠ 62 362
faine ᶠ (ou faîne) 11
fainéant 73 230
fainéantise 22
fair(-)play ᵐ 285
faire 347
faire-part ᵐ 285
faire-valoir ᵐ 285
faisable 187
faisan 72
faisanderie 220
faisceau 180 277
faiseur 174
faisselle ᶠ 178
fait 11 230 362
faîte ᵐ 11 362
faitout 230
faix 11 231 362

fakir 150
falaise 11
falbala ᵐ 1
fallacieux 209 272
falot 46 230
falsification 214
famé 163
famélique 148
fameux 272
familial 289
familiarité 22
familier 262
famille 98
famine 163
fan 72 362
fanal 289
fanatique 165
fane ᶠ 165 362
fanfare 124
fanfaronnade 166
fanfreluche ᶠ 104
fange 143
fangeux 272
fanion 80
fanon 80
fantaisie 220
fantasia ᶠ 1
fantasme ᵐ 72
fantasque 148
fantassin 178
fantastique 148
fantoche ᵐ 72
fantôme 45
faon 74
faquin 148
far 124 170 362
farad 118
faraday 16
faramineux 272
farandole 159
faraud 43
farce 179
farci 257
fard 124 176 362
fardeau 44 277
farfadet 13 230
farfelu 257

faribole ᶠ 159
farineux 272
farniente 72
farouche 104
fart ᵐ 176
fascicule ᵐ 180
fascination 181
fascisme 180
faseyer 335
faste ᵐ 124
fastidieux 272
fastueux 272
fat 230 362
fatal 289
fatalement 73
fatalité 22
fatidique 148
fatigant 73 230
fatigue 132
fatras 1 8
fatuité 22
fatum 163
faubourg 176
faubourien 267
faucheur 264
faucille 98
faucon 147
fauconnerie 166
faufilage 159
faune ᶠ 165
faune ᵐ 163
faussaire 178
fausset 13 230 362
fausseté 22
faute 43
fauteuil 98
fauteur 264
fautif 265
fauve 43 294
fauvette 14
faux 272
faux sens ᵐ 285
faux ᶠ 231
faux-monnayeur(s) ᵐ 285
faux-bourdon(s) ᵐ 285
faux-filet(s) ᵐ 285
faux-fuyant(s) ᵐ 285

faux-semblants ᵐ 285
favela ᶠ 159
faveur 174
favori 30 273
favorite 115
fayot 97 230
féal 289
fébrile 159
fébrilité 22
fécal 289
fèces ᶠ 275
fécond 82
fécondité 22
fécule ᶠ 159
féculent 73 230
fed(d)ayin 97
fédéral 289
fédération 214
fédéré 22
fédérer 330
fée 27
féerie 220
feignant (ou faignant) 11 139
feindre 345
feinte 65
feldspath ᵐ 117
félibre ᵐ 124
félicitations 275
félicité 22
félin 257
fellah ᵐ 160
félonie 220
felouque 148
fêlure 223
femelle 14
féminin 257
féminité 22
femme 3
femmelette 3
fémoral 289
fémur 170
fenaison 187
fendant 73 230
fenêtre 10
fenil 159
fennec ᵐ 147
fenouil ᵐ 98

fente 72
féodal 289
féodalité 22
fer 170
fer(s) à cheval ᵐ 285
fer(s)-blanc(s) ᵐ 285
ferblanterie 220
férié 257
ferme 15
ferment 73 362
fermeture 223
fermi 30
fermier 262
fermoir 175
féroce 179
férocité 22
ferraille 98
ferrailleur 171
ferrement 73 362
ferreux 272
ferronnerie 171
ferronnier 166
ferroviaire 221
ferrugineux 272
ferrure 223
fertile 159
fertilité 22
féru 257
férule 159
fervent 73 230
ferveur 174
fesse 178
fessée 27
festin 62
festival 278
festivité 15
festoiement 224
feston 80
festoyer 87 334
fêtard 176
fête 10 362
fétiche 104
fétide 115
fétu 22
feu 53 280 362
feuillage 98
feuille 98

feuillée ᶠ 27 362
feuillet ᵐ 13 362
feuilleter 332
feuilleton 80
feuillu 257
feutre 53
feutrine 165
fève 10
février 24
fez ᵐ 275
fi ! 30 362
fiabilité 22
fiacre 225
fiançailles 275
fiancer (se) 327
fiasco 42
fiasque ᶠ 148
fibre 30
fibreux 272
fibrillation 98
fibrome ᵐ 42
fibule ᶠ 159
ficelé 159
ficeler 331
ficelle 14
fiche 104
fichier 24
fichu 104
fictif 265
fiction 214
fidéisme 22
fidèle 259
fidélité 22
fiduciaire 192
fief 15
fieffé 125
fiel 15
fielleux 272
fiente ᶠ 72
fier 262
fièrement 73
fierté 22
fiesta 1
fièvre 10
fiévreux 272
fifre ᵐ 124
figer 328

fignoleur … 264
figuier … 24
figuratif … 265
figure … 223
figurine … 165
fil … 159 362
fil(s) de fer … 285
fil-à-fil … 285
filaire f … 221
filament … 124
filandreux … 272
filasse f … 178
filature … 223
file f … 159 362
filet … 13 230
filetage … 115
fileter … 332
filial … 289
filiation … 214
filière … 10
filigrane m … 163
filin … 62
fille … 98
filleul … 98
film … 163
filmothèque … 117
filon … 159
filou … 281
fils … 275
filtre … 124 362
fin … 62 362
fin f … 62
finale f … 159
finale m … 159
finalité … 22
finance … 72
financer … 327
finaud … 257
fine … 165 362
fine(s)-de-claire … 285
finesse … 178
finish … 105
finition … 214
finlandais … 270
finnois … 166
fiole … 159
fioriture … 223

firmament … 73
firme … 163
fisc … 147
fiscalité … 22
fissile … 178
fission … 215
fissure … 223
fixatif … 265
fixe … 182
fjord … 98
flageolet … 144 230
flagorneur … 264
flagrant … 73 230
flair … 170
flamand … 74 362
flamant … 73 230 362
flambant … 73 230
flambeau … 44 277
flambée … 27
flamboiement … 224
flamboyant … 97 230
flamboyer … 87 334
flamenco … 42
flamingant … 73 230
flamme … 164
flammé … 164
flammèche … 164
flan … 72 362
flanc … 74 362
flandrin … 62
flanelle … 14
flânerie … 2
flapi … 257
flaque … 148 362
flash … 362
flash-back m … 285
flasque … 148
flatterie … 116
flatulence … 72
fléau … 43 276
fléchage … 143
flèche … 10
flécher … 330
fléchette … 14
fléchissement … 178
flegmatique … 148
flegme m … 163

flemmard … 164
flemme f … 164
flétrissure … 178
fleur … 174
fleuret … 13 230
fleurette … 14
fleuriste … 115
fleuron … 80
fleuve … 58
flexibilité … 22
flexion … 216
flibustier … 24
flic … 147
flingue m … 132
flipper … 108
flirt … 115 230
flocage … 147
flocon … 147
floconneux … 166
flopée … 27
floraison … 187
floralies … 275
flore … 221
florentin … 257
florilège m … 10
florin … 62
florissant … 178 230
flot … 42 230
flottaison … 116
flotte … 116
flottille … 98
flou … 281
fluctuation … 214
fluet … 230 263
fluide … 118
fluidité … 22
fluor … 170
fluorescence … 180
flush … 362
flûte … 115
flûtiste … 115
fluvial … 289
flux … 275
fluxion … 216
foc … 147 362
focal … 289
foehn [føn] m … 55

fœtal	25	**289**
fœtus		25
foi f	85	362
foie m	86	362
foin		93
foire		221
foire(s)-exposition(s) f		**285**
foireux		**272**
fois f	86	362
foisonnement		166
fol		**257**
folâtre		2
folichon		**268**
folie		220
folio		42
folklore m		221
folksong		150
folle(s)-avoine(s) f		**285**
follement		160
follet	230	**263**
follicule m		160
foncer		**327**
fonceur		**264**
foncier		**262**
fonctionnaire		166
fonctionnel	166	**260**
fond	82	362
fondamental		**289**
fondateur		**264**
fondation		214
fonderie		220
fondrière		10
fonds	82 **275**	362
fongicide		179
fontaine		11
fontanelle f		14
fonte		115
fonts	82	362
football		160
footing		131
for	170	362
forage		143
forain		64
forban		72
forçat	2	230
force		179
forcément		73

forcené		**257**
forceps		179
forcer		**327**
forcing		131
forclusion		187
forestier		**262**
foret m	13	362
forêt f	13	362
forfait	11	230
forfaiture		223
forfanterie		220
forge		143
forger		**328**
forgeron		80
forjeter		**332**
forlancer		**327**
forlonger		**328**
formalité		22
format	2	230
formateur		**264**
formel		**260**
formica		1
formique		148
formol		159
formulaire m		221
formule		159
fornication		214
fors	229	362
forsythia m		34
fort	230	362
forte m inv		115
forteresse		14
fortin		62
fortissimo		178
fortuit		230
fortune		165
forum		163
fosse	178	362
fossé	22	362
fossette		14
fossile		159
fossoyer	87	**334**
fossoyeur		97
fou	**273**	**281**
foucade		147
foudre		221
foudroiement		224

foudroyer	87	**334**
fouet	13	230
fouettard		116
fougasse f		178
fougère		10
fougue		132
fougueux		**272**
fouille		98
fouilleur		98
fouillis		35
fouinard		176
fouine		165
fouineur		**264**
foulard		176
foule	159	362
foulée		27
foulon		159
foulque f		148
foulure		223
four		170
fourberie		220
fourbi		30
fourbu		**257**
fourche		104
fourchette		14
fourchu		**257**
fourgonnette		166
fouriérisme		10
fourmi		30
fourmilier		159
fournaise		11
fourneau	44	**277**
fournée		27
fourni	30	362
fournil	30 159	362
fournisseur		178
fourniture		223
fourrage		171
fourrager		**328**
fourré		171
fourre-tout m		**285**
fourreau	44	**277**
fourrière		171
fourrure		171
fourvoyer (se)	87	**334**
foutoir		175
fox		**275**

fox-terrier(s) m … 285
fox-trot(s) m … 285
foyer … 97
frac … 147
fracas … 1 8
fraction … 214
fractionnaire … 166
fractionnel … 166 260
fracture … 223
fragile … 143
fragilité … 143
fragmentaire … 221
frai m … 11 362
fraîchement … 11
fraîcheur … 174
frais (f: fraîche) … 11 273 362
fraise … 187
framboisier … 72
franc … 74
franc(s)-bourgeois m … 285
franc(s)-maçon(s) m … 285
franc(s)-comtois m … 285
franc(s)-parler(s) m … 285
franc(s)-tireur(s) m … 285
franc-maçonnerie f … 285
franc-jeu m … 285
français … 270
franche … 259
franchise … 187
franciscain … 257
francisque f … 148
franco … 42
franco-provençal m (pl -aux) … 285
francophile … 126
francophone … 126
frange … 143
franger … 328
frangin … 257
frangipane f … 165
franglais … 229
franque … 259
franquette … 148
frappe f … 108
frasque f … 148
fraternel … 260
fraternité … 22

fratricide … 179
fraude … 43
frauduleux … 272
frayer … 333
frayeur … 97
fredaine … 11
frégate … 115
frein … 65
frelaté … 22
frêle … 10
frelon … 159
freluquet … 13 230
frémissement … 178
frêne … 10
frénésie … 220
frénétique … 148
fréquemment … 3
fréquence … 72
fréquent … 73 230
frère … 10
fresque … 148
fret … 115 230 362
fréter … 330
frétillant … 98 230
fretin … 62
freudien … 267
freux … 275
friabilité … 22
friand … 74
friandise … 187
fric … 147
fric-frac inv … 285
fricandeau … 44 277
fricassée … 27
friche … 104
friction … 214
frigidité … 22
frigorifique … 148
frigorifuger … 328
frileux … 272
frimas … 1 8
frime … 163
frimousse … 178
fringale … 159
fringant … 73 230
fringues … 275
fripier … 107

fripon … 80
friponnerie … 166
fripouille … 98
frise … 187
frison … 268
frisquet … 13 230
frissonnement … 178
frite … 115 362
friture … 223
frivole … 159
froc … 147
froid … 257
froideur … 174
froidure … 223
froissure … 223
frôlement … 73
fromage … 143
fromager … 262
froment … 73
fronce … 179
froncer … 327
frondaison … 187
fronde … 80
front … 82 230
frontal … 289
frontalier … 262
frontière … 10
frontispice m … 179
fronton … 80
frottis … 116
froufrou … 124 281
froussard … 257
fructueux … 272
frugal … 289
fruit … 35 230
fruitier … 262
frusques f … 275
frustration … 214
fuchsia m … 104
fucus … 275
fuel … 159
fugace … 179
fugitif … 265
fugue … 132
führer … 170 237 362
fuir … 339
fulgurant … 230

full 160 362
fulminant 230
fumée 27
fumerolle ᶠ 160
fumet 13 230
fumeur 264
fumeux 272
fumigation 214
fumigène 10
fumiger 328
fumoir 175
funambule 159
funèbre 10
funérailles 275
funéraire 221
funeste 259
funiculaire 221
fur et à mesure (au) 285
furet 13 230
fureter 332
fureteur 115
fureur 174 362
furibard 176
furibond 82
furie 220
furieux 272
furoncle 80
furonculeux 272
furtif 265
fusain 64
fuseau 44 277
fusée 27
fuselage 159
fuseler 331
fusible 187
fusil 233
fusil(s)-mitrailleur (s) ᵐ ....
.... 285
fusilier 24
fusillade 98
fusion 97
fusionnement 166
fustiger 328
fût 230
futaie ᶠ 11
futaille 98
futé 22

futile 159
futilité 22
futur 170
futurisme 163
fuyard 97

g

g(u)ilde ᶠ 132
gabardine 165
gabarit 35 230
gabegie ᶠ 220
gabelle 14
gabelou 281
gâchette 14
gâchis 35
gadget 115 230
gadoue 220
gaélique 259
gaffe 125
gag 131
gaga 1
gage 143
gager 328
gageure [ɡaʒуʀ] ᶠ 144
gagne-pain ᵐ 285
gagne-petit ᵐ 285
gagneur 264
gai 363
gaiement 224
gaieté 224
gaillard 98
gain 64
gaine 11
gala 1
galactique 148
galamment 164
galant 73 230
galanterie 220
galantine 165
galapiat 1 230
galaxie 182
galbe ᵐ 131
gale 159 363
galéjade 142

galéjer 330
galène ᶠ 10
galère 10
galérer 330
galerie 220
galérien 267
galet 13 230
galetas 1 8
galette 14
galeux 272
galiléen 63
galimatias 1 8
galion 159
galipette 14
gallican 257
gallinacé ᵐ 160
gallo-romain(s) 285
gallois 270
gallon 160 363
galon 159 363
galop 47
galopade 107
galopin 107
galvanisation 214
galvaudage 43
gambade 72
gamberger 328
gamelle 14
gamète ᵐ 10
gamin 257
gaminerie 220
gamma ᵐ 164
gamme 164
ganache ᶠ 165
gandin 62
gandoura ᶠ 1
gang ᵐ 131 363
ganglion 80
gangrène 10
gangrener 329
gangster 15
gangue ᶠ 132 363
ganse 131
gant 73 230
garage 143
garance ᶠ 179
garancer 327

garant 73 230
garantie 220
garce 179
garçon 179
garçonnet 166 230
garçonnière 166
garde 131
garde à vue **285**
garde(s) du corps ᵐ **285**
garde(s)-chiourme(s) ᵐ ....
.... **285**
garde(s)-malade(s) **285**
garde(s)-côte(s) ᵐ ⁽ᵃᵍᵉⁿᵗ⁾ .. **285**
garde-à-vous ᵐ **285**
garde-barrière(s) **285**
garde-boue ᵐ **285**
garde-chasse(s) ᵐ **285**
garde-côte(s) ⁽ⁿᵃᵛⁱʳᵉ⁾ ᵐ **285**
garde-fou(s) ᵐ **285**
garde-manger ᵐ **285**
garde-meuble(s) ᵐ **285**
garde-robe(s) ᶠ **285**
gardénia 1
gardian 72
gardien 267
gardiennage 166
gardon 80
gare 221
garenne 14
gargarisme 131
gargote 131
gargouille 98
garnement 73
garnison 187
garnissage 178
garniture 223
garrigue 171
garrot 171 230
gars 229 **275**
gascon 147
gasoil 159
gaspacho 42
gaspilleur **264**
gastéropode 107
gastrite 115
gastronomie 220
gâteau 44 **277**

gâterie 220
gâteux **272**
gauche 43
gaucher 24
gauchiste 131
gaucho 43
gaudriole ᶠ 159
gaufre ᶠ 124
gaule 43 159 363
gaullisme 160
gaulois 270
gauss ᵐ 178 363
gave ᵐ 131
gavial 289
gavotte 116
gavroche 104
gaz ᵐ 363
gaze ᶠ 186 363
gazelle 14
gazette 14
gazeux **272**
gazoduc 147
gazogène 10
gazole 186
gazon 186
gazouillis 98
geai 11 144 363
géant 230
gecko 150
geindre **345**
geisha [ɡɛʃa ; ɡɛjʃa] ᶠ 105
gel 15
gélatine 165
gelée 27
geler **331**
gélinotte ᶠ 116
gélule 159
gelure 223
gémissement 178
gemme ᶠ 164
gémonies **275**
gênant 73 230
gencive 179
gendarme 72
gendre 72
gène ᵐ 10 363
gêne ᶠ 10 363

généalogie 22
général **289**
généralité 22
générateur **264**
génération 214
générer **330**
généreux **272**
générosité 22
genèse 10
genêt 13 230 363
génétique 259
genette 14
genévrier 24
génial **289**
génie ᵐ 221
genièvre 10
génisse 178
génital **289**
géniteur 174
génocide 179
génois **270**
génoise 187
génotype 34
genou **281**
genouillère 2
genre 72
gens heureux ᵐ 229
gens ᵖˡ ⁽ᵇᵒⁿⁿᵉˢ ᵍᵉⁿˢ ᶠ⁾ ... 72 363
gent ˢᵍ 73 230 363
gentiane 181
gentil **257**
gentilhomme ⁽ᵖˡ : ᵍᵉⁿᵗⁱˡˢʰᵒᵐᵐᵉˢ⁾ ...
.... 235
gentilhommière 164
gentillesse 98
gentiment 73
gentleman ⁽ᵖˡ : ᵍᵉⁿᵗˡᵉᵐᵉⁿ⁾ 163
gentry ᶠ 34
génuflexion 216
géodésie 22
géographie 126
geôle 144
geôlier 144
géométrie 220
géophysique 126
géorgien 63 267
géothermique 117

gérance	179	
géranium	163	
gerbe	15	
gerboise	187	
gercer	327	
gerçure	179	
gérer	330	
gériatrie	220	
germain	257	
germanique	148	
germe	143	
germicide	179	
germination	214	
gérondif	124	
gérontocratie	181	
gérontologie	220	
gésier	187	
gestaltisme [gɛʃtaltism]	131	
gestation	214	
geste ᶠ	143	
geste ᵐ	143	
gestion	143	
gestionnaire	166	
gestuel	260	
geyser ᵐ	16	
ghanéen	134	
ghetto	134	
gibbon	110	
gibbosité	110	
gibecière	193	
gibelotte ᶠ	116	
giberne	15	
gibet	13 230	
gibier	24	
giboulée	159	
giboyer	87 334	
giboyeux	97 272	
gibus	275	
giclée	27	
gifle	124	
gigantesque	148	
gigogne	139	
gigolo	42	
gigot	46 230	
gigue	132	
gilet	13 230	
gin ᵐ	30 143 363	

gin-fizz ᵐ	285	
gingembre ᵐ	72	
gingivite	115	
girafe	124	
giratoire	221	
girl	131	
girofle ᵐ	124	
giroflée	124	
girolle ᶠ	160	
giron ᵐ	80	
girondin	257	
girouette	14	
gisant	73 230	
gisement	73	
gitan	257	
gîte ᶠ	32	
gîte ᵐ	115	
givre	143	
glabre	225	
glace	179 363	
glacer	327	
glaciaire	11 192 363	
glacial (pl en -als ou -aux)	289	
glaciation	214	
glacière	10 193 363	
glacis	35	
glaçon	179	
gladiateur	174	
glaïeul ᵐ	237	
glaireux	272	
glaise	11	
glaiseux	272	
glaive	11	
gland	74	
glande	72	
glaneur	264	
glapissement	178	
glas	229 275	
glaucome	43	
glauque	148	
glèbe	10	
gléner	330	
glissade	178	
glissando	42	
glissière	178	
global	289	
globe	221	

globe-trotter(s) ᵐ	285	
globule ᵐ	159	
globuleux	272	
gloire	221	
gloria ᵐ	1	
gloriette	14	
glorieux	272	
gloriole	159	
glose ᶠ	187	
glossaire ᵐ	178	
glossolalie	159	
glotte	116	
glouglou	131 281	
gloussement	178	
glouton	268	
gloutonnerie	166	
glu	131	
gluant	73 230	
glucide	179	
glucose	147	
gluten	165	
glycérine ᶠ	34	
glycine ᶠ	34	
glycogène	10	
gnangnan	72	
gnocchi	151	
gnognote	115	
gnome ᵐ	163	
gnon	80	
gnose ᶠ	187	
gnostique	148	
gnou	131 281	
go	131	
goal	49 363	
goal-average(s) ᵐ	285	
gobe-mouches ᵐ	285	
gobelet	13 230	
goberger (se)	328	
gobeter	332	
godet	13 230	
godiche	104	
godille ᶠ	98	
godillot	98 230	
goéland	22	
goélette	22	
goémon	237	
goguenard	257	

goguette 132
goinfrerie 124
goitre 115
golden ^f 165
golf ^m 124 363
golfe ^m 124 363
gomme 164
gommeux 164
gonade ^f 165
gond 82
gondole 159
gonfleur 124
gong 131
gonocoque ^m 148
gonzesse 186
gordien 63
goret 10 230
gorge 143
gorgée 143
gorger **328**
gorgone ^f 165
gorgonzola 186
gorille 98
gosier 187
gospel 159
gosse 178 363
gothique 117
gouache 237
gouailleur **264**
goudron 80
goudronnage 166
gouffre 125
gouger **328**
goujat 1 230
goujaterie 220
goujon 142
goulache ^m ou f 159
goulag 131
goulasch ^m ou f 105
goulée 27 363
goulet 13 230 363
goulot 42 230
goulu **257**
goulûment 73
goupil 107
goupille 98
goupillon 98

gourbi 30
gourd 176
gourde 131
gourdin 62
gourmand **257**
gourme 163
gourmet 13 230 363
gourmette 14
gourou 170 **281**
gousse 178
gousset 178 230
goût 230
goûter 24
goutte 116
goutte-à-goutte ^m **285**
gouttelette 116
goutteux 116
gouttière 116
gouvernail 98 **279**
gouvernant 230
gouverne ^f 15
gouvernement 73
gouverneur 174
goyave ^f 97
grabat 1 230
grabataire 221
grabuge 143
grâce 221 363
gracieux 209 **272**
gracilité 22
gradation 214
grade 118
gradient 73 230
gradin 62
graduation 214
graduel **260**
graffiti **275**
graillon 98
grain 64
graine 11
grainetier **262**
graisse 178
gramin(ac)ée 163
grammaire 164
grammatical **289**
gramme 164 363
grand 74

grand(s) ensemble(s) ^m 285
grand(s)-duché(s) ^m 285
grand(s)-duc(s) ^m 285
grand-angulaire(s) ^m 285
grand-chose (pas) 285
grand-croix 285
grand-maman(s) ^f 285
grand-messe(s) ^f 285
grand-rue ^f 285
grand-voile(s) ^f 285
grandeur 174
grandiloquence 148
grandiose 187
grands-parents ^m pl 285
grange 143
granit(e) ^m 115
graniteux **272**
granulé 159
graphisme 126
graphite 126
graphologie 126
grappe 108
grappillage 98
grappin 108
gras **270**
gras-double(s) **285**
grasseyer **335**
grassouillet 98 230
gratification 214
gratin 62
gratis 115
gratitude 115
grattage 116
gratte-ciel ^m **285**
gratte-papier ^m **285**
grattoir 116
gratuit 230
gratuité 22
grau ^m 43 363
gravats **275**
grave 363
graveleux **272**
gravelle ^f 14
graves ^m 363
gravide **259**
gravier 24
gravillon 98

gravitation 214
gravité 22
gravure 223
gré 22 363
grec (f : grecque) 258
gréco-romain(e)(s) 285
gréco-latin(e)(s) 285
gredin 62
gréement 224
greffe 125
greffier 125
greffon 125
grégaire 221
grège 143
grégorien 267
grêle 159
grêlon 159
grelot 42 230
grelottant 116 230
grenade 165
grenadine 165
grenaille 98
grenat 1 230
greneler 331
grener 329
grenier 24
grenouillage 98
grenouille 98
grenu 257
grès 229 363
gréser 330
gréseux 272
grésil 159
grésillement 98
grève 10
grever 329
gréviste 22
gri(s)-gri(s) m 285
gribouillis 98
grief 15
grièvement 73
griffe 125
griffon 125
griffonnage 166
grigou 131 281
grigri 30
grillade 98

grillage 98
grillager 328
grille 98
grille-pain m 285
grillon 98
grimace 179
grimacer 327
grimage 163
grimaud 43
grimoire m 221
grimpette 14
grincer 327
grincheux 272
gringalet 13 230
griot 46 230
griotte 116
grippe 108
grippe-sou m 285
gris 270
grisaille 98
grisâtre 2
griserie 220
grisou 187 281
grive 131
griveler 331
grivèlerie 220
grivois 86
grivoiserie 220
grizzli 189
grizzly 34
groenlandais 270
grog 131
groggy 133
grognard 257
grogne 139
grognon 139
groin 93
grommeler 331
grommellement 164
grondement 73
grondin 62
groom [grum] 163
gros 42 270 363
gros-porteur(s) m 285
groseillier 98
grosse 178
grossesse 178

grosseur 174
grossier 262
grossièreté 178
grossissement 178
grosso modo 285
grossoyer 87 334
grotesque 148
grotte 116
grouillant 98 230
groupe 107 363
groupuscule 159
gruau 43 276
grue 220
gruger 328
grume f 163
grumeau 44 277
grumeler 331
grutier 24
gruyère 97
guadeloupéen 63
guano 42
gué 132 363
guéable 22
guenille 98
guenon 165
guépard 176
guêpe 10
guère(s) 10 363
guéret 13 230
guéridon 80
guérilla 1
guérillero 98
guérison 187
guérite 115
guerre 14 363
guerroyer 87 334
guet 13 230 363
guêtre f 10
guetteur 14
gueule 58 363
gueuleton 132
gueux 272
gui 30
guichet 13 230
guide 132
guidon 132
guigne 132

guignol 159
guignolet 13 230
guilledou 98 281
guillemet 98 230
guillemeter 332
guilleret 230 263
guillotine 98
guimauve ᶠ 132
guimbarde 62
guinée 27
guingois 86
guinguette 14
guirlande 72
guise 187
guitare 221
gustatif 265
guttural 116 289
gymkhana ᵐ 150
gymnase ᵐ 34
gymnastique 34
gynécée ᵐ 34
gynécologue 34
gypaète ᵐ 10
gypse ᵐ 34
gyroscope 34

h

*ha ! .... l 357
habeas corpus ᵐ 234
habile 234
habileté 22
habilitation 214
habillage ᵐ 98
habit 230
habitacle ᵐ 115
habitant 73 230
habitat .... l 230
habitude 115
habituel 260
*hableur 2
*hachette 14
*hachis 35 275
*hachure 223

hacienda ᶠ l
*haddock 119
*hagard 176
hagiographie 126
*haie 159
*haïku 237
*haillon 98
*haine .... ll 357
*haineux 54
haïr 336
*haire ᶠ 221 357
*haïssable 237
*haïtien 205 267
*halage 159 364
hâle 2 364
haleine 12 357
*halètement 10 357
haleter 332
*hall 160
hallali 160 234
*halle 160 364
*hallebarde 160
hallucinatoire 221
*halo 159 357
halogène 159 357
*halte 159
haltère ᵐ 10
haltérophilie 126
*hamac 147
*hamburger 60
*hameau 44 277
hameçon 179
*hammam 164
*hampe 72
*hamster 15
*han ! 72 357
*hanap 107
*hanche 72 357
*handball 160
*handicap 107
*hangar 170
*hanneton 166
*hanse ᶠ 177 357
*hantise 72
haoussa 234

hapax 234
*happening ᵐ 108
*haquenée 148 357
*hara-kiri(s) ᵐ 285
*harangue 132
*haras .... l 8 357
*harcèlement 73
harceler 331
*hard-top(s) ᵐ 285
*harde ᶠ 364
*hardes 364
*hardi 257
*hardiesse 14
*hardiment 73
*hardware ᵐ 221
*harem 163
*hareng 74
*hargne 139
*hargneux 272
*haricot 46 230
*harissa ᵐ 178
*harki 150
harmonica l
harmonie 220
harmonieux 272
harmonium 163
*harnachement 73
*harnais ll
*harnois 86
*haro 42
*harpe 107
*harpie 220
*harponneur 166
*hasard 176
*hasardeux 272
*haschi(s)ch 105
*hase ᶠ 187
hassidique 178
hassidisme 178
*hâte 2
*hâtif 265
*hauban 72
*haubert 230 357
*hausse 178 364
*haut 43 230 357

* h = h aspiré

haut(s)-commissaire(s) ᵐ 285
haut(s)-de-chausse ᵐ 285
haut(s)-de-forme ᵐ 285
haut(s)-fond(s) ᵐ 285
*hautain 257
*hautbois 86
*hautboïste 237
*haute(s)-contre ᶠ 285
*hauteur 174 357
haut-le-cœur ᵐ 285
haut-parleur(s) ⁽ᴴᴾ⁾ ᵐ ... 285
*havane 165
*havre 221
*havresac 147
hawaiien 63 267
*hayon 97
*hé ! 22
*heaume 44 364
hebdomadaire 221
hébergement 73
héberger 328
hébétement 22
hébéter 330
hébraïque 234
hébreu ᵐ 53
hécatombe ᶠ 147
hectare 221
hédonisme 163
hégélien 63 267
hégémonie 220
hégire ᶠ 221
*hein ! 65
*hélas ! 159
héler 330
hélianthe ᵐ 117
hélice ᶠ 179
hélicoptère ᵐ 10
hélio-offset ᶠ ˢᵍ 285
héliocentrique 234
héliothérapie ᶠ 234
héliotrope ᵐ 107
hélium 51
hellène 160 234
helvète 10
helvétique 22
hématie ᶠ 181

hématique 148
hématologie 115
hématome 115
hémicycle ᵐ 34
hémiplégie ᶠ 234
hémisphère ᵐ 126
hémistiche ᵐ 163
hémoglobine ᶠ 163
hémogramme 164
hémophile 126
hémorragie 171 234
hémorroïde ᶠ 234
*henné 166
*hennissement 166
hépatique 107
hépatite 115
heptaèdre ᵐ 234
héraldique ᶠ 148
*héraut 43 230 364
herbager 328
herbe 15
herbeux 272
herbicide ᵐ 179
herboriste 234
herbu 234
herculéen 63
hercynien 34 267
*hère ᵐ 10 357
héréditaire 221
hérédité 22
hérésie 187
*hérisson 178
héritage 115
hermaphrodite 126
herméneutique 163
hermès ᵐ 234
hermétique 148
hermine ᶠ 163
herminette ⁽ᵒᵘ ᵉʳᵐⁱⁿᵉᵗᵗᵉ⁾ 14
*herniaire 221
*hernie ᶠ 220
héroïne 234
héroïque 234
*héron 80
*héros 47 364
herpès ᵐ 177
herpétologie ⁽ᵒᵘ ᵉʳᵖᵉᵗᵒˡᵒᵍⁱᵉ⁾ .. 224

*herse 177 361
hertz 234
hésitation 214
hétaïre ᶠ 234
hétairie 220
hétéroclite 22
hétérodoxe 182
hétérogène 10
hétérogénéité 22
hétérosexuel 260
hétérozygote 34
*hêtraie 220
*hêtre 10 361
*heu ! 53 361
heur ᵐ 58 364
heure ᶠ 223 364
heureux 272
heuristique ⁽ᵒᵘ ᵉᵘʳⁱˢᵗⁱᑫᵘᵉ⁾ 148
*heurt 230 364
*heurtoir 175
hévéa 1
hexaèdre 234
hexagone 165
hexamètre 188
*hi ! 30 364
hiatus ᵐ 234
hibernation 214
hibiscus 234
*hibou 281
*hic 147
*hideux 272
hier 15
*hiérarchie 220
hiératique 97
hiéroglyphe ᵐ 126
hilarant 73 230
hilare 221
hilarité 22
hindi 30
hindou 281
hindouisme 234
*hippie 108
hippocampe ᵐ 108
hippodrome ᵐ 108
hippophagique 126
hippopotame 108
hirondelle 14

hirsute 115
hispanique 165
histogramme 164
histoire 221
histologie 220
historien **267**
historiette 14
histrion 80
hitlérien **267**
*hit-parade ᵐ **285**
*hittite 116
hiver 15
hivernal **289**
*ho ! 42 **357**
*hobby ᵐ 110 **364**
*hobereau 44 **277**
*hochet 13 230
*hockey 150 **364**
*holà ! 2
*hold-up ᵐ **285**
*holding ᵐ 131
*hollandais **270**
holocauste ᵐ 147
hologramme 164
*homard 176
*home ᵐ 163 **364**
homélie 163
homéopathe 117
homéopathie 117
homérique 148
homicide ᵐ 179
hominien **267**
hommage ᵐ 164
hommasse 178
homme 164 **364**
homme(s)-grenouille(s) ᵐ **285**
homme(s)-orchestre(s) ᵐ **285**
homme(s)-sandwich(s ou es) ᵐ .. **285**
homogène 163
homogénéité 234
homographe 126
homologation 214

homologue 132
homonymie 34
homophone 126
homosexualité 22
homosexuel **260**
homothétique 117
homozygote 34
*hongrois **270**
hongroyer 87 **334**
honnête 166
honnêteté 166
honneur 166
honni 166
honorable 41
honoraire 41
honoraires 234
honorariat 230
honorifique 148
honoris causa 234
*honte 80
*honteux **272**
*hop ! 107 **364**
hôpital **278**
hoplite ᵐ 115
*hoquet 148 230 **364**
hoqueter **332**
horaire 221
*horde 42
*horion 80
horizon 186
horizontal **289**
horizontalement 73
horloge 234
horloger **256**
horlogerie 234
*hormis 35
hormonal **289**
hormone ᶠ 163
horodateur 174 234
horoscope ᵐ 147
horreur 171 234
horrible 171 234
*hors 176 **364**
*hors-bord ᵐ **285**
*hors-concours ᵐ **285**

*hors-d'œuvre ᵐ **285**
*hors-jeu ᵐ **285**
*hors-la-loi **285**
*hors-texte ᵐ **285**
hortensia ᵐ 1
horticole 234
horticulteur **256**
hosanna ᵐ 166
hospice ᵐ 179 357
hospitalier **262**
hospitalisation 214
hospitalité 22
hostie 220
hostile 234
hostilité 22
*hot dog(s) ᵐ **285**
hôte 45 **364**
hôtel 159 357
hôtel(s)-Dieu ᵐ **285**
hôtellerie 160 234
hôtesse 14 **256**
*hotte 116 **364**
*hottentot 230 **269**
*hou ! 234
*houblon 80
*houblonnier 166
*houe ᶠ 221 **364**
*houille 98 **364**
*houiller **262**
*houillère ᶠ 98 **364**
*houlette 14
*houleux **272**
*houppe ᶠ 108
*houppelande ᶠ 108
*hourdis ᵐ 35 **364**
*hourra 160
*housse ᶠ 178
*houx 231 **364**
hovercraft 60 230
*hublot 46 230
*hue ! 220
*huée 27
*huerta ᶠ 1
*huguenot 230 **269**
huile 234

* h = h aspiré

huileux ... 272
*huis clos ᵐ ... 285
huis ᵐ ... 30 229 364
huisserie ... 178
huissier ... 178
*huit ... 30 230 364
*huitaine ... 115
*huitième ... 10
huître ... 32
*hulotte ... 116
hululement (ou ululement) ... 234
*hum ! ... 163
humain ... 234
humainement ... 73
humanitaire ... 221
humanité ... 22
humanoïde ... 234
humblement ... 73
humérus ... 234
humeur ᶠ ... 170 234
humide ... 234
humidité ... 22
humilité ... 22
humoriste ... 163
humour ... 170 234
humus ... 234
*hune ... 165 364
*huppe ... 108
*huppé ... 108
*hure ᶠ ... 223
*hurlement ... 73
hurluberlu ... 234
*huron ... 80
*hurrah ... 171
*hurricane ... 171
*hussard ... 178
*hutte ... 116 364
hybride ... 34
hydrate ᵐ ... 34
hydraulique ... 148
hydravion ... 34
hydre ᶠ ... 34
hydro-électrique(s) ... 285
hydrocarbure ᵐ ... 221
hydrocéphale ... 126
hydrocution ... 214
hydrofuger ... 328

hydrogène ... 10
hydrogéner ... 330
hydrographique ... 34
hydrologie ... 220
hydrolyse ᶠ ... 34
hydromel ... 234
hydrothérapie ... 117
hyène ... 10 364
hygiène ... 97
hygiénique ... 22
hygrométrie ... 34
hymen ᵐ ... 34
hyménée ᵐ ... 27
hymne ᵐ ᵉᵗ ᶠ ... 164
hyperbole ᶠ ... 234
hyperglycémie ... 34
hypermétrope ... 34
hypertension ... 215
hypertrophie ... 126
hypnose ᶠ ... 187
hypnotique ... 148
hypocondriaque ... 148
hypocrisie ... 147
hypocrite ... 147
hypogée ᵐ ... 27
hypoglycémie ᶠ ... 34
hypophyse ᶠ ... 34
hypotension ... 215
hypoténuse ᶠ ... 187
hypothalamus ... 117
hypothécaire ... 221
hypothèque ᶠ ... 117
hypothéquer ... 330
hypothèse ... 117
hypothético-déductif(s) 285
hypothétique ... 117
hystérie ... 34
hystérique ... 148

i

iambe ᵐ ... 72
ibérique ... 148
ibidem ... 163
ibis ᵐ ... 257

iceberg ... 179
ichtyologie ... 151
ichtyosaure ... 151
ici ... 30
ici-bas ... 285
icône ᶠ ... 45
iconoclaste ... 42
iconographie ... 126
ictère ᵐ ... 10
idéal (pl idéals/idéaux) ... 289
idéalisation ... 214
idéalisme ... 22
idée ... 27
idem ... 163
identification ... 214
identique ... 148
identiquement ... 73
identité ... 27
idéogramme ... 164
idéologie ... 22
ides ᶠ ... 30 365
idiomatique ... 163
idiome ᵐ ... 163
idiosyncrasie ... 66
idiot ... 230 269
idiotie ... 181
idoine ... 165
idolâtre ... 2
idole ... 159
idylle ᶠ ... 160
idyllique ... 160
if ... 124 364
igloo ᵐ ... 30
igname ᶠ ... 163
ignare ... 221
ignifuge ... 139
ignifuger ... 328
ignoble ... 139
ignominie ... 220
ignominieux ... 272
ignorance ... 72
iguane ᵐ ... 163
il ... 159
île ... 32 364
iliaque ... 148
illégalité ... 160
illégitime ... 160

illettré 160
illicite 160
illicitement 73
illico 42
illisible 160
illogique 160
illumination 214
illusion 187
illusionniste 166
illusoire 221
illustration 214
îlot 46 230
ilote ᵐ 115
image 163
imager 328
imagerie 220
imaginaire 221
imagination 214
imago ᵐ ᵒᵘ ᶠ 42
imam ᵐ 163
imbattable 116
imbécile 259
imbécillité 160
imberbe 62
imbrication 214
imbroglio ᵐ 42
imbu 62
imitateur 264
imitatif 265
imitation 214
immaculé 160
immanence 160
immangeable 144
immanquablement 62
immatriculation 214
immature 164
immédiat 164 230
immédiatement 164
immémorial 164 289
immense 72
immensément 164
immerger 328
immérité 164
immersion 215
immeuble 164

immigration 214
imminence 72
immiscer ⁽ˢ⁾ 327
immixtion 214
immobilier 262
immobilité 22
immodéré 22
immolation 214
immondices ᶠ 275
immoralité 22
immortalité 22
immortel 260
immuable 164
immunité 164
immunologie 164
impact 62 230
impair 257
imparable 62
imparfait 230
impartial 289
impasse ᶠ 178
impassibilité 178
impatiemment 3
impatience 72
impatient 73 230
impavide 62
impeccablement 149
impécunieux 272
impédance 72
impedimenta ᵐ ᵖˡ 275
impénétrabilité 22
impénitent 73 230
impératif 265
impératrice 179
imperceptible 179
imperfection 214
impérial 289 365
impériale 159 365
impérieux 272
impérissable 178
imperméable 259
impersonnel 166 260
impertinence 72
imperturbable 259
impétigo 42

impétrant 73 230
impétrer 330
impétueux 272
impie 220
impiété 22
impitoyable 97
implacable 147
implant 73 230
implication 214
implicite 179
imploration 214
implosion ᶠ 187
impolitesse 14
impondérabilité 22
impopularité 62
importance 72
importateur 264
importun 257
imposable 187
imposture 223
impôt 45 230
impotence 72
impraticable 147
imprécation 214
imprégnation 214
imprégner 330
imprenable 163
imprésario ᵐ 42
impressionnisme 166
imprévoyance 97
imprimatur ᵐ ⁱⁿᵛ 62
imprimerie 220
impromptu 257
improvisation 214
improviste ⁽ᵃ ˡ⁾ 62
imprudemment 3
impudence 72
impuissance 178
impulsif 265
impunité 22
imputable 115
imputation 214
imputrescible 180
in partibus 285
in petto 285

in situ 285
in vitro 285
in vivo 285
in-folio 285
in-pace 285
in-quarto 285
inaccessible 182
inaction 214
inadmissible 178
inadvertance 72
inaliénable 165
inamovible 163
inanité ᶠ 165
inanition 214
inaperçu 179
inappétence 108
inapplicable 108
inapte 259
inattaquable 116
inattendu 116
inaugural 289
inca 1
incandescence .... •180
incantation 214
incapacité 22
incarcération 214
incarcérer 330
incarnat 1 230
incarnation 214
incartade 147
incendiaire 11
incendie ᵐ 221
incertitude 115
incessamment 178
inceste ᵐ 179
incestueux 272
incidemment 3
incidence ᶠ 72
incident 73 230
incinération 214
incinérer 330
incisif 265
incitation 214
inclinaison 187
inclination 214
inclusif 265
incoercible 237

incognito 42
incohérent 230
incollable 160
incolore 221
incommensurable 164
incompréhension 215
incompressible 178
inconditionnel 166 260
incongru 257
inconsidéré 22
incontrôlable 45
inconvenant 73 230
inconvénient 73 230
incorporation 214
incorrect 171 230
incorrigible 171
incorruptible 171
incrédule 159
incrimination 214
incroyable 97
incrustation 214
incubation 214
inculpation 214
incunable ᵐ 163
incurabilité 22
incurable 259
incurie ᶠ 220
incursion ᶠ 215
indécent 73 230
indécis 270
indéfectibilité 22
indélébile 259
indélébilité 22
indemne 164
indemnisation 214
indemnité 164
indéniable 165
indépendamment 164
indépendant 73 230
index ᵐ 275
indexation 214
indicateur 174
indication 214
indice ᵐ 179
indicer 327
indiciaire 192
indicible 179

indifféremment 3
indifférent 73 230
indifférer 330
indigence ᶠ 72
indigène 10
indigent 73 230
indignation 214
indigne 139
indigo ᵐ 42
indissoluble 178
individu 62
individualité 22
individuel 62 260
indivis 62
indo-européen(ne)(s) ... 285
indo-afghan(e)(s) 285
indochinois 285
indolence ᶠ 72
indolore 42
indu 62
indubitable 62
inducteur 174
inductif 62 265
induction 214
indulgence 72
indûment 73
industrie 35
industriel 159 260
industrieux 54
inédit 35 230
ineffable 23
inefficace 23
inégal 131 289
inéluctable 225
inénarrable 225
inepte 115
ineptie 181
inerte 115
inertie 181
inexact 115 230
inexorable 188
inextinguible 132
inextricable 15
infaillibilité 98
infamant 73 230
infâme 2
infamie 221

infanterie 30
infantile 72
infarctus ᵐ 179
infatigable 131
infect 115 230
infectieux 210 272
infection 214
inféodation 214
inférence ᶠ 72
inférer 330
inférieur 174
infériorité 22
infernal 62 289
infestation 214
infidèle 10
infidélité 22
infime 62
infini 62
infinité 22
infinitésimal 187 289
infinitif 124
infinitude 62
infirmation 214
infirme 62
infirmerie 35
infirmier 24 256
infirmité 22
inflammable 164
inflammation 214
inflation 214
inflationniste 214
inflexion 216
infliger 328
inflorescence ᶠ 180
influence 72
influencer 327
influx ᵐ 231
informaticien 63 267
information 214
informatique 148
infortuné 62
infra 62
infra-son(s) ᵐ 285
infraction 214
infrarouge 62
infrason 62
infrastructure 223

infructueux 54
infus 229
infusion 187
ingambe 72
ingénierie 220
ingénieur 174
ingénieux 54
ingéniosité 22
ingénu 143
ingénuité 22
ingénument 73
ingérence 72
ingérer 330
ingrat 1 230
ingratitude 62
ingrédient 73 230
inguinal 132 289
ingurgitation 131
inhabité 235
inhabituel 235 260
inhalateur 235
inhalation 235
inhérence 235
inhérent 230 235
inhibiteur 235
inhospitalier 235 262
inhumain 235
inhumation 235
inimité 22
ininflammable 164
ininterrompu 14
inique 148
iniquité 148
initial 181 289
initiation 181
initiative 181
injecteur 174
injection 214
injonction 214
injurieux 54
inlassable 178
inné 166
innéité 22
innocemment 3
innocence 72
innocuité 22
innom(m)é 166

innombrable 166
innommable 166
innovation 166
inoccupé 149
inoculation 147
inodore 221
inoffensif 125 265
inondation 214
inopiné 42
inopinément 73
inopportun 62
inorganisé 187
inoubliable 97
inouï 237
inoxydable 182
input ᵐ 62
inquiet 148 263
inquiéter 330
inquisiteur 148
inquisition 214
insalubre 221
insane 177
insanité 22
insatiable 181
inscription 214
insécable 147
insecte 15
insecticide 179
insectivore 221
insémination 214
insensé 72
insérer 330
insertion 214
insidieux 54
insigne ᵐ 139
insignifiance 139
insinuation 214
insipide 177
insistance 72
insolation 214
insolemment 3
insolence 72
insolent 73 230
insolite 115
insoluble 225
insolvable 225
insomniaque 148

insomnie	35	
insonore	221	
insouciance	72	
inspecteur	174	
inspection	214	
inspectorat	1 230	
inspirateur	174	
inspiration	214	
installation	214	
instamment	3	
instance f	72	
instant	73 230	
instantanément	73	
instar de (à l')	170	
instaurateur	174	
instigateur	131	
instillation	160	
instinct	115 230	
instinctif	62 265	
instinctuel	62 260	
institut	230	
instituteur	174	
institutionnalisme	181	
institutionnel	181 260	
instructif	147 265	
instruction	214	
instruit	230	
instrument	73	
instrumental	72 289	
insu m	177	
insubmersible	177	
insubordination	214	
insubordonné	177	
insuffisant	73 230	
insulaire	221	
insularité	22	
insuline f	177	
insulte	177	
insulteur	174	
insurgé	143	
insurger (s')	328	
insurrectionnel	181 260	
intact	115 230	
intangible	143	
intarissable	178	
intégral	22 289	
intégration	214	

intègre	225	
intégrer	330	
intégrité	22	
intellect	14 230	
intellectualisme	14	
intellectuel	14 260	
intelligemment	3	
intelligence	14	
intelligentsia	14	
intelligibilité	14	
intempérie f	72	
intempestif	72 265	
intendance	72	
intendant	73 230	
intense	72	
intensément	73	
intensification	214	
intensité	22	
intention	214	
intentionnellement	14	
inter	170	
interallié	62	
interarmées inv	275	
interarmes inv	275	
intercalaire	221	
intercéder	330	
intercepteur	174	
interception	214	
intercesseur	178	
intercession	215 365	
interclubs inv	60	
intercommunal	164 289	
interdiction	214	
interdit	35 230	
intéressement	14	
intérêt	13 230	
interface f	179	
interférence	72	
interférer	330	
intérieur	174	
intérim	163	
intérimaire	221	
intériorité	22	
interjection	214	
interjeter	332	
interligne	139	
interlinéaire	221	

interlope	42	
interloqué	148	
interlude m	62	
intermède m	10	
intermédiaire	22	
intermezzo	189	
intermittence	72	
internat	1 230	
international	181 289	
interne	165	
internement	73	
interpellation	14	
interpénétrer (s')	330	
interphone m	126	
interpolation	214	
interprétariat	1 230	
interprétation	214	
interprète	10	
interpréter	330	
interrogateur	171	
interrogatif	14 265	
interrogatoire	221	
interroger	328	
interruption	214	
intersection	214	
intersession f	215 365	
interstellaire	14	
interstice m	179	
interstitiel	199 260	
interurbain	64	
intervalle m	160	
interventionnisme	181	
interversion	215	
intestat	1 230	
intestin	62	
intestinal	289	
intime	163	
intimement	73	
intimidation	214	
intimité	22	
intolérant	73 230	
intonation	214	
intoxication	214	
intra-muros	285	
intra-utérin(es)	285	
intracellulaire	285	
intraduisible	225	

intramusculaire 285
intransigeance 144
intransitif 72 265
intraveineux 54
intrépidité 22
intrication 214
intrigant 73 230
intrigue 132
intrinsèque 148
introducteur 174
introductif 124 265
introduction 214
introït ᵐ 237
introjection 214
intromission 215
intronisation ᶠ 214
introspectif 265
introverti 42
intrus 229
intuitif 124 265
intuition 214
intuitionnisme 181
inusité 187
invaincu 64
invariance 72
invasion 187
invective ᶠ 15
inventaire ᵐ 221
inventeur 174
inventif 72 265
invention 214
inverse 177
inversement 73
inversion 215
invertébré 62
inverti 62
investigateur 58
investigation 131
investissement 178
investiture 223
invétéré 22
invétérer 330
invincibilité 62
inviolabilité 22
invisible 225
invite ᶠ 115
invivable 225

invocation 214
involontairement 73
involution 214
iode ᵐ 97
ion 97
ionien 140
ionique 97
iota 97
ipéca ᵐ 147
ipséité 22
ipso facto 285
irakien 150 267
iranien 72 267
irascible 180
ire ᶠ 170
iris ᵐ 177
irisation 187
ironie 35
iroquois 148
irradiation 214
irrationnel 181 260
irréalité 22
irrécupérable 171
irrécusable 171
irrédentisme 171
irréel 171 260
irréligion 143
irrémédiable 225
irréprochable 225
irrespect 115 230
irresponsable 177
irrévérence 72
irréversible 177
irrévocable 147
irrigation 131
irritable 225
irruption 214
isba ᶠ 1
islam 163
islamisation 214
isobare ᶠ 221
isocèle 179
isolationniste 181
isolement 73
isolément 73
isoloir 175
isomère 10

isomorphe 126
isotherme ᶠ 117
isotope ᵐ 187
isotrope 187
israélien 63 267
israélite 22
issue 220 365
isthme ᵐ 117
italique ᵐ 148
item 15
itératif 124 265
itérer 330
itinéraire 221
itinérant 73 230
itou 30
ivoire ᵐ 221
ivoirien 72 267
ivraie ᶠ 221
ivresse 14
ivrogne 139
ivrognerie 35

j

j'm'en-foutisme ᵐ 322
ja(c)quemart 152 230
jabot 46 230
jacasseur 178
jachère ᶠ 10
jacinthe ᶠ 117
jack ᵐ 150
jacobin 62
jacquard 152
jacquerie 152
jactance 72
jade ᵐ 118
jadis 177
jaguar 132
jaillissement 98
jais 11 363
jalon 80
jalonnement 73
jalousie 35
jaloux 231 272
jam-session(s) ᶠ 285

jamaïquain 237
jamais 11
jambage 72
jambière 72
jambon 72
jambonneau 44 277
janissaire 221
jansénisme 177
jante f 72
janvier 24
japonais 229
jappement 73
jaquette 148
jardin 62
jardinet 13 230
jargon 131
jarre 171 366
jarret 13 230
jarretelle 14
jarreter 332
jarretière 10
jars m 229 366
jasmin 62
jatte 116
jauge f 43
jauger 328
jaunâtre 2
jaune 43
jaunisse 178
javel f 159 366
javeler 331
javelot 46 230
jazz 189
jazz-band(s) m 285
je 53 366
je-ne-sais-quoi m 322
jean(s) 36 366
jean-foutre m 285
jeep f 36
jérémiade f 142
jerk 15
jerrican(e) m 14
jersey m 16
jésuite 187
jet 13 230 363
jetée 27 366
jeter 332

jeton 80
jeu 53 280 366
jeun 67
jeune 58 366
jeûne 57 58 366
jeunot 46 230
joaillier 98
jobard 233
jockey 16
jocrisse m 178
jodler 24
jogging 142
joie 86
joindre 345
joint 94 230
jointoyer 87 334
joker 170
joli 142
joliesse 14
joliment 73
jonc 82
joncer 327
jonchée 27
jonction 214
jongleur 174
jonque f 148
jonquille 148
joual 289
joue 220 366
jouet 13 230
joufflu 125
joug 233 366
jouissance 72
joujou 281
joule m 142
jour 142
journal 278
journalier 24 262
journée 27
journellement 73
joute f 142
jouvence 72
jouvenceau 44 277
jouvencelle 14
jovial 289
jovialité 22
joyau 97 276

joyeux 97
jubé 22
jubilaire 221
jubilé m 22
judaïsme 237
judas 229
judéo-allemand(e)(s) .. 322
judéo-espagnol(e)(s) .. 322
judiciaire 192
judicieux 54
judo 42
judoka 150
juge-commissaire m 285
jugeote 144
juger 328
jugulaire f 131
juif 265
juillet 98 230
jujube m 142
juke-box(es) m 285
julien 63
jumbo-jet(s) 285
jumeau 44 277
jumelage 142
jumeler 331
jumelle 14 366
jument 73
jumping 142
jungle 131
junior 140
junte f 67
jupe 142
jupe(s)-culotte(s) f 285
jurassien 178 206 267
juridictionnel 181 260
juridique 148
jurisprudence 72
jurisprudentiel 199 260
juriste 142
juron 80
jury 34
jus 229 275
jusant 187 230
jusqu'alors 285
jusqu'au-boutisme m 322
jusque(s) 148
justaucorps 229

juste 142
juste milieu ᵐ 285
justesse 14
justice 179
justicier 24
justificatif 147 265
justification 214
jute ᵐ 142
juteux 54
juvénat 1 230
juvénile 159
juxtaposition 181

k

k(h)an 150 367
kabbale ᶠ 150
kabyle 34
kakemono 150
kaki 150
kaléidoscope 22
kamikaze ᵐ 150
kangourou 150 281
kantien 181 205 267
kaolin 62
kapok 150
karaté 150
karatéka 150
karstique 150
kart 150 230
karting 150
kascher (casher ou cacher) 105
kayak 150
kelvin ᵐ 150
kenyan 97
képi 150
kératine ᶠ 150
kermesse 150 367
kérosène ᵐ 10
ketchup 60
khâgneux 54
khalife ᵐ 150
khédive 150
khmer 150
khôl ᵐ 150 359
kibboutz ᵐ 150

kick-(starter)(s) ᵐ 285
kidnappeur 174
kidnapping 150
kif 150
kif-kif 285
kilo 150
kilométrage 150
kilométrer 330
kilotonne ᶠ 150
kilowatt(s)-heure(s) ᵐ .. 285
kilowatt ᵐ 116
kilt ᵐ 150
kimono 150
kinésithérapeute 53
kinésithérapie 117
kiosque 150
kippour 150
kir 150
kirsch 105
kit ᵐ 150
kitchenette 221
kitsch 105
kiwi 30
klaxon 182
kleptomanie 150
knicker 150
knicker(bocker)s ᵐ 285
knock-down 285
knock-out ⁽ᴷ·⁻ᴼ·⁾ 285
knout 150 230
koala ᵐ 150
koinè ᶠ 85
kolkhoz(e) ᵐ 150
kopeck ᵐ 150
korrigan 150
kouglof ᵐ 285
koulak 150
krach ᵐ 150 359
kraft 150 230
krak 150
kronprinz 150
krypton 34
kummel 150
kurde 150
kyrie 150
kyrielle 14
kyste ᵐ 150

l

la 1 311 368
là 2 311 368
là contre 285
là-bas 322
là-dedans 322
là-dessous 322
là-dessus 322
là-haut 230 322
label 10 368
labeur ᵐ 174
labial 97 289
laborantin 62
laboratoire 221
laborieux 54
labour ᵐ 170
labrador 41
labyrinthe ᵐ 117
lac 147 368
lacer 327
lacération 214
lacérer 330
lacet 13 230
lâche 2
lâcheté 22
lacis 35
laconique 148
lacrymal 34 289
lacrymogène 34
lacs ᵐ 229 368
lactaire ᵐ 11
lactation 214
lacté 147
lactique 148
lactose ᵐ 42
lacunaire 221
lacune 147
lacustre 225
lad 118
ladre 225
lady (pl en -ies ou -ys) 34
lagon 131
lagune 131
lai 11 368
lai ᵐ 11 368
laïc 256

laïcité ... 237
laid ... 11 368
laideron ... 224
laie f ... 220 368
lainage ... 11
laine f ... 11
laïque ... 237
laissé(s)-pour-compte ... 285
laisse f ... 11
laisser-aller ... 285
laissez-passer m ... 285
lait ... 11 230 368
laiterie ... 35
laiteux ... 54
laitier ... 24 262
laiton ... 11
laitue ... 220
laïus ... 237
lama ... 1
lambda m ... 72
lambeau ... 72 277
lambin ... 72
lambrequin ... 148
lambris m ... 72
lambswool m ... 109
lame ... 163
lamelle ... 14
lamentable ... 72
lamentation ... 214
lamento ... 72
laminoir ... 175
lampadaire m ... 221
lampe ... 72
lampée ... 27
lampion ... 80
lamproie f ... 86
lance ... 72
lance-flammes m ... 285
lance-fusées m ... 285
lance-grenades m ... 285
lance-missiles m ... 285
lance-pierres m ... 285
lance-roquettes m ... 285
lance-torpilles m ... 285
lancée ... 27
lancer ... 327
lancinant ... 179 230

landau ... 43 276
lande ... 72
langage ... 143
langagier ... 131 262
lange m ... 143
langer ... 328
langoureux ... 54
langouste ... 131
langoustine ... 131
langue ... 132
langue cible f ... 285
langue mère f ... 285
langue source f ... 285
langue(s)-de-bœuf ... 285
langue(s)-de-chat ... 230 285
languedocien ... 132 267
langueur ... 132
langueyer ... 335
lanière ... 10
lanoline f ... 42
lanterneau ... 44 277
laotien ... 63 205 267
lapalissade ... 178
lapement ... 73
lapereau ... 44 277
lapidaire ... 221
lapin ... 62
lapis m ... 229
lapon ... 80
laps ... 177
lapsus ... 177
laquais ... 11
laqué ... 148
laque f ... 148 368
larbin ... 62
larcin ... 179
lard ... 233 368
lare m ... 170 368
large ... 143
largesse ... 14
largeur ... 143
largo ... 131
larme ... 170
larmoyant ... 97 230
larmoyer ... 87 334
larron ... 171
larve ... 22

laryngite ... 66
larynx ... 66
las ... 229 368
las ! ... 177 368
lasagne f ... 187
lascar ... 147
lascif ... 180 265
laser [lazɛʀ] ... 187
lassitude ... 178
lasso ... 178
lastex m ... 15
latence ... 72
latent ... 73 230
latéral ... 22 289
latérite f ... 22
latex ... 15
latifundium (pl : latifundia) ... 163
latin ... 62
latino-américain(e)(s) ... 322
latitude ... 118
latitudinaire ... 221
latrines f ... 275
latte ... 116
lattis ... 30
laudanum ... 163
laudatif ... 43 265
laudes f ... 43
lauréat ... 1 9 230
laurier ... 24
lauze f ... 43
lavabo ... 42
lavallière ... 160
lavande ... 72
lavandière ... 72
lavasse f ... 178
lavatory (pl : lavatories) ... 34 224
lave-glace(s) m ... 285
lave-vaisselle m ... 285
lavette ... 14
lavis ... 229
lavoir ... 175
laxatif ... 115 265
laxisme ... 182
layer ... 333
layette ... 97
lazaret ... 13 230
lazzi m ... 189

lé 22
leader 36 368
leadership 36
leasing ᵐ 36
lèche 10
lèche-bottes ᵐ 285
lèche-vitrine(s) ᵐ 285
lécher 330
leçon 179
lecteur 174
lecture 15
légal 131 289
légalité 22
légat 1 9 230
légataire 221
légation 214
légendaire 72
légende 72
léger 262
légèreté 224
légiférer 330
légionnaire 221
législateur 174
législatif 265
légitimité 22
legs ᵐ 229
léguer 330
légume 131
leitmotiv 12
lemme ᵐ 14
lemming ᵐ 164
lémures ᵐ 170
lendemain 64
lent 73 230
lenteur 174
lentille 98
léonin 62
léopard 233
lèpre 225
lépreux 54
léproserie 35
lequel (f : laquelle) 148
lérot 46 230
les 25 368
lès 229 368
lesbienne 166
léser 330

lésion 187
lésionnel 187 260
lesquels (f : lesquelles) 260
lessive 178
lest 115 230 368
leste 115 368
léthargie 117
lettre 14
leu ᵐ (pl : lei) 12 53
leucémie 53
leucocyte ᵐ 34
leur 58 312 368
leurre ᵐ 58 368
levain 64
levant 73 230
levantin 62
lève-et-baisse ᵐ 285
levée 27
lever 329
levier 24
lévitation 214
lévite 22
levraut 43 230
lèvre 225
levrette 14
lévrier 24
levure 170
lexique 182
lez 25 368
lézard 186
lézarde 186
li 30 368
liaison 11
liane 97
liard 97
liasse 97
libation 214
libelle ᵐ 14
libellule 14
libéral 22 289
libérateur 174
libératoire 221
libérer 330
liberté 22
libertin 62
libidineux 54
libido ᶠ 42

libraire 221
librairie 11
libre 225
libre arbitre ᵐ 285
libre choix ᵐ 285
libre pensée ᶠ 285
libre penseur 285
libre(s)-service(s) ᵐ 285
libre-échange ᵐ ˢᵍ 285
libyen 97
lice ᶠ 30 179 368
licence 72
licenciement 224
licencieux 54
lichen ᵐ 151
licite 179
licol 41
licorne 41
licou 147 281
lido 42
lie 30 220 368
lie-de-vin 285
lied ᵐ (pl lieder) 36
liège 143
liégeois 144
liéger .... 328 à 330
lien 63
lierre 14
liesse 14
lieu(x) commun(s) ᵐ 285
lieu ᵐ 53 368
lieue ᶠ 53 220 368
lieutenant 53 230
lieutenant(s)-colonel(s) ᵐ ..
.... 285
lièvre 225
lift 115 230
lifting 131
ligament 73
ligature 131
lignée 27
ligneux 54
lignite ᵐ 139
ligueur 132
lilas 1 8
limace 179
limaçon 179

limaille 98
limande 72
limbes ᵐ 62 368
lime 163
limier 24
liminaire ᵐ 221
limitatif 265
limite 115
limitrophe 126
limogeage 144
limoger 328
limonade 42
limoneux 54
limpide 62
limpidité 62
lin 62
linceul 58
linéaire 221
linge 143
linger 328
lingerie 35
lingot 230
linguistique 132
liniment 73
links ᵐ 150
linoléum 163
linotype ᶠ 34
linteau 44 277
lionceau 44 277
lippe 108
liquéfaction 214
liqueur 35
liquide 148
liquidité 148
liquoreux 54
lire 30 170 368
lis 177
lisérer 330
liseron 187
lisibilité 22
lisière 187
lisse 30 178 368
liste 177
listing ᵐ 177
lit 35 230 368
lit(s)-cage(s) ᵐ 285
litanie 35

literie 35
lithographie 117
litière 10
litige ᵐ 143
litote ᶠ 41
littéraire 221
littéral 22 289
littérature 22
littoral 116 278
liturgie 35
livarot 46 230
lividité 22
living 30
living-room(s) ᵐ 285
livraison 11
livre 225
livre d'or ᵐ 285
livrée 27
livresque 148
livret 13 230
lloyd ᵐ 87 160
lob 118 368
lobby ᵐ 34
lobe ᵐ 118 368
local 147 289
localité 22
locataire 221
loch 151 368
lock-out ᵐ 285
locomotion 214
locuteur 174
locution 214
loden ᵐ 15
lœss ᵐ 178
lof 124
logarithmique 117
loge 143
loger 328
loggia ᶠ 143
logiciel 200
logicien 63 267
logique 148
logis 35
logistique 148
logorrhée ᶠ 27
loi 85
loi(s)-programme(s) ᶠ ... 285

loi(s)-cadre(s) ᶠ 285
loin 93
lointain 64
loir 175
loisir 187
lombaire 81
lombard 81
lombric ᵐ 81
londonien 63 267
long 233
long feu ⁽ᶠᵃⁱʳᵉ⁾ 124
long-courrier(s) ᵐ 285
longanimité 131
longer 328
longeron 143
longévité 22
longitudinal 289
longtemps 229
longue(s)-vue(s) ᶠ 285
longueur 132
look 150
looping 131
lopin 62
loquace 148
loque 148 368
loquet 13 230
lord 233
lorgnette 14
loriot 46 230
lorrain 64
lors 229 368
lorsque 148
losange 143
lot 46 230 368
loterie 35
lotion 214
lotissement 178
loto 42
lotte 116
lotus ᵐ 177
louange 72
louanger 328
loufoque 148
loukoum ᵐ 150
loup 233
loup blanc ᵐ 285
loup de mer ᵐ 285

limaille — mahométan

loup(s)-garou(s) ᵐ 285
loupe 107
loupiot 46 230
loupiote 115
lourd 233 368
lourdaud 43
loustic 147
loutre ᶠ 225
louveter 332
louvoyer 87 334
loyal 97 289
loyauté 97
loyer 97
lubie 35
lubrifiant 73 230
lubrique 148
lucarne 147
lucidité 22
lucratif 124 265
lucre ᵐ 225
ludique 148
luette 14
lueur 174
luge 143
luger 328
lugubre 131
lui 159
lumbago ᵐ 68
lumière 10
lumignon 139
luminaire ᵐ 221
luminescence 180
lumineux 54
lumpenprolétariat .. 1 9 230
lunaire 221
lunatique 148
lunch 67
lune 165
lunetier 24
lunette 14 368
lunettes 368
lunule ᶠ 159
lupanar ᵐ 170
lupin 62
lurette 14
luron 80
lustral 177 289

lustre 225
luth ᵐ 117 368
luthérien 117 267
lutin 62
lutrin 62
lutte 116 368
lutteur 116
luxation 214
luxe 182 368
luxuriance 72
luzerne ᶠ 186
lycée 34
lymphatique 66
lymphe ᶠ 66
lymphocyte 66
lynchage 66
lynx 66
lyre ᶠ 34 368
lyrique 34
lys ᵐ 34 368

m

m'as-tu-vu ᵐ 322
ma 1
maboul 159
macabre 147
macadam 163
macaque 148
macareux 55
macaron 80
macaroni 30
macchabée ᵐ 152
macédoine 182
macération 214
macérer 330
mach 151
mâche ᶠ 105
mâchefer ᵐ 224
machette 14
machiavélique 151
mâchicoulis 275
machinal 289
machine 104
machine(s)-outil(s) ᶠ 285
machine(s)-transfert(s) ᶠ 285

machinerie 35
macho 42
mâchoire 221
maçon 179
maçonnerie 35
macramé ᵐ 22
macreuse 53
macrobiotique 148
macrocosme ᵐ 42
macrophotographie 126
madame 163
mademoiselle 14
madère 10
madone 42
madras 275
madré 22
madrigal 131 289
madrilène 10
maelström 237
maestria ᶠ 15
maf(f)ia 97
magasin 62
magasinier 24 256
magazine ᵐ 186
mage ᵐ 143
maghrébin 131
magicien 63 267
magistère ᵐ 10
magistral 25 289
magistrat 25 230
magma ᵐ 131
magnanimité 139
magnat 1 9
magnésie ᶠ 35
magnésium 163
magnétique 148
magnétophone 126
magnétoscope 177
magnificat 1 9
magnificence 72
magnolia ᵐ 139
magnum ᵐ 163
magot 46 230
magouille 98
magyar 34
maharadjah 235
mahométan 235

mai	II 369
maïeutique	237
maigre	II
maille	98 369
maillet	98 230
maillot	98 230
main	65 369
main-d'œuvre f sg	285
main-forte (prêter)	285
mainlevée	64
mainmettre	352
mainmise	64
mainmorte	64
maint	64 230 369
maintenance	72
maintenant	73 230
maintien	63
maire	II 369
mais	II 369
maïs	237 275
maison	187
maisonnée	27
maisonnette	14
maître	II 369
maître mot m	285
maître(s) chanteur(s) m	285
maître(s) couple(s) m	285
maître(s) d'hôtel m	285
maître(s)-autel(s) m	285
maîtresse	14
maîtresse femme f	285
maîtrise	II
majesté	22
majestueux	54 272
majeur	170
major	142
majoration	214
majordome m	42
majorette	14
majoritaire	222
mal (pl : maux)	I 5 369
mal-en-point	230 285
malabar	170
malade	I
maladif	125 265
maladresse	14
maladroit	86

malais	II
malaise m	187
malandrin	62
malappris	229
malaria f	97
malcommode	164
maldonne f	166
mâle	2 5
mâle	2 369
malédiction	214
maléfice m	179
maléfique	148
malencontreux	54 272
malentendu	72
malfaisant	73 230
malfaiteur	170
malfamé	22
malfrat	I 9 230
malgache	131
malgré	22
malhabile	10
malheur	235
malheureux	235 272
malhonnête	235
malicieux	54 272
maligne	139
malin	273
malingre	62
malintentionné	181
malle	369
malléabilité	22
malléole f	22
mallette	14
malmener	329
malotru	42
malouin	95
malsain	64
malséant	73 230
malthusianisme	117
malveillant	98 230
malversation	214
mam'zelle	285
maman	72
mamelle	14
mamelon	224
mammaire	II
mammifère m	164

mammouth	117
mamours	229
manade f	I
manager	60
manager	328
manant	73 230
manche f	221
manche m	221
manchette	14
manchon	80
manchot	46 230
mandarin	62
mandarinat	I 9 230
mandarine	72
mandat	I 9 230
mandat(s)-carte(s) m	285
mandat(s)-lettre(s) m	285
mandataire	222
mandibule f	72
mandoline f	72
mandragore f	42
mandrin	62
manécanterie	35
manège	143
manéger	328 à 330
mânes m	369
manette	14
manganèse m	131
mangeaille	144
mangeoire	144
manger	328
mangeur	264
mangouste	72
manguier	132
maniabilité	140
maniaco-dépressif(s)	285
maniaque	221
manichéisme	151
manie	35
maniement	224
maniéré	22
manière	97
maniérer	330
manifestant	73 230
manifestation	214
manifold m	118
manigance	72

manigancer 327
manille 98
manioc 140
manipulation 214
manitou 30 281
manivelle 14
manne 166 369
mannequin ᵐ 148
manœuvre 59
manœuvrier 59
manoir 170
manomètre ᵐ 225
manque 148
mansarde 177
mansuétude 177
mante ᶠ 72 369
manteau 44 277
mantille 98
manucure 147
manuel 260
manufacture 147
manuscrit 35 230
manutention 214
maoïste 237
maori 237
mappemonde ᶠ 80
maquereau 148 277
maquette 148
maquettiste 148
maquignon 139
maquillage 98
maquis 35
maquisard 148
marabout 230
maraîcher 24 262
marais 11 369
marasme ᵐ 163
marathon 117
marâtre 2
maraud 43
marbre 225
marbrier 24
marc 369
marcassin 178
marchand 74
marche 104
marché 27

marchepied 224
mare 369
marécageux 54 272
maréchal 278
maréchal-ferrant ᵐ ˢᵍ 285
maréchaux-ferrants ᵐ ᵖˡ .. 285
maréchaussée 27
marée 27 369
marelle 14
marémoteur 170
mareyeur 97
margarine 131
margelle 14
marger 328
marginal 289
margoulin 62
marguerite 132
marguillier 98
mari 30 369
marigot 46 230
marijuana 1
marin 62
marin(s)-pêcheur(s) ᵐ .. 285
marina ᶠ 1
maringouin 95
marinière 11
marionnette 14
maritalement 73
maritime 163
marjolaine 11
mark 150 369
marketing 150
marmaille 98
marmelade 1
marmite 115
marmoréen 63
marmot 46 230
marmotte 116
marneux 54 272
marocain 64 369
maronite 115
maroquinerie 148
marotte 116
marque 148 369
marqueter 332
marqueterie 148
marquis 35 270

marraine 11 369
marre 369
marri 369
marron 294
marron d'Inde ᵐ 285
marronnier 24
mars 177
marseillais 12 270
marsouin 95
marsupial 177 289
marteau 44 277
marteau(x)-pilon(s) ᵐ .. 285
martèlement 73
marteler 331
martial 181 289
martien 181 267
martin(s)-pêcheur(s) ᵐ .....
.... 285
martinet 13 230
martingale ᶠ 131
martyr 34 369
martyre ᵐ 221 369
marxisme-léninisme ᵐ .. 285
marxiste 182
marxiste(s)-léniniste(s) ....
.... 285
mas 275 369
mascarade 147
mascotte 42
masculin 62
masochisme 187
masque 148
mass media (ou médias) ᵐ 285
massacre 178
masse 178 369
massette 14
massicot 178 230
massif 178 265
massue 220
mastic 147
mastication 214
mastodonte 80
mastroquet 148 230
masturbation 214
masure 187
mat 1 230 369
mât 2 230 369

mat ^inv 1
matador 170
matamore ^m 170
match ^(pl : match(e)s) 104
matelas 1 8 229
matelot 46 230
matelote 221
matérialité 22
matériau 43 276
matériel 260
maternellement 160
maternité 22
math(s) 117 369
mathématique 117
matheux 117 272
matière 10
matin 1 369
mâtin 2 369
matinée 27
matou 1 281
matraque 148
matriarcal 97 289
matriarcat 97 230
matrice ^f 179
matricer 327
matriciel 200 260
matricule 159
matrimonial 42 289
matrone 131
matronyme 34
maturité 22
maudit 35 230
maure 43 369
mausolée ^m 27
maussade 178
mauvais 11 270
mauve 43 294
mauviette 14
maxillaire ^m 182
maxillo-facial(aux) 285
maxima ^pl ou f sg 182
maximum ^m 163
maya 97 369
mayonnaise 97
mazagran 186
mazette ! 186
mazout 186 230

mazurka ^f 186
méandre ^m 22
méat 1 9 230
mec 15
mécanique 148
mécano 147 369
mécénat 1 9 230
mécène 10
méchamment 3
méchanceté 22
mèche 10
mécher 330
méchoui 22
mécompte 81
méconnaître 348
mécréant 73 230
médaille 98
médecin 179
médecin(s)-conseil(s) ^m 285
média ^m 97
médian 72
médiateur 58
médiathèque 117
médiatique 148
médiator 41
médical 147 289
médicament 73
médication 214
médicinal 179 289
médico-pédagogique(s) ....
.... 285
médico-légal ^(pl en -aux) 285
médico-social ^(pl en -aux) 285
médiéval 22 289
médina 30
médiocrité 22
médique 148
médisance 72
méditerranéen 72
médium 163
médius 97
médullaire 11
méduse 187
meeting 36
méfiance 72
mégahertz ^(MHz) 285
mégalithe ^m 117

mégalomanie 35
mégalopolis ^f 177
mégaphone 126
mégarde 131
mégère 131
mégot 131 230
méhari ^m (pl : méharis ou méhara) .....
.... 235
meilleur 58
méjuger 328
mélancolie 35
mélange 131
mélanger 328
mélasse 177
melba ^inv 1
mêlée 27
mélèze ^m 186
méli(s)-mélo(s) ^m 285
mélodieux 54 272
mélodrame 10
mélomane 10
melon 80
mélopée ^f 27
membrane 72
membre 72
même 10
même ^(moi-même mais ici même, tout de même) 285
mémento 63
mémoire ^f 85
mémoire ^m 85
mémorandum 51
mémorial 97 289
menace 179
menacer 327
ménager 24 262
ménager 328
mendélien 63 267
mendicité 22
menées 27
mener 329
ménestrel ^m 159
ménétrier 24
menhir ^m 235
méningite 131
ménisque ^m 148
ménopause 43

ménorragie 171
menotte 116
mensonge 177
mensonger 24 262
menstruation 214
mensuel 260
mensuration 177
mentalité 22
menteur 58 264
menthe 72 369
mention 72 214 369
mentir 337
menton 72
mentor 41
menu 53
menu filé ᵐ ˢᵍ 285
menu-gros ᵐ ˢᵍ 285
menuet 13 230
menuisier 24 256
méphistophélique 126
mépris 35
mer 15 369
mercantile 159
mercenaire 11
mercerie 35
merci 179
mercure 147
mercuriale ᶠ 147
merdoyer 87 334
mère 10 369
mère célibataire ᶠ 285
mère(s)-grand ᶠ 285
merguez ᶠ 186
méridien 72 267
méridional 289
meringue 132
merisier 24
méritoire 85
merlan 72
merle 15
merlin 62
merlu(s) 15
mérovingien 72 267
merveille 98
merveilleux 54 272
mes ᵖˡ 54
mésalliance 160

mésange 187
mesdames 25
mesdemoiselles 14
mésentente 72
mésolithique 117
mesquin 148
mesquinerie 148
mess 14 369
messager 24 262
messe 14 369
messianisme 187
messie ᵐ 35
messieurs 170
mesure 187
métabolique 148
métacarpe ᵐ 147
métairie 11
métal 278
métallique 160
métalloïde ᵐ 237
métallurgie 131
métamorphose 126
métaphore ᶠ 126
métaphysique 34
métastase ᶠ 187
métatarse ᵐ 177
métayage ᵐ 97
météo(rologie) 131
météore ᵐ 22
météorite ᵐ ᵒᵘ ᶠ 22
métèque 148
méthane ᵐ 25
méthode 117
méthylène 117
méticuleux 54 272
métier 24
métis ⁽ᶠ ⁚ ᵐᵉᵗⁱˢˢᵉ⁾ 177
métonymie 34
métré 22
mètre 10 369
métrer 330
métrique 148
métro(politain) 64
métronome ᵐ 41
métropole 41
mets 11 369
metteur 116

mettre 352
meuble 58
meule 58
meunier 58 256
meursault 230
meurt-de-faim 285
meurt-de-soif 322
meurtrier 24 262
meurtrissure 178
meute 58
mexicain 64
mezza voce 189
mezzanine ᶠ 189
mezzo forte 189
mezzo-soprano ⁽ᵖˡ ⁻ˢ ᵒᵘ ⁻ⁱ⁾ ......
.... 189 385
mi 30 39
mi-août ᶠ ˢᵍ 322
mi-carême ᶠ ˢᵍ 322
mi-chemin ⁽ᵃ⁾ 322
mi-clos 322
mi-corps ⁽ᵃ⁾ 322
mi-côte ⁽ᵃ⁾ 322
mi-jambe ⁽ᵃ⁾ 322
mi-temps ᶠ 322
mi-voix ⁽ᵃ⁾ 322
miasme ᵐ 187
miaulement 43
mica 147
miche 221
micheline 221
micmac 147
micro(phone) 126
micro-informatique ....
.... 148 322
micro-organisme(s) ᵐ ... 322
microbien 63 267
microclimat 230
microcosme ᵐ 42
microscope 147
microsillon 177
miction 224
midinette 116
mie 35 369
miel 15
mielleux 54 272
mien 63 267

miette 116
mieux 54
mieux-être ᵐ ˢᵍ 322
mièvrerie 10
mignon 139 268
migraine 11
migrateur 53
mijaurée ᶠ 43
mijoteuse 42
mil ᵐ 369
mildiou 97 281
milice 179
milieu 58 280
militaire 11
mille 291 369
mille-pattes ᵐ 322
millefeuille ᵐ 160
millénaire 160
millésime 160
millet 230
milliard 293
millibar 160
millième 160
millier 293
millionième 160
millionnaire 160
mime ᵐ 221
mimique 148
mimolette 14
mimosa ᵐ 187
minable 221
minaret 13 230
minceur 179
mine 221
minerai 11
minéral 278
minet 13 230
mineur 53
miniature 140
minier 140 262
minimal 289
ministère 10
ministériel 260
minitel 159
minium 163
minois 275
minorité 22

minoterie 35
minuit ᵐ 230
minus 177
minuscule 147
minute 221
minutie 181
minutieux 210 272
mirabelle 14
miracle 221
miraculeux 54 272
mirador 235
mirage 144
mire ᶠ 30 369
mirliton 80
miro(n)ton 80
mirobolant 73 230 369
miroir 85
misaine ᶠ 187
misanthrope 117
mise 187
misérable 225
misère 10
miserere ⁱⁿᵛ 22
miséreux 54 272
miséricordieux 54
misogyne 34
miss 178
missel 159
missile 221
mission 215
missionnaire 11
missive 178
mistral 159
mitaine ᶠ 11
mitard 233
mite 30 221 369
miteux 54 272
mitigé 144
mitiger 328
mitochondrie(s) ᶠ 35
mitose ᶠ 187
mitoyen 97
mitraille 98
mitraillette 14
mitre ᶠ 221
mitron 80
mixe(u)r 53

mixtion 214
mixture 221
mnémotechnique 151
mob(ylette) 34
mobile 221
mobilier 24 262
mobilisation 214
mobilité 22
mocassin 178
moche 104
modal 289
modalité 22
mode 221
modelage 144
modèle 221
modeler 331
modéliste 22
modérateur 53
modération 214
modérément 73
modérer 330
moderne 163
modernité 22
modestie 35
modification 214
modique 148
modiste 221
module ᵐ 221
modus vivendi 63
moelle 85
moelle épinière ᶠ 285
moelleux 54 272
moellon 85
mœurs ᶠ ᵖˡ 59
mohair 235
moi 85 369
moignon 139
moindre 85
moine 85
moineau 44 277
moins 229
moins-perçu(s) ᵐ 322
moire ᶠ 221
mois 275 369
moisissure 178
moisson 178
moissonneur 166 264

moissonneuse(s)-
    batteuse(s) f **285**
moiteur 58
moitié 22
moka 22
mol 41 369
molaire 11
mole f 221 41 369
môle f 45 369
môle m 45 369
molécule f 221
moleskine 150
moleter **332**
molette 116
mollah 233
mollasson **268**
mollesse 14
mollet 13 230
molleton 160
mollusque m 148
molosse 178
môme 45
moment 73
momentanément 73
momie 35
mon 80 369
monacal 147 **289**
monade f 221
monarchique 148
monarque 148
monastère m 10
monastique 148
monceau 179 **277**
mondain 64
mondanité 22
monde 221
mondial 97 **289**
monégasque 131
monétaire 11
mongol 159
mongolien 63 **267**
moniale f 221
moniteur 58 256
monitorat 230
monnaie 220
monnayage 97
monnayer **333**

monobloc inv 147
monocle m 225
monoculture 223
monogramme m 164
monolithe m 117
monologue 132
monôme 45
mononucléaire 222
monopole m 221
monosyllabe 34
monotone 221
monotonie 220
monseigneur 58
monsieur (pl : messieurs) 14
monstrueux 54 **272**
mont 82 230 369
mont(s)-de-piété m **285**
montagnard 233
montagneux 54 **272**
monte-charge m **285**
monte-en-l'air m **285**
montée 27
montgolfière f 221
monticule m 221
montmartrois **270**
montre 225
montre(s)-bracelet(s) f ......
    .... **285**
montreur 58 **264**
monument 73
moquerie 220
moquette 116
moqueur 58 **264**
moraine f 11
moral **289**
moralité 22
moratoire m 222
morbide 221
morbleu ! 53
morceau 44 **277**
morceler **331**
morcellement 14
mordancer **327**
mordicus 177
mordoré 22
more 221 369
morgue 132

moribond 233
morigéner **330**
morille f 98
mormon 80
morne 221
morose 221
morphème m 126
morphine 126
morphologie 126
morpion 97
mors **275** 369
morse 221
morsure 177
mort 230 369
mort(s)-vivant(s) **285**
mort-aux-rats f **285**
mort-né(s) **285**
mortadelle 14
mortaise 11
mortalité 22
morte(s)-saison(s) f **285**
mortel **260**
mortier 24
mortuaire 11
morue 220
morutier 24
morveux 54 **272**
mosaïque 237
mosan 72
mosquée 148
mot 46 230 369
mot à mot 230
motard 233
motel 159
motet 13 230
moteur 58
motion 214
motocross 178
motoculteur 58 **264**
motocyclette 116
motocycliste 34
mots croisés m pl **285**
motte 116
motus ! 177
mou 163 **281** 369
mouchard 233
mouche 225

moucheron 224
moucheter 332
mouchoir 170
mouclade f 221
moudjahid (pl : moudjahidin) ... 235
moue 220 369
moufle f 225
mouflon 80
mouillage 98
mouise 187
moujik 150
moule f 159
moule m 159
moulin 62
moulinet 13 230
moulinette 116
moulure 223
mourir 338
mouron 80
mousquet 148 230
mousquetaire 148
moussaillon 98
mousse f 221
mousse m 178
mousseline 178
mousseux 54 272
mousson f 80
moustache 104
moustiquaire f 11
moût 230 369
moutardier 24
moutonnier 166
mouture 223
mouvement 73
moyen 63 87
Moyen(-)Âge 87 285
moyen(s)-
    courrier(s) m 87 285
moyenâgeux 97 272
moyennant 87 166
moyeu 53 87 280
mucosité 147
mucus 177
mue 220 369
muet 13 263
muezzin 189
mufle 225

mufti 30
mugissement 144
muguet 132 230
mugueter 332
mulâtre 2
mulet 13 230
muleta 11
mulot 230
multicellulaire 14
multicolore 221
multinationale 214
multiplex 115
multiplicateur 58 264
multitude 221
municipalité 179
munificence f 179
munition 214
muqueuse 148
mur 369
mûr 369
muraille 98
mûre 223 369
mûrement 224
murène f 10
muret 13 230
mûrier 24
mûrissement 178
murmure 223
musaraigne f 11
musc 147
muscadet 147 230
muscat 230
muscle 147
musculaire 11
musculeux 54 272
muse 187
museau 44 277
musée 27
museler 331
muselière 10
musette 116
musical 289
musicien 204 267
musicothérapie f 117
musique 148
musqué 148
mustang 233

musulman 72
mutation 214
mutilation 214
mutin 62
mutinerie 35
mutisme 221
mutualité 22
mutuel 260
mutuellement 14
mycélien 63 267
mycélium 163
mycénien 34 267
mycologie 34
mycose f 42
myélite f 97
mygale f 34
myocarde 97
myopie 97
myosotis m 97
myriade f 34
myrrhe f 34 235 369
myrte m 34
mystère 34
mystérieux 34 272
mysticisme 34
mystificateur 34 264
mythe 34 369
mythique 117
mythologie 117
mythomanie 117
mytiliculteur 34 256
myxomatose f 34

n

n'est-ce pas 322
n'importe laquelle 285
n'importe qui quoi 285
nabab m 1
nabot 230
nabuchodonosor 151
nacelle 179
nage 144
nageoire 131
nager 328
naguère 132

naïade 97
naïf 237 **265**
nain 64
naissance 178
naître **348**
naïveté 237
naja 142
nancéien 63 **267**
nanisme 177
napalm 1
naphtaline ^f 126
naphte ^m 126
napoléonien 63 **267**
napolitain 64
nappe 108
narcisse ^m 177
narco-analyse(s) ^f **322**
narcolepsie 177
narcose ^f 42
narcotique 148
narghilé 131
narguilé 132
narine 30
narquois 148 **270**
narrateur 264
narration 171
narthex ^m 117
narval **289**
nasal **289**
naseau 44 **277**
nasillard 98
nasse 178
natal **289**
natalité 22
natation 214
natif 125 **265**
nation 214
national-socialisme ^m **285**
nationalité 214
natte 116
naturel **260**
naufrage 43
naufrager **328**
nauséabond 233
nausée 27
nautique 43
naval ^(pl : navals) **289**

navarin 62
navet 13 230
navette 116
navigabilité 131
navigant 73 230
navire 221
navire(s)-école(s) ^m **285**
navire(s)-usine(s) ^m **285**
nazi 186
ne 53 370
néanmoins 72
néant 73 230
nébuleux 54 **272**
nec plus ultra **285**
nécessaire 178
nécessité 178
nécessiteux 178 **272**
nécrologie 35
nécromancie 35
nécropole ^f 221
nécrose ^f 187
nectar ^m 170
néerlandais 11 **270**
nef ^f 125
néfaste 221
nèfle ^f 225
néflier 97
négatif 125 **265**
négligeable 144
négligent 230
négliger **328**
négoce 179
négociant 97 230
nègre ^(f : négresse) 10
négroïde 237
neige 12
neiger **328**
neigeux 54 **272**
nenni 166
nénuphar 126
néo-natal(e)(s) **322**
néo-positivisme ^{m sg} **322**
néo-réalisme ^m **322**
néolithique 117
néologisme 182
néon 80
néophyte 126

néoprène ^m 10
néphrétique 126
néphrite ^f 126
népotisme ^m 115
nerf 233
nerveux 54 **272**
nervi 30
nervosité 22
nervure 223
net 115 **263**
netteté 116
nettoiement 224
nettoyage 97
nettoyer 87 **334**
nettoyeur 97 **264**
neuf 125 **265**
neurasthénie 117
neurochirurgie ^f **285**
neurolinguistique ^f **285**
neurologie 144
neurologue 132
neurone ^m 53
neuroplégique 148
neuropsychiatrie 151
neurovégétatif(s) **285**
neutralisation 214
neutralité 53
neutre 225
neutron 53
neuvaine ^f 53
névé ^m 22
neveu 53 **280**
névralgie 35
névrite 22
névrose 42
névrotique 148
newton ^m 139
nez 25 **275** 370
ni 30 370
niais **270**
niche 104
nichée 27
nickel 150
nickeler **331**
niçois 179 **270**
nicotine 42
nid 30 370

nid(s)-d'abeilles (forme) .. 285
nid(s)-de-poule ᵐ 285
nidification 214
nièce 97
nielle ᶠ 14
nielle ᵐ 140
nietzschéen 63
nigaud 43
nigérian 72
nigérien 63 267
night-club(s) ᵐ 285
nihilisme 235
nimbe ᵐ 163
nippes ᶠ 108
nippon (f : nippon(n)e) 80 268
nique 148
nirvana ᵐ 1
nitrate ᵐ 115
nitroglycérine 34
niveau 44 277
nivelage 144
niveler 331
nivellement 160
no man's land ᵐ ˢᵍ 285
nô 45
nobiliaire 11
noble 225
noblesse 14
noce 179
nocer 327
noceur 179 264
nocif 125 265
noctambule 41
nocturne 41
nodal 289
nodule ᵐ 159
noël 237
nœud 55 370
noirâtre 2
noiraud 43
noirceur 85
noise ᶠ 187
noisetier 24
noisette 14
noix 231
nom 81
nomade 118

nombreux 54 272
nombril 159
nomenclature 72
nominal 289
nomination 214
nommément 164
non 80
non (pour les adjectifs) ex. :
  non violent 285
non- (pour les noms) ex. :
  non-fumeur(s) 322
non-conformisme ᵐ 322
non-conformiste(s) 322
non-contradiction ᶠ 322
non-activité ᶠ 322
non-agression ᶠ 322
non-alignement ᵐ 322
non-combattant (s) ᵐ ... 322
non-comparution ᶠ 322
non-conciliation ᶠ 322
non-conformité ᶠ 322
non-engagé(e)(s) 322
non-être ᵐ 322
non-exécution ᶠ 322
non-existence ᶠ 322
non-intervention ᶠ 322
non-lieu(x) ᵐ 322
non-paiement ᵐ 322
non-recevoir ᵐ 322
non-sens ᵐ 322
non-stop 322
non-violence ᶠ 322
nonagénaire 11
nonante 72
nonce 179
nonchalamment 3
nonchalance 72
nonciature ᶠ 97
nonne 166 370
nonnette 14
nonobstant 73 230
nord 233
nord-africain(e)(s) 285
nord-américain(e)(s) 285
nord-coréen(ne)(s) 285
nord-est 230 285

normal 289
normalien 63 267
normalisation 214
normand 233
normatif 125 265
norme ᶠ 41
noroît ᵐ 86 370
nos ᵖˡ 42
nosologie 35
nostalgie 35
nota bene 285
notabilité 115
notaire 11
notamment 3
notarial 289
notariat 1 9 230
notation 214
note 221
notice 179
notion 214
notoire 85
notoriété 22
notre 41 225 370
nôtre 45 370
nouba 1
noueux 54 272
nougat 230
nougatine 131
nouille 98
nourrice 171
nourricier 24 262
nourrisson 178
nourriture 171
nous 229
nouveau 44 277
nouveau-né(s) ᵐ 285
nouveau-née(s) ᶠ 285
nouveauté 22
nouvel 260
nouvellement 14
nouvelliste 14
nova ᶠ (pl : novæ) 1
novateur 264
novembre 72
novice 179
noviciat 230
noyade 97

noyau 43 87 **276**
noyer 87 **334**
noyer 24 87
nu 165 370
nu-tête **285**
nuageux 54 **272**
nuance 179
nuancer **327**
nubile 159
nucléaire 11
nucléique 22
nudité 22
nue 220 370
nue(s)-propriété(s) **285**
nuée 27
nuisance 187
nuitamment 3
nuitée 27
nul 159
nullard 233
nullement 160
nullité 160
numéraire 11
numéral **289**
numérateur 170
numéro 42 370
numerus clausus **285**
numismatique 148
nuptial 181 **289**
nuque 148
nurse 60
nursery 60
nutrition 214
nyctalope 34
nyctalopie 34
nylon 34
nymphe 66
nymphéa ᵐ **285**
nymphomane 66

O
ô 45
oasis ᶠ 177
obédience ᶠ 72
obéissance 72

obélisque ᵐ 148
obérer **330**
obèse 187
obésité 187
objection 15
objectivité 15
objet 13 230
objurgation 109
oblation 214
obligation 214
obligatoire 222
obligeamment 144
obligeant 230
obliger **328**
oblique 148
oblitération 214
oblitérer **330**
oblong 233
obole ᶠ 159
obscène 180
obscénité 180
obscur 109
obscurantisme 72
obscurément 73
obsécration 214
obséder **330**
obsèques ᶠ 148
obséquieux 54 **272**
observateur **264**
observatoire 222
obsession 109
obsessionnel 215 **260**
obsidienne ᶠ 109
obsolète 109
obstacle 109
obstétrique 109
obstinément 109
obstruction 109
obtempérer **330**
obtention 109
obturateur 109
obtus 229
obus **275**
oc 41
ocarina ᵐ 1
occasion 149
occasionnel 149 **260**

occident 182 230
occiput 182 230
occitan 182
occlusion 149
occulte 149
occupation 149
occurrence 149
océan 22
océanique 148
ocelot 179 230
ocre 221
octaèdre 10
octane ᵐ 163
octante 72
octave ᶠ 41
octogonal 41 **289**
octroi 85
octroyer 87 **334**
octuor 41
oculaire ᵐ 11
oculiste 147
odalisque ᶠ 148
ode ᶠ 42
odelette 116
odéon 80
odeur 170
odieux 54 **272**
odorat 230
odoriférant 73 230
odyssée ᶠ 34
œcuménique 25
œdème ᵐ 25
œdipien 25 **267**
œil (pl : yeux) 98 **282**
œil(s)-de-bœuf ᵐ **285**
œil(s)-de-perdrix ᵐ **285**
œillère 98
œillet 98 230
œnologie 25
œsophage ᵐ 25
œstrogène 25
œuf [œf] (pl : œufs [ø]) 59
œuvre d'art ᶠ **285**
œuvre ᶠ 221
œuvre ᵐ 221
off ⁱⁿᵛ 125
offense 125

offertoire ^m ... 125
office ^m ... 125
officiel ... 200 260
officier ... 24
officieux ... 54 272
officine ^f ... 179
offrande ... 125
offset ... 125 230
oflag ^m ... 131
ogival ... 289
ogive ^f ... 143
ogre ... 42
ogresse ... 14
oh ... 42 357
ohé ! ... 235
ohm ... 235 364
ohmmètre ... 235
oie ... 220
oignon ... 139
oïl ... 237
oindre ... 345
oiseau ... 44 277
oiseau(x)-mouche(s) ^m ...
... 285
oiseau(x)-lyre(s) ^m ... 285
oiseler ... 331
oiseleur ... 224
oiseux ... 54 272
oisif ... 125 265
oisillon ... 98
okapi ... 150
oléagineux ... 54 272
oléiculteur ... 22 256
oléoduc ... 147
olfactif ... 125 265
olibrius ... 177
olifant ... 73 230
oligarchie ... 35
oligo-élément(s) ^m ... 285
olivâtre ... 2
olive ... 42
olivette ... 14
olographe ... 126
olympiade ^f ... 66
olympien ... 66 267
ombilical ... 81 289
ombrager ... 328

ombrageux ... 81 272
ombre ... 81 364
ombrelle ... 14
ombrien ... 63
oméga ... 131
omelette ... 14
omettre ... 352
omission ... 215
omnibus ... 177
omnidirectionnel(le)(s) ...
... 285
omniscient ... 180 230
omnium ... 163
omnivore ... 221
omoplate ^f ... 42
on ... 80 313
on(c)ques ... 148
on-dit ^m ... 322
onagre ^m ... 221
onanisme ... 42
once ^f ... 179
oncle ... 225
onction ... 214
onctueux ... 54 272
onde ... 80
ondée ... 27
ondin ... 62
ondoiement ... 215
ondoyer ... 87 334
ondulatoire ... 222
onéreux ... 54 272
ongle ... 225
onglet ... 230 371
onguent ... 132 230
onirique ... 148
oniromancie ... 35
onomatopée ^f ... 27
ontique ... 80
ontogenèse ... 115
ontologique ... 115
onyx ^m ... 34
onze ... 186
opacité ... 179
opale ^f ... 159
opalescent ... 180 230
opalin ... 62
opaque ... 148

open ^{inv} ... 165
opéra ... 107
opéra bouffe ^m ... 285
opéra(s)-ballet(s) ^m ... 285
opérateur ... 256
opération ... 214
opérationnel ... 166 260
opératoire ... 170
opérer ... 330
opérette ... 25
ophidien ... 126
ophtalmie ... 126
ophtalmologiste ... 126
opiacé ... 22
opiacer ... 327
opiniâtre ... 2
opinion ... 140
opiomane ... 97
opium ... 163
opossum ... 163
oppidum ... 163
opportun ... 67
opportunément ... 108
opposition ... 108
oppression ... 108
opprobre ^m ... 108
optatif ... 125 265
opticien ... 204 267
optimisme ... 163
optimum ... 163
option ... 214
optionnel ... 132 260
optique ... 148
optométrie ... 35
opulence ... 72
opulent ... 73 230
opus ^m ... 177
opuscule ^m ... 147
or ... 364
oracle ^m ... 225
orage ^m ... 144
orageux ... 54 272
oraison ^f ... 11
oral ... 289
oralement ... 73
orang(s)-outang(s) ^m ... 285
orange ... 144

orangeade 144
oratoire ᵐ 170
oratorio ᵐ 97
orbite ᶠ 42
orchestre 151
orchidée ᶠ 151
ordalie ᶠ 35
ordinaire 11
ordinal 289
ordinateur 170
ordination 214
ordonnance 166
ordonnancer 327
ordonnateur 166 264
ordonnée ᶠ 27
ordre 221
ordure 223
ordurier 24
orée ᶠ 27
oreille 98
oreiller 98
oreillette 98
oreillon 98
orémus ⁱⁿᵛ 177
ores 364
orfèvre 10
orfraie ᶠ 220
organdi 30
organe 131
organigramme 164
organique 148
organisateur 264
organiste 131
orgasme ᵐ 131
orge ᶠ 144
orgeat 230
orgelet 13 230
orgiaque 148
orgie 35
orgue ᵐ 132
orgueil 59
orgueilleux 54 272
orgues ᶠ ᵖˡ 132
orient 73 230
oriental 289
orifice ᵐ 179
oriflamme ᶠ 164

origan 72
originaire 11
original 289
origine 42
originel 10 260
oripeau 44 277
ormaie ᶠ 220
orme 41
ormeau 44 277
ornement 73
ornière 97
ornithologie 117
ornithologue 117
ornithorynque ᵐ 66
oronge ᶠ 80
orphelin 126
orphelinat 230
orphéon 126
orphique 126
orque ᶠ 148
orteil ᵐ 12
orthodoxe 117
orthodoxie 117
orthogonal 117 289
orthographe ᶠ 117
orthonormé 117
orthopédie 117
orthophonie 117
ortie ᶠ 35
ortolan 72
orvet 13 230
os ⁽ˢᵍ ⁽ᵒˢ⁾ – ᵖˡ ⁽ᵒ⁾⁾ 357
oscar 170
oscillation 180
oscillomètre 180
oscilloscope 180
oseille ᶠ 98
osier 24
osmose 187
ossature 178
osselet 178 230
ossements 178
osseux 54 272
ossuaire ᵐ 221
ostéite 22
ostensible 177
ostensoir 170

ostentatoire 222
ostracisme 177
ostréiculteur 22 256
ostrogot(h) 233
otage 144
otarie ᶠ 35
otite ᶠ 42
oto-rhino-laryngologie ᶠ ....
.... 285
ottoman 72
ou 314 364
où 314 364
ouailles 98
ouais ! 11
ouate ᶠ 88 371
oubli 30 371
oubliette ᶠ 97
oublieux 97 272
oued ᵐ 118
ouest ᵐ 115
ouest-allemand(e)(s) 285
ouf ! 125
oui ⁱⁿᵛ 30 371
ouï-dire ᵐ 285
ouïe ᶠ 33 220 371
ouille ! 98 364
ouistiti 177
ouragan 131
ourlet 13 230
ours 177
ourse 177
oursin 62
ourson 80
oust(e) ! 177
out 115 230
outil 159
outillage 98
output 115 230
outrage 144
outrageant 230
outrager 328
outrance 179
outrancier 24
outre 225
outre-mer ⁽ᴰᴼᴹ⁾ 285
outre-tombe 285
outrecuidance 179

outremer m inv 170
outsider m 170
ouverture 223
ouvrage 144
ouvrager 328
ouvre-bouteille(s) m 285
ouvre-boîte(s) m 285
ouvrier 24 256
ovaire m 221
ovale 159
ovation 214
overdose 187
ovin 62
ovipare 221
ovni m 30
ovoïde 237
ovovivipare 221
ovulaire 222
ovulation 214
ovule m 159
oxhydrique 235
oxydant 34 230
oxydation 34
oxyde m 34
oxygéné 34
oxygène 34
oxygéner 330
oxyton 34
ozone m 186

p

pacage 147
pacager 328
pacemaker 150
pacha 104
pachyderme 104
pacification 214
pacifique 148
pack 150
pacotille 98
pacte 147
pactole m 159
paddock 150
paella f 160

paf ! 125
pagaie f 215
pagaille 98
paganisme 131
pagayer 333
page f 11
page m 11
pager 328
pagination 214
pagne 139
pagode 131
paie 220
paiement 224
païen 63
paillard 233
paillardise 98
paillasson 178
paille 98
pailleter 332
paillette 14
paillote 98
pain 64 372
pain d'épice m 285
pair 372
paire 222 372
pairie 220
paisible 187
paisseler 331
paître 348
paix 231
pal m 372
palabre f ou m 225
palace m 179
palais 11 372
palan 72
palanquin 148
palatal 289
palatin 62
pâle 372
pale f 372
palefrenier 224
palefroi 224
paléolithique 117
paléontologie 35
palestinien 63 267
palestre f 225
palet m 11 372

paletot 224
palette 14
palétuvier 24
pâleur 58
pâlichon 80 268
palier 24
palinodie 220
palissade 178
palissandre m 72
palliatif 265
palmaire 11 372
palmarès 177
palme 163
palmeraie 215
palmier 24
palmipède 118
palois 270
palombe 81
pâlot 230 269
palourde f 118
palpitant 73 230
palpitation 214
palsambleu ! 11
paltoquet 148 230
paludéen 63
paludisme 177
pâmoison 187
pampa f 72
pamphlet 126 230
pamphlétaire 126
pamplemousse m 72
pampre m 72
pan 72 372
panacée f 27
panache m 104
panade f 118
panafricain 64
panama 1
panaméricain 62
panaris m 35
pancarte 72
pancrace m 179
pancréas m 229
pancréatite f 22
panda 1
pandémonium 163
pandit 35 230

pandore ᵐ 221
panégyrique ᵐ 34
panel 159
panetière 10
panier 24
panique 148
panne 166 372
panneau 44 277
panneton 166 372
panonceau 44 277
panoplie ᶠ 35
panorama ᵐ 1
panoramique 148
panse 177
pansement 73
pansu 72
pantalonnade 132
pantelant 73 230
panteler 331
panthéisme 117
panthéon 117
panthère 117
pantin 62
pantographe ᵐ 126
pantois ᵐ 86
pantomime ᶠ 72
pantouflard 233
pantoufle ᶠ 72
paon 74 372
papal 289
papauté 43
papaye [papaj] ᶠ 97
pape 107
papelard 233
paperasse 178
paperasserie 35
papeterie 35
papier 24
papier(s)-monnaie(s) ᵐ 285
papier(s)-calque ᵐ 285
papier(s)-filtre(s) ᵐ 285
papille ᶠ 98
papillon 98
papillote 98
papou 107 281
paprika ᵐ 150

papyrus 34
pâque ᶠ 148
paquebot 148 230
pâquerette 148
paquet 148 230
paquetage 148
paqueter 332
par 372
par-ci par-là 322
par-delà 322
par-derrière 322
par-devant 230 322
par-devers 322
parabellum 51
parabole 159
paracentèse ᶠ 72
parachever 329
parachute 104
parade 118
paradigme 131
paradis 275
paradoxal 289
paradoxe ᵐ 182
parafe ᵐ 125
paraffine 125
parafiscal 147 289
parages 144
paragraphe 126
paraître 348
parallaxe ᶠ 160
parallèle 160
parallèlement 160
parallélépipède ᵐ 285
paralogisme 143
paralysie 34
paralytique 34
paramètre 225
paramétrer 330
parangon 72
paranoïa ᶠ 237
parapet 13 230
paraphe ᵐ 126
paraphrase 126
paraplégie 35
parapluie 35
parasite 187
parasitose 187

parasol 177
paratonnerre 14
paravent 73 230
parbleu ! 53
parc 147
parc(o)mètre 147
parce que 285
parcellaire 14
parcelle 14
parchemin 62
parcimonieux 54 272
parcourir 338
parcours 10 275
pardessus ᵐ 10
pardi ! 30
pardon 80
pardonnable 225
pare-balles ᵐ 285
pare-brise ᵐ 285
pare-cendres ᵐ 285
pare-chocs ᵐ 285
pare-feu ᵐ 285
pare-soleil ᵐ 285
pareil 12 261
parement 73
parent 230
parental 72 289
parenté ᶠ 22
parentéral 72 289
parenthèse 117
paréo 42
paresse 14
paresseusement 14
parfait 11 230
parfaitement 73
parfois 86
parfum 68
parfumerie 35
pari 30
paria 97
parieur 97
parisianisme 187
parisyllabique 285
paritaire 222
parité 22
parjure 142
parking 150

parlement 73
parlementaire 222
parloir 170
parlote 115
parmentier 24
parmesan 187
parmi 30
parnassien 267
parodie 35
paroi 85
paroisse 178
paroissien 206 267
parole 159
parolier 24 262
paronyme 34
paroxysme ᵐ 34
parpaing 233
parquet 13 230
parqueter 332
parrain 64
parrainage 144
parricide 179
parsemer 329
part ᶠ 372
partager 328
partance 179
partenaire 222
parterre ᵐ 14
parthénogenèse 117
parti 30 372
partial 181 289
participe 179
particule ᶠ 159
particulier 24 262
partie 35 372
partiel 199 260
partir 337
partisan 72
partitif 125 265
partition 214
partout 230
parturiente 97
parure 223
parution 214
parvis ᵐ 35
pas 275
pas-de-porte ᵐ 285

paso doble 285
passable 178
passade 178
passage 178
passager 24 262
passant 73 230
passe 178
passé 178
passe-montagne(s) ᵐ 285
passe-bande 285
passe-droit(s) ᵐ 285
passe-passe 285
passe-plat(s) ᵐ 285
passe-temps ᵐ 285
passéisme 22
passeport 230
passereau 44 277
passerelle 14
passible 225
passif 125 265
passing-shot(s) ᵐ 285
passion 178
passionnant 73 230
passionnel 166 260
passoire 222
pastel 159
pastèque ᶠ 148
pasteur 170
pastiche ᵐ 104
pastille 98
pastis 177
pastoral 289
pastoureau 44 277
pat ⁱⁿᵛ 115 372
patache ᶠ 104
patachon 80
pataquès 148
patata… ⁱⁿᵛ 1
patate 115
patati… ⁱⁿᵛ 30
patatras ! 177
pataud 43
patauger 328
patchouli ᵐ 104
patchwork ᵐ 150
pâte 2 372
pâté 2 372

pâtée 27 372
patelin 224
patenôtre ᶠ 285
patent 73 230
patente 115
pater 24 372
pater noster 285
patère ᶠ 10 372
paternalisme 170
paternel 260
paternité 22
pâteux 54 272
pathétique 117
pathogène 117
pathologie 117
pathos 177
patibulaire 11
patiemment 3
patience 181
patin 62
patinage 10
patine ᶠ 165
patinette 14
patinoire 222
patio 181
pâtisserie 35
patois 275
patoisant 73 230
patraque 148
pâtre 225
patriarcat 97 230
patriarche 97
patricien 204 267
patrie 35
patrimoine 85
patrimonial 140 289
patriote 97
patron 80
patronage 143
patronat 1 9 230
patronnesse 166
patronyme 34
patrouille 98
patte 116 372
pattemouille ᶠ 285
pattern ᵐ 116
pâturage 10

pâture ... 223
paume f ... 43 372
paumelle ... 43
paumoyer ... 87 334
paupérisme ... 43
paupière ... 43
paupiette ... 43
pause ... 43 372
pause(s)-café f ... 285
pauvreté ... 22
pavane f ... 165
pavé ... 22
pavillon ... 98
pavlovien ... 63 267
pavois ... 86 275
pavot ... 46 230
paye ... 97
payer ... 333
payeur ... 97 264
pays ... 34
paysager ... 34
paysan ... 34
paysannerie ... 34
péage ... 143
péan ... 72
peau ... 44 277 372
peau(x)-rouge(s) ... 285
peaufinage ... 44
peaussier ... 44 372
pécari ... 30
peccadille f ... 98
péché ... 22
pêche ... 104
pêcher ... 24
pêcheur ... 264
pêcheur ... 10
pécore f ... 221
pectoral ... 15 289
pécule m ... 147
pécuniaire ... 11
pédagogie ... 35
pédale ... 159
pédalier ... 24
pédalo ... 42
pédant ... 73 230
pédanterie ... 35
pédérastie ... 35

pédestre ... 225
pédiatre ... 225
pédicule m ... 159
pédicure ... 223
pedigree m ... 27
pédo-psychiatre(s) ... 322
pédoncule m ... 159
peeling m ... 36
pègre f ... 10
peigne ... 12
peignoir ... 170
peinard ... 12
peindre ... 345
peine ... 12 372
peintre ... 65
peinture ... 65
péjoratif ... 10 265
pékinois ... 150
pelade ... 131
pelage ... 143
pélagien ... 63
pêle-mêle ... 285
peler ... 331
pèlerin ... 62
pèlerinage ... 143
pèlerine ... 131
pélican ... 72
pelisse ... 178
pellagre f ... 14
pelle ... 14
pelle(s)-pioche(s) f ... 285
pelletée ... 27 372
pelleter ... 332
pellicule ... 14
pelotari ... 30
pelote ... 115
peloton ... 80
pelouse ... 187
peluche ... 372
pelucheux ... 54 272
pelure ... 223
pelvis ... 35
pénal ... 289
pénalité ... 22
penalty (pl en -ies ou -ys) ... 34
pénates m pl ... 115
penaud ... 43

penchant ... 73 230
pendant ... 73 230
pendeloque f ... 148
pendentif ... 72
penderie ... 35
pendule f ... 221
pendule m ... 221
pêne m ... 10 372
pénéplaine ... 64
pénétrer ... 330
pénible ... 225
péniche ... 225
pénicilline ... 160
péninsule ... 62
pénis ... 177 275
pénitence ... 72
pénitent ... 73 230
pénitentiaire ... 195
penne f ... 166 372
pennsylvanien ... 63 267
penny (pl : pennies ou pence) ... 34
pénombre f ... 81
penon ... 80 372
pense-bête(s) m ... 285
pensée ... 27
pension ... 215
pensionnaire ... 11
pensionnat ... 230
pensum ... 163
pentaèdre ... 225
pentagone ... 131
pentathlon ... 117
pentatonique ... 148
pente ... 72 372
pentecôtisme ... 45
pentu ... 72
pénultième ... 10
pénurie ... 35
péon ... 80
pépé m ... 22
pépée f ... 27
pépie f ... 35
pépiement ... 224
pépin ... 62
pépinière ... 221
pépite f ... 115
péplum m ... 163

péquenot 148 230
percale f 147
perce 179 372
perce-neige f 285
percée 27
percepteur 179
perceptible 225
perception 214
percer 327
percevable 225
percevoir 340
perche 104
perchiste 115
perchman 104
perchoir 170
perclus 229
percolateur 170
percussion 215
perdant 73 230
perdreau 44 277
perdrix 231
père 10 372
péremption 214
péremptoire 72
pérennité 166
perfection 214
perfide 118
perfidement 73
perforateur 264
perforation 214
performance 179
perfusion 187
pergola f 131
péricarde m 22
périgée m 27
périgourdin 62
péril 159
périlleux 98 272
périmètre 225
périnée m 27
périodicité 179
périodique 148
péripatéticienne 204
péripétie f 181
périphérie f 126
périphrase 126
périscope m 147

périssoire f 222
péristyle m 34
péritoine m 85
péritonite 115
perle 15 372
permanence 72
perméable 225
permettre 352
permis 270
permis de conduire m ... 285
permutation 214
pernicieux 209 272
péroné 22
péronnelle 14
péroraison 11
perpétrer 330
perpétuel 260
perpétuité 22
perplexité 182
perron 14
perroquet 13 230
perruche 14
perruque 148
pers 372
persan 72
perse 177 372
persécution 214
persévérance 179
persévérer 330
persienne 166
persiflage 143
persil 159
persillé 98
persistance 179
persona non grata 285
personnage 143
personnalité 22
personne 166
perspective 15
perspicace 177
persuasif 187 265
pertinemment 3
pertinent 73 230
perturbateur 264
pervenche 72
pervers 270 275
perversion 215

perversité 22
pesamment 3
pesanteur 170
pèse-personne(s) m 285
pèse-acide(s) m 285
pèse-bébé(s) m 285
pèse-lettre(s) m 285
pesée 27
peser 329
pessaire m 221
pessimisme 23
peste 221
pesticide m 177
pestiférer 330
pestilence 72
pestilentiel 199 260
pet 13 230
pet(s)-de-loup m 285
pétale m 159
pétanque 148
pétarade 115
pétard 10
pétaudière 43
pète-sec m 285
péter 330
pétillement 98
pétiole m 181
petit 230
petit vieux m 285
petit(s)-bourgeois m 285
petit(s)-beurre m 285
petit(s)-bois m 285
petit(s)-suisse(s) m 285
petit-nègre m 285
petite(s) fille(s) f 285
petitesse 14
pétition 214
petits pois m pl 285
petits-enfants m pl 285
pétrel m 159
pétrin 62
pétrochimie 35
pétrodollar 170
pétrole 159
pétulance 72
pétunia m 140
peu 280 315 372

peuh ! 53 372
peul 53
peuple 53
peuplier 53
peur 170
peureux 54 272
peut-être 285
pfennig m 166
phacochère m 126
phaéton 126
phagocytose f 126
phalange 126
phalanstère m 126
phalène f 126
phalère f 126
phallique 126
phallocrate 126
phalloïde 237
phallus 126
phanérogame 126
phantasme 126
pharamineux 54 272
pharaon 126
phare 126 362
pharisien 126 267
pharmaceutique 126
pharmacie 126
pharmacien 63 267
pharmacopée f 126
pharyngite 34
pharynx m 34
phase 126
phénicien 126 267
phénix 22 372
phénol 126
phénoménal 126 289
phénomène 10
phénoménologie 35
phénotype 34
phi m 126 362
philanthrope 117
philatélie 35
philharmonie f 285
philippine 108
philippique 148
philistin 126
philodendron 63

philologie 126
philosophe 126
philtre 126 362
phlébite 126
phlegmon 126
phobie f 126
phocéen 63
phonème m 10
phonétique 148
phonographe 126
phonothèque 117
phoque 148 362
phosphate m 126
phosphore 221
phosphorescent 180 230
photo 42
photocomposition f 285
photocopie 35
photogénique 148
photographie 35
photogravure f 285
photomaton 80
photon 80
photosynthèse 66
phototrope 126
phrase 187
phraséologie 35
phratrie 126
phréatique 126
phrénologie 126
phrygien 34 267
phtisique 126
phylactère m 221
phylloxéra 182
phylogenèse 126
physicien 204 267
physiologie 34
physionomie 34
physique 148
physiquement 73
phytoplancton 72
phytothérapie 34
pi 30 372
piaillement 98
pian 97
piano 42
piastre f 225

pic 147 372
pic(s)-vert(s) m 285
picador 170
picaillons 98
picard 233
picaresque 148
piccolo 149
pichenette 14
pichet 13 230
pickles m pl 150
pickpocket 150 230
picotement 73
picotin 62
picrate m 115
pictural 289
pidgin 143
pie 35 372
pièce 179
pied 25
pied(s)-bot(s) m 285
pied(s)-de-biche m 285
pied(s)-de-poule m 285
pied(s)-noir(s) 285
pied-à-terre 285
piédestal 278
piège 143
piéger 328 330
piémontais 11 270
pierraille 14
pierre 14
pierre(s) ponce(s) f 285
pierreries 35
pierrot 230
pietà 2
piétaille 98
piété 22
piéter 330
piéton 80
piètre 225
pieu 53 280 372
pieuvre 225
pieux 54 272 372
pif 125
pigeon 144
pigeonnier 144
piger 328
pigment 131

planning ... 131
planque f ... 148
plant ... 73 230 372
plantain ... 64
plante ... 72
plantoir ... 170
planton ... 80
plantureux ... 54 272
plaquage ... 148 372
plaque ... 148
plaqué ... 148
plaquette ... 14
plasma m ... 177
plastic m ... 147 372
plastique ... 148 372
plastron ... 80
plat ... 1 9 230
platane ... 1
plate(s)-bande(s) f ... 285
plate(s)-forme(s) f ... 285
plateau ... 44 277
platée ... 27
platement ... 73
platine f ... 165
platine m ... 163
platitude ... 115
platonique ... 148
plâtras ... 229
plâtre ... 225
plâtreux ... 54 272
plausible ... 43
play-back m ... 285
play-boy(s) m ... 87 285
plèbe f ... 10
plébéien ... 97 267
plébiscite m ... 180
plectre m ... 225
pléiade f ... 97
plein ... 65 372
plein-emploi m ... 285
plénier ... 24
plénitude ... 22
pléonasme m ... 187
pléthore f ... 117
pleur ... 170
pleure-misère ... 285
pleurésie ... 53

pleureur ... 53 264
pleutrerie ... 53
plèvre f ... 10
plexiglas ... 182
plexus m ... 182
pli ... 30 372
plie f ... 30 220 372
plinthe f ... 62 372
pliocène ... 10
plissement ... 178
pliure ... 237
plomb ... 233
plombier ... 81
plombières f ... 81
plongée ... 27
plongeon ... 144
plonger ... 328
plouf! ... 125
ployer ... 87 334
pluches f pl ... 372
pluie ... 220
plumard ... 233
plume ... 163
plumeau ... 44 277
plumet ... 13 230
plupart ... 230
pluralité ... 22
pluriel ... 97
plus ... 177
plus-que-parfait m sg ... 285
plus-value(s) f ... 285
plusieurs ... 229
plutonium m ... 163
plutôt ... 45 230 372
pluvieux ... 54 272
pluviosité ... 187
pneu ... 53 280
pneumatique ... 148
pneumonie ... 53
pneumothorax m ... 53
pochard ... 233
poche ... 104
poche(s)-revolver(s) ... 285
pochette ... 14
pochette(s) surprise(s) f ... 285
pochoir ... 170

podium ... 163
podologue ... 132
poêle f ... 372
poêle m ... 10 372
poêlon ... 10
poème ... 10
poésie ... 22
poète ... 10
poétesse ... 256
pogrom(e) m ... 163
poids ... 86 275 372
poids lourd m ... 285
poids mort m ... 285
poids plume m ... 285
poignant ... 85
poignard ... 233
poigne f ... 86
poignée f ... 27 372
poignet m ... 11 372
poil ... 372
poil-de-carotte m ... 285
poilu ... 85
poinçon ... 179
poinçonneur ... 179 264
poindre ... 345
poing ... 94 372
point ... 94 230 372
point de vue m ... 285
point mort m ... 285
pointe(s) sèche(s) f ... 285
pointeau ... 44 277
pointilleux ... 98 272
pointu ... 85
pointure ... 223
poire ... 222
poireau ... 44 277
pois ... 86 275 372
pois chiche m ... 285
poison ... 187
poissard ... 178
poisse f ... 178
poisseux ... 178 272
poisson ... 178
poisson(s)-scie(s) m ... 285
poissonnerie ... 166
poissonneux ... 54 272
poitevin ... 53

poitrail	98 **279**	
poitrinaire	II	
poitrine	165	
poivre	225	
poivron	80	
poix ^f	372	
poker	150	
polaire	222	
polarité	22	
polaroïd	237	
polder ^m	159	
pôle	45	
pôle Nord ^m	**285**	
pôle Sud ^m	**285**	
polémique ^f	148	
polenta ^f	63	
poli	30	
police	179	
policer	**327**	
polichinelle ^m	14	
policier	179 256	
poliment	73	
poliomyélite ^f	107	
polissage	178	
polisson	178 **268**	
polissonnerie	166	
polit(ic)ologie	147	
politesse	14	
politicard	233	
politicien	179 **267**	
politique	148	
polka ^f	150	
pollen ^m	63	
pollueur	170	
pollution	214	
poltronnerie	166	
polyamide ^m	**285**	
polychrome	151	
polyclinique	34	
polycopié	34	
polyculture	34	
polyèdre	97	
polyester ^m	97	
polyéthylène	**285**	
polygamie	34	
polyglotte	34	
polygone ^m	34	
polymère	34	
polymorphe	126	
polynésien	187 **267**	
polynôme ^m	45	
polype ^m	34	
polyphonie	126	
polypore	221	
polysémie	34	
polystyrène	34	
polytechnique	151	
polythéisme	22	
polyvalent	34 230	
polyvinyle ^m	34	
pommade	164	
pomme	164 372	
pommeau	44 **277**	
pommelé	164	
pommeler ^(se)	**331**	
pommette	164	
pompe	81	
pompéien	81 **267**	
pompeux	54 **272**	
pompier	81	
pompon	81	
ponant	73 230	
ponce ^f	179	
poncer	**327**	
poncho	104	
poncif	179 **265**	
ponction	214	
ponctualité	147	
ponctuel	147 **260**	
pondaison	II	
pondérer	**330**	
poney	16	
pont	82 230	
pont(s)-levis ^m	**285**	
ponte	80	
pontife	80	
pontificat	147 230	
pontonnier	166	
pool ^m	372	
pop	107	
pop-corn ^m	**285**	
pope	107	
popeline ^f	221	
popote	41	
populace	179	
popularité	22	
population	214	
populeux	54 **272**	
porc	372	
porc(s)-épic(s) ^m	**285**	
porcelaine	II	
porcin	62	
pore ^m	221 372	
poreux	54 **272**	
pornographie	126	
porphyre ^m	126	
porridge ^m	171	
port	230 372	
portail	98 **279**	
portatif	125 **265**	
porte	170	
porte(s)-fenêtre(s) ^f	**285**	
porte-enseigne(s) ^m	**285**	
porte-à-faux	**285**	
porte-à-porte	**285**	
porte-avions ^m	**285**	
porte-bagages ^m	**285**	
porte-bonheur ^m	**285**	
porte-carte(s) ^m	**285**	
porte-clef(s) ^m	**285**	
porte-couteau(x) ^m	**285**	
porte-drapeau(x) ^m	**285**	
porte-jarretelles ^m	**285**	
porte-malheur ^m	**285**	
porte-monnaie ^m	**285**	
porte-parole ^m	**285**	
porte-revues ^m	**285**	
porte-savon(s) ^m	**285**	
porte-serviette(s) ^m	**285**	
porte-voix ^m	**285**	
portée	27	
portée ^(hors de)	**285**	
portefaix	231	
portefeuille ^m	98	
portion	214	
portique	148	
portraire	**339**	
portrait	II 230	
portrait(s)-robot(s)	**285**	
portuaire	222	
portugais	131 **270**	

pose 42 372
posément 187
positif 187 265
position 214
positivité 22
posologie 187
posséder 330
possessif 178 265
possession 215
post-partum 285
post-scriptum (PS) 285
poste 177
postérieur 170
postériorité 22
postérité 22
postface f 177
posthume 117
postiche m 104
postillon 98
postulat m 1
posture f 221
pot 46 230 372
pot(s)-de-vin m 285
pot(s)-pourri(s) m 285
pot-au-feu m 285
potable 225
potache m 104
potage 143
potager 24 262
potasse f 178
poteau 42 277
potée 27
potelé 224
potence f 179
potentat 230
potentialité 181
potentiel 199
potentiomètre 181
poterie 35
poterne f 165
potiche f 104
potier 24
potin 62
potinier 24
potion 214
potiron 80
pou 107 281 372

pouah ! 372
poubelle 14
pouce 179 372
poudre 225
poudreux 54 272
poudrier 24
poudrière 221
poudroiement 224
poudroyer 87 334
pouf 125
pouilleux 98 272
poujadisme 142
poulailler 98
poulain 62
poulbot 46 230
poule 372
poulet 13 230
poulette 14
pouliche 104
poulie 35
poulpe m 159
pouls 275 372
poumon 80
poupard 372
poupe f 107
poupée 27
poupin 62
pouponnière 166
pour 170
pourboire m 222
pourceau 44 277
pourcentage 143
pourlécher (se) 330
pourparlers 275
pourpoint 86
pourpre 221
pourquoi 148 372
pourrissement 178
pourriture 171
poursuite 177
pourtant 73 230
pourtour 170
pourvoi 85
pourvu 170
pourvu que 285
poussa(h) 178
pousse 178 372

pousse-café m 285
poussée 27
poussette 14 372
poussier 24 372
poussière 10
poussiéreux 54 272
poussif 178 265
poussin 62
poutre 225
poutrelle 14
pouvoir 170
pouvoir 338
præsidium 163
prag(u)ois 131
pragmatique 148
praire f 221
prairie 11
praliné 22
praline f 165
praticable 225
praticien 179 267
pratique 148
praxis f 182
pré 22 372
pré(s)-salé(s) m 285
préacheter 332
préalable 225
préambule m 72
préau 43 276
préavis 275
prébende f 72
précaire 147
précarité 22
précaution 214
précautionneux 54 272
précédemment 3
précédent 73 230
précéder 330
précepte 179
précepteur m 170
prêche m 10
précieux 54 272
précipice m 179
précipitamment 3
précis 270
précisément 187
précision 187

précoce 179
préconçu 179
précontraint 64 230
précurseur 177
prédateur 170
prédécesseur 178
prédestination 214
prédicable 225
prédicat 230
prédiction 214
prédilection 147
prédominance 179
prééminence 179
préemption f 22
préface 179
préfacer 327
préfectoral 147 289
préfecture 147
préférence 179
préférentiel 199 260
préférer 330
préfet 13 256
préfète 10
préfixe 182 372
prégnance f 98
préhensible 235
préhistoire 235
préjudice m 179
préjudiciable 179
préjugé 142
préjuger 328
prélat 1 9
prélèvement 73
prélever 329
préliminaire 222
prélude m 22
prématuré 22
prémices f 372
premier 24
premier(s)-né(s) 285
premièrement 10
prémisse f 178 372
prémonition 214
prémonitoire 222
prenant 73 230
prénatal 289
preneur 264

prénom 81
préoccupation 181
préparation 214
préparatoire 222
prépayer 333
prépondérance 179
préposé 187
préposition 214
prépuce m 179
prérégler 330
prérogative 131
près 372
présage 144
présager 328
presbyte 34
presbytère 34
presbytérien 63 267
presbytie 181
prescience 180
prescription 214
préséance 177
présélection 177
présence 187
présent 187 230
présentateur 256
présentement 73
présentoir 170
préservateur 264
préservatif 187
présidence 179
président 73 230
présidentiel 199 260
présidium 163
présomptif 81
présomption 81
présomptueux 81 272
presqu'île f 148
presque 148
presse 221
presse-bouton 285
presse-citron m 285
presse-fruits m 285
presse-papiers m 285
presse-purée m 285
pressentiment 14
pressentir 337
pressing 178

pression 215
pressoir 170
pressurisé 178
prestance f 179
prestation 214
preste 115
prestement 73
prestidigitateur 256
prestidigitation 214
prestige 143
prestigieux 54 272
presto 42
présure f 187
prêt 10 230 372
prêt(s)-à-porter m 285
pretantaine (ou prétentaine) . 72
prétendant 73 230
prétendument 73
prétentaine (ou pretantaine) . 72
prétentieux 210 272
prétention 214
prétérit 115 230
prétérition 214
prêteur 264
prétexte 115
prétoire m 222
prêtre 225
prêtre(s)-ouvrier(s) m .. 285
prêtresse 14
prêtrise 187
preuve 53
preux 54
prévarication 214
prévenant 73 230
préventif 125 265
prévention 214
préventorium 163
prévenu 22
prévisionnel 166 260
prévôt 45 230
prévôté 45
prévoyance 97
prie-Dieu m 285
prière 221
prieur 97 264
prieuré 22
primaire 222

primat 230
primate ᵐ 115
primauté 22
prime 163
primesautier 224 262
primeur ᶠ 170
primevère 221
primipare 221
primitif 125 265
primo 42
primogéniture 143
primordial 289
prince 179
prince-de-galles ᵐ 285
princeps ⁱⁿᵛ 177
princesse 14
principal 179 289
principalement 73
principauté 43
printanier 62 262
printemps 275
priorat 230
prioritaire 222
priorité 22
prise 187
priseur 170
prisme 187
prisonnier 187 262
privatif 125 265
privation 214
privatisation 214
privauté 43
privé 27
privilège 143
prix 275
probabilité 22
probable 225
probant 73 230
probation 214
probatoire 222
probité 22
problématique 148
problème 10
procédé 22
procéder 330
procédure 223
procédurier 24 262

procès 229
procès-verbal ᵐ ⁽ᵖˡ ⁻ᵃᵘˣ⁾ ....
.... 278 285
processeur 178
procession 215
processionnaire 166
processus 178
prochain 64
prochainement 73
proche-oriental ᵐ ⁽ᵖˡ ⁻ᵃᵘˣ⁾ .. 285
proclamation 214
procréateur 264
procurateur 170
procuration 214
procureur 256
prodigalité 131
prodige 143
prodigieux 54 272
prodigue 132
prodrome ᵐ 42
productif 147 265
production 214
productivité 147
produit 230
proéminence 22
profanation 214
profane 165
proférer 330
professeur 178 256
profession 215
professionnel 178 260
professorat 1 9
profil 159
profit 230
profiterole ᶠ 221
profiteur 264
profond 82
profondément 22
profondeur 170
profusion 187
progéniture ᶠ 143
progestatif 265
progestérone ᶠ 143
programmateur 164
programmation 214
programme 164
progrès 275

progressif 178 265
progression 215
prohibitif 235 265
prohibition ᶠ 235
proie 220
projectile 159
projection 214
projectionniste 166
projet 13 230
projeter 332
prolapsus ᵐ 285
prolégomènes ᵐ 275
prolétaire 222
prolétariat 97 230
prolétarien 63 267
prolifération 214
proliférer 330
prolifique 148
prolixité 182
prologue 132
prolongation 131
prolonger 328
promenade 118
promener 329
promeneur 264
promenoir 170
promesse 14
prométhéen 117
prometteur 14 264
promettre 352
promiscuité 147
promontoire ᵐ 222
promoteur 170
promotion 214
promotionnel 181 260
prompt 230
promulgation 214
prône 45
pronom 81
pronominal 289
prononçable 179
prononcer 327
prononciation 214
pronostic 147
pronostiqueur 148
pronunciamiento 63
propagande 131

propagateur 264
propagation 214
propager 328
propane ^m 163
propédeutique ^f 148
propension ^f 215
propergol 131
prophète 126
prophétesse 126
prophétie 181
prophylactique 34
prophylaxie 34
propice 179
propitiatoire 181
proportion 214
proportionnalité 181
proportionnel 181 260
propos 47
proposition 214
propositionnel 181 260
propre 221
propre(s)-à-rien ^m 285
propreté 22
propriétaire 97
propriété 22
propulseur 177
propulsion 215
propylée ^m 34
prorata 1
prorogatif 131 265
proroger 328
prosaïque 237
proscenium 180
proscrit 147 230
prose 187
prosélytisme 34
prosodie 42
prospecteur 170
prospectif 125 265
prospection 214
prospective 147
prospectus 177
prospère 221
prospérer 330
prospérité 22
prostate ^f 115
prosternation 214

prostitution 214
prostration 214
protagoniste 131
prote ^m 115
protecteur 264
protection 214
protection-mémoire ^f ... 285
protectionnisme 181
protectorat 1 9
protège-cahier(s) ^m 285
protège-dents ^m 285
protège-tibia(s) ^m 285
protéger 328 330
protéine ^f 22
protestant 73 230
protestataire 222
protestation 214
protêt 13 230
prothèse ^f 117
protide 115
protocolaire 222
protocole ^m 147
proton 80
protoplasme ^m 187
prototype ^m 34
protozoaire ^m 186
protubérance 179
prou 107 281 372
proue 220 372
prouesse 14
provenance 179
provençal 179 289
provende ^f 72
proverbial 289
providence 179
providentiel 199 260
province 62
provincial 62 289
provincialisme 177
proviseur 187 256
provisionnel 187 260
provisoire 222
provisoirement 85
provisorat 1 9
provocant 147 230
provocateur 264
provocation 214

proxénète 182
proxénétisme 115
proximité 182
prud'homal(le) 235
prud'homie 35
prud'homme 164
prude 118
prudemment 3
prudence 179
prudent 73 230
pruderie 35
prune 165
pruneau 44 277
prunelle 14
prunier 24
prurigineux 54
prurit ^m 35
prytanée ^m 34
ps(it)t ! 117
psalmodie 35
psaume 43
psautier 43
pseudonyme 53
psi 177
psittacisme 177
psittacose 177
psoriasis ^m 177
psychanalyse 34
psychanalytique 34
psyché ^f 34
psychédélique 151
psychiatre 151
psychiatrie 151
psychisme 104
psychodrame 151
psychologie 151
psychologue 132
psychomoteur 151 264
psychopathe 151
psychose ^f 151
psychosomatique 177
psychothérapeute 117
psychothérapie 151
psychotique 151
ptérodactyle 34
ptôse 187
puanteur 72

pub 60
pubère 221
pubertaire 222
puberté 22
pubescent 180 230
pubien 72 **267**
pubis 35
public 147
publicain 64
publication 214
publicitaire 222
publicité 179
publiquement 148
puce 179
puceau 44 **277**
pucelage 143
pucelle 14
puceron 179
pudding 119
pudeur 170
pudibond 82
pudibonderie 35
pudicité 22
puéricultrice 179
puériculture 223
puéril 159
puerpéral 15 **289**
pugilat 1 9
pugnace 131
puîné 22
puis 30 372
puisque 148
puissamment 3
puissance 178
puissant 73 230
puits 30 275 372
pull 160
pull-over(s) ᵐ **285**
pullman 160
pullulement 160
pulmonaire 222
pulpeux 54 **272**
pulque ᵐ 148
pulsation 214
pulsion 215
pulsionnel 177 **260**
pulvérisateur 187

pulvérisation 214
puma ᵐ 1
punaise 11
punch ᵐ 104
punique 148
punissable 225
punitif 125 **265**
punition 214
pupille [pypij] 98
pupille [pypil] 160
pupitre 225
pur 170
pur-sang ᵐ **285**
purée 27
purement 224
pureté 224
purgatoire ᵐ 222
purge 143
purger **328**
purgeur 144
purification 214
purin 62
purisme 177
puritain 64
puritanisme 177
purulence 72
pus 229
pusillanimité 160
pustule ᶠ 159
pustuleux 54 **272**
putain 64
putatif 125 **265**
putois 86 **275**
putréfaction 214
putrescible 180
putridité 22
putsch ᵐ 105
puy 34 372
puzzle ᵐ 189
pygmée 34
pyjama 34
pylône 34
pyramidal 34 **289**
pyramide 34
pyrénéen 63
pyrex 15 **275**
pyrite ᶠ 34

pyrogravure 34
pyrolyse 34
pyromane 34
pyromanie 34
pyrotechnie 151
pyrotechnique 151
pythagoricien 117 **267**
pythie ᶠ 117
python 34 372
pythonisse 117

q

qu'en-dira-t-on ᵐ **322**
quadragénaire 148
quadrangulaire 148
quadrant 148 230 359
quadrature 148
quadrichromie 148
quadriennal 148 **289**
quadrige ᵐ 148
quadrilatère 148
quadrillage 98
quadrille ᵐ 98
quadripartite 148
quadrumane 148
quadrupède 148
quadruple 148
quai 148
quaker 60
qualificatif 148 **265**
qualitatif 148 **265**
qualité 148
quand 74 316 367
quant 73 316 367
quanta ᵐ ᵖˡ 148
quantième 10
quantification 148
quantique 148 359
quantitatif 148 **265**
quantité 148
quantum 163
quarantaine 148
quarante 148
quart 148 230 359

quart d'heure ^m 285
quart(s)-de-pouce ^m 285
quarte 148
quarté 148
quarteron 148
quartette ^m 14
quartier 24
quartier(s)-maître(s) ^m . 285
quarto 148
quartz ^m 148
quasi 148
quasiment 148
quater 148
quaternaire 148
quatorze 186
quatorzième 186
quatrain 64
quatre 148 291
quatre-cent-vingt-et-un ^m
(jeu) 322
quatre-quarts ^m 322
quatre-saisons ^f 285
quatre-temps ^m 285
quatre-vingts 293 322
quattrocento 148
quatuor 148
que 148
québécois 148 270
quel 148 317
quelconque 148
quelqu'un 148
quelque 148 373
quelque chose 285
quelquefois 148
quelques-uns 322
quémandeur 148 264
quenelle 148
quenotte ^f 148
quenouille 98
querelle 14
question 148
questionnaire ^m 221
questure 223
quête 10
quêteur 10
quetsche ^f 148
queue 55 373

queue leu leu ^(à la) 285
queue(s)-d'aronde ^f 285
queue(s)-de-cheval ^f 285
queue(s)-de-rat ^f 285
queux 54 373
qui 148 367
qui est-ce qui ? 285
quiche 148
quiconque 148
quidam 148
quiétude 148
quignon 139
quille 98
quincaillerie 148
quincaillier 24
quinconce ^m 147
quine ^m 148
quinine ^f 148
quinquagénaire 148
quinquennal 148 289
quinquet 148 230
quintal 148 278
quinte 148
quintessence 148
quintette ^m 14
quinzaine 186
quinze 186
quiproquo 42
quittance 179
quittancer 327
quitte 148
quitus 148
quoi 85 148 359
quoique 148 373
quolibet 148 230
quorum ^m 51
quota ^m 148
quote(s)-part(s) ^f 285
quotidien 63 267
quotient 181 230
quotité ^f 148

rabâchage 2
rabâcheur 2 264
rabais 11
rabatteur 264
rabattre 352
rabbin 110
rabelaisien 63 267
rabiot 46 230
rabique 148
râble 225
rabot 46 230
raboteux 54 272
rabougri 131
racaille 131
raccommodable 164
raccord 149
raccourci 149
raccroc 149
race 179
racé 22
rachat 1 9 230
racheter 332
rachever 329
rachidien 63 267
rachis ^m 177
rachitique 148
racial 179 289
racine 179
racket ^[rakɛt] ^m 150 374
raclée 27
raclement 147
raclette 14
racolage 143
racoleur 264
racontar 170
radar 170
rade 118
radeau 44 277
radian 72 374
radiateur 170
radiation 214
radical 147 278
radicelle 14
radiesthésie 117
radieux 54 272
radin 62
radio 42

r

ra 1 374
rab(e) ^m 110

radioactif 265
radioactivité 22
radiodiffusion 187
radioélément ᵐ 285
radiographie 126
radiologie 35
radioscopie 35
radiothérapie 117
radis 275
radium ᵐ 163
radius ᵐ 177
radjah 15
radoub ᵐ 110
rafale 159
raffermissement 178
raffinerie 125
raffut 125 230
rafiot 46 230
rafistolage 143
rafle 225
rafraîchissement 11
rage 143
rager 328
raglan ᵐ 131
ragondin 131
ragot 46 230
ragoût 230
ragoûtant 131 230
ragtime ᵐ 131
rai ᵐ 11 374
raid 11 374
raide 11 374
raidillon 98
raie 220 374
raifort ᵐ 11
rail ᵐ 98
raillerie 98
railleur 98 264
raineter 332
rainette 11 374
rainure 11
raire 339
raisin 11
raison 11
raisonnable 11
raisonnement 11
rajeunissement 178

rajout 230
raki ᵐ 150
râle ᵐ 2
ralentissement 178
ralliement 224
rallonge 143
rallonger 328
rallye ᵐ 34
ramadan 72
ramage 143
ramassage 178
ramassis 35
rambarde 72
ramdam ᵐ 131
rame 163
rameau 44 277
ramener 329
ramequin 148
rameur 264
rami ᵐ 30 374
ramier 24
ramification 214
ramille ᶠ 98
ramonage 143
rampe 72
rancard 374
rancart 230 374
rance 179
ranch 104
rancœur ᶠ 59
rançon ᶠ 179
rancune 165
rancunier 24 262
randonnée 27
rang 233
rang d'oignon(s) ⁽ᵉⁿ⁾ 285
rangée 27
ranger 328
rapace 179
rapatriement 224
râpe 2
râpeux 54 272
raphia ᵐ 126
rapiat 1 9 230
rapidité 22
rapiéçage 179
rapiécer 327

rapiécer 327 330
rapiéceter 332
rapière 221
rapine ᶠ 165
rappel 159
rappeler 331
rapport 230
rapprochement 108
rapt 115 230
raquette ᶠ 148 374
rare 221
raréfaction 214
rarement 73
rareté 224
rarissime 178
ras 1 229 374
rasade 187
rascasse ᶠ 178
rase-mottes ᵐ 285
rasoir 170
rassemblement 73
rasseoir ⁽ˢᵉ⁾ 342
rasséréner 330
rassis 35 287
rasta 177
rastaquouère ᵐ 148
rat 1 230 374
rata ᵐ 1
ratafia ᵐ 1
ratatouille 98
rate 115
raté 22
râteau 44 277
râteler 331
râtelier 24
ratification 214
ration 214
rationalisme 181
rationnel 181 260
ratissage 143
raton 80
raton laveur ᵐ 285
rattachement 116
rattrapage 116
rature 223
rauque 43 374
ravager 328

ravalement	73	recéder	330	reconnaître	348
ravaudage	43	recel	159	reconsidérer	330
ravier	24	receler	331	reconversion	215
ravigote ᶠ	131	recéler	330	record	374
ravin	62	receleur	170	recordman	163
ravine	165	récemment	3	recorriger	328
ravioli	30	recensement	177	recoupement	73
ravissement	178	recension	215	recourir	338
ravitaillement	98	récent	73 230	recours	229
rayer	333	recéper	330	recréation	214
rayon	97	récépissé	178	récréation	214
rayonnage	97	réceptacle	225	recroître	351
rayonne	97	récepteur	264	recru	147 374
rayure	97	réception	214	recrû	374
raz	275 374	réceptionniste	214	recrudescence	180
raz(-)de(-)marée ᵐ	285	récession	215	recrue	220 374
razzia ᶠ	189	recette	14	recrutement	73
ré	72 374	receveur	170	rectangle	131
réaction	214	recevoir	340	rectangulaire	222
réactionnaire	214	rechanger	328	recteur	256
réadmettre	352	rechapage	143	rectification	214
réajustement	73	rechargeable	144	rectiligne	139
réaléser	330	recharger	328	rectitude	147
réalisateur	264	réchaud	43	recto	147
réalité	22	réchauffement	43	recto verso	285
réaménager	328	rêche	10	rectorat	230
réamorcer	327	rechute	115	rectum	163
réapparaître	348	récidive	179	reçu	179
réarranger	328	récif	179	recueil	59
réassortiment	178	récipiendaire ᵐ	221	recueillement	59
rébarbatif	125 265	récipient	73 230	recul	147
rebattre	352	réciprocité	179	récupération	214
rebec ᵐ	147	réciproque	148	récupérer	330
rebelle	14	récit	230	récurage	143
rébellion ᶠ	14	récital	179 278	récurrence ᶠ	179
reblochon	104	réclame	163	récursif	177 265
rebond	82	reclus	270	recyclage	34
rebondissement	178	réclusion	187	rédacteur	256
rebord	233	recoin	85	rédactionnel	214 260
rebours	229	récolte	42	reddition	214
rebouteux	54 275	recommandation	214	redéfaire	347
rebuffade	118	recommencer	327	rédempteur	11
rébus ᵐ	177	recomparaître	348	redéployer	87 334
rebut	230	récompense	81	redevance	179
recacheter	332	réconciliation	214	redevoir	341
récapitulation	214	recongeler	331	rédhibitoire	235
recarreler	331	reconnaissance	178	rédiger	328

redingote 131
redire 349
redite 115
redondance 179
redoute 115
redoux 275
redressement 14
réducteur 264
réduit 230
réécriture 22
réédition 22
réel 22 260
réélection 22
réemploi 22
réemployer 87 334
réengager 328
réensemencer 327
réessayer 333
refaire 347
réfection 214
réfectoire ᵐ 222
référé ᵐ 22
référence 179
référencer 327
referendum (ou référendum) ......
.... 163
référentiel 199 260
référer (se) 330
reflet 13 230
refléter 330
reflex 15 275 374
réflexe 182 374
réflexion 216
reflux 182 272
reforger 328
réformateur 264
réforme 163
refoulement 73
réfractaire 222
refrain 64
réfréner 330
réfrigérateur 170
réfrigérer 330
réfringence 143
refroidissement 178
refuge 143
réfugié 143

refus 275
réfutation 214
regain 64
régal 131 278 374
régalien 63 267
regard 233
régate ᶠ 131
regeler 331
régence 179
régénérer 330
régent 73 230
reggae [ʀɛge] ᵐ 133
régicide 143
régie 35
régime 143
régiment 73
régional 289
régisseur 256
registre 225
réglage 143
règle 225
règlement 73
réglementaire 222
réglementation 214
régler 330
réglette 14
réglisse ᶠ 178
règne 10
régner 330
regorger 328
régression 215
regret 13 230
regrettable 14
régularité 22
réhabilitation 235
réimpression 22
rein 65
réincarcérer 330
réincarnation 22
reine 12 374
reine(s)-claude(s) ᶠ 285
reine(s)-marguerite(s) ᶠ ....
.... 285
reinette 14 374
réinsérer 330
réinsertion 177
réintégration 214

réintégrer 330
réinterpréter 330
réitérer 330
reître ᵐ 225
rejet 13 230
rejeter 332
rejeton 80
rejoindre 345
rejointoyer 87 334
réjouissance 22
relâche ᶠ 1
relais 11
relance 179
relancer 327
relation 214
relativité 22
relaxation 181
relaxe 182
relayer 333
relégation 214
reléguer 330
relent 73 230
relève 10
relever 329
relief 125
religieux 54 272
religion 10
reliquaire ᵐ 148
reliquat 148 230
reliure 223
reloger 328
rem ᵐ 163
remake [ʀimɛk] ᵐ 150
rémanence 179
remanger 328
remaniement 224
remarquable 148
remblai ᵐ 11
remblaiement 224
remblayer 333
rembourrage 170
remboursement 73
remède 10
remembrement 73
remener 329
remerciement 224
remettre 352

réminiscence ... 180
remise ... 187
rémission ... 215
rémittent ... 73 230
remmener ... 329
remodeler ... 331
rémois ... 86 270
remonte-pente(s) ᵐ ... 285
remontoir ... 170
remontrance ... 179
remords ... 229
remorqueur ... 148
rémoulade ... 22
rémouleur ... 170
remous ... 229
rempailleur ... 98 264
rempaqueter ... 332
rempart ... 230
rempiéter ... 330
remplacer ... 327
remplissage ... 178
remployer ... 87 334
remuement ... 224
rémunération ... 214
rémunérer ... 330
renaissance ... 178
renaître ... 348
rénal ... 289
renard ... 233
rencard ... 233
renchérisseur ... 178
rencontre ... 225
rendement ... 73
rendez-vous ᵐ ... 285
rêne ᶠ ... 10 374
renégat ... 1 9
renflouement ... 224
renforcer ... 327
renfort ... 230
rengager ... 328
rengaine ... 11
rengorger ⁽ˢᵉ⁾ ... 328
rengrener ... 329
rengréner ... 330
reniement ... 224
renifleur ... 170
renne ᵐ ... 166 374

renom ... 81
renommée ... 164
renoncer ... 327
renonciation ... 214
renoncule ᶠ ... 147
renouveau ... 44 277
renouvelable ... 225
renouveler ... 331
renouvellement ... 14
rénovateur ... 264
renseignement ... 12
rentable ... 225
rente ... 72
rentier ... 24
rentraire ... 339
rentrayer ... 333
rentrée ... 27
renvoi ... 85
renvoyer ... 87 334
réopérer ... 330
repaire ᵐ ... 11 374
repaître ⁽ˢᵉ⁾ ... 348
reparaître ... 348
réparation ... 214
repartager ... 328
repartie ... 35
repartir ... 337
répartition ... 214
repas ... 8 275
repassage ... 178
repayer ... 333
repêchage ... 10
repeindre ... 345
repentir ... 72
repentir ⁽ˢᵉ⁾ ... 337
repérage ... 10
repercer ... 327
répercussion ... 215
repère ... 10 374
repérer ... 330
répertoire ... 170
répéter ... 330
répétiteur ... 264
répétition ... 214
repincer ... 327
répit ... 35 230
replacer ... 327

replet ... 13 263
repli ... 30
réplique ... 148
replonger ... 328
reployer ... 87 334
répondant ... 73 230
répons ᵐ ... 229
réponse ... 177
report ... 230
reportage ... 143
reporter ... 24
repos ... 47 275
repose-pied ᵐ ... 285
repose-tête ᵐ ... 285
repoussoir ... 170
répréhensible ... 235
représailles ... 275
répression ... 215
réprimande ... 72
repris de justice ᵐ ... 285
reprise ... 187
réprobation ... 214
reproche ... 10
reproduction ... 214
reprographie ... 126
reps ᵐ ... 177
reptation ... 214
reptile ... 159
républicain ... 64
république ... 148
répugnance ... 139
répulsion ... 215
réputation ... 214
requête ... 10
requiem ᵐ ... 148
requin ... 148
requin pèlerin ᵐ ... 285
réquisition ... 214
réquisitoire ᵐ ... 170
rescapé ... 147
rescousse ... 178
réseau ... 44 277
réséda ᵐ ... 187
resemer ⁽ᵒᵘ ʳᵉˢˢᵉᵐᵉʳ⁾ ... 329
réséquer ... 330
réservation ... 214
réserve ... 187

réservoir 170
résident 73 230 374
résidentiel 199 260
résidu 187
résignation 214
résiliation 97
résille ᶠ 98
résine 187
résineux 54 272
résistance 179
résolument 73
résolution 214
résonance 179
résorption 107
résoudre 346
respect 230
respectif 147 265
respectueux 54 272
respiration 214
respiratoire 170
responsabilité 22
resquilleur 98
ressac 147
ressaisissement 178
ressayer 333
ressemblance 72
ressemelage 178
ressemeler 331
ressemer ⁽ᵒᵘ ʳᵉˢᵉᵐᵉʳ⁾ 329
ressentiment 178
ressentir 337
resserrement 14
ressort 178 230
ressortir 337
ressortissant 178 230
ressource 178
ressourcer ⁽ˢᵉ⁾ 327
ressuyer 334
restaurant 43 230
restauration 43
restitution 214
restoroute ᵐ 42
restreindre 345
restriction 214
resucer 327
résultat 1 9
résumé 22

résurgence 72
résurrection 214
retable ᵐ 225
rétablissement 178
retard 233
retardataire 221
reteindre 345
rétention 214
retentissement 178
retenue 220
réticence ᶠ 179
réticule ᵐ 147
rétif 125 265
rétine 165
retors 10
rétorsion 215
retouche 104
retour 170
retracer 327
rétractation 214
rétractile 159
retraire 339
retrait 11 230
retraite 11
retranchement 73
retransmettre 352
rétrécissement 177
rétreindre 345
rétribution 214
rétro 42
rétroactif 22 265
rétrocéder 330
rétrograde 131
rétrospective 147
retrouvailles 275
rétroviseur 187
rets ᵐ 374
réunion 140
réussite 178
revalorisation 214
revanchard 233
revanche 72
rêve 10
revêche 10
réveil 98
réveille-matin ᵐ 285
réveillon 98

révélation 214
révéler 330
revendicatif 147 265
revenu 53 374
réverbération 214
réverbère 221
réverbérer 330
révérence 179
révérend 74
révérer 330
rêverie 220
revers 275
réversible 225
revêtement 10
revêtir 337
rêveur 10 264
revient 63 230
revirement 53
révisionnel 166 260
réviviscence 180
révocation 214
révolte 41
révolu 42
révolution 214
révolutionnaire 222
revolver 170
revue 220
révulsif 177 265
révulsion 215
rewriter ᵐ 60
rez-de-chaussée 285
rhapsodie 172
rhénan 172
rhéostat ᵐ 172
rhésus ᵐ 172
rhétorique 172
rhinite 172
rhino-pharyngite(s) ᶠ 285
rhinocéros 172
rhizome ᵐ 172
rhô 45 374
rhodanien 267
rhododendron 172
rhubarbe 172
rhum ⁽ᴿᵓᵐ⁾ 172
rhumatisme 172
rhume ⁽ᴿʸᵐ⁾ 172

ria ᶠ 97
ribambelle ᶠ 72
ribonucléique 22
ribote ᶠ 115
ric-rac 285
ricanement 147
richard 233
riche 225
richesse 14
ricin 62
ricochet 13 230
rictus 177
ride 118
rideau 44 277
ridelle 14
ridicule 147
riemannien 72 267
rien 72
riesling 224
rieur 264
rififi 30
rifle ᵐ 225
rigidité 22
rigole ᶠ 131
rigolo ⁽ᶠ: rigolote⁾ 131
rigorisme 131
rigoureux 54 272
rigueur 132
rillettes ᶠ 98
rimailleur ᶠ 98
rime ᶠ 163
rimmel 164
rinçage 179
rince-bouche ᵐ 285
rince-bouteilles ᵐ 285
rince-doigts ᵐ 285
rincer 327
ring ᵐ 131
ripaille 98
ripolin 62
riposte ᶠ 41
riquiqui ⁽ᵒᵘ ʳⁱᵏⁱᵏⁱ⁾ 285
rire 221
ris 35 374
risée 27
risette 14
risible 225

risotto 42
risque 148
risque-tout ᵐ 285
ristourne ᶠ 177
rite ᵐ 115
ritournelle 14
rituel 260
rituellement 14
rivage 143
rival 278
rivalité 22
riverain 64
rivet 13 230
rivetage 143
riveter 332
rivière 221
rixe ᶠ 182
riz 30 275 374
rizière 186
robe 110 374
robinet 13 230
robinetterie 14
robot 46 230
robotisation ᶠ 214
robustesse ᶠ 14
roc 147 374
rocade 147
rocaille 98
rocailleux 54 272
rocambolesque 148
roche 225
rocher 24 374
rocheux 54 272
rock 150 374
rock and roll ⁽ʳᵒᶜᵏ'ⁿ ʳᵒˡˡ⁾ ᵐ .. 285
rocker 150
rocking-chair ᵐ 285
rococo 147
rodage 143
rodéo 42
rôdeur 45 264
rogatoire 222
rogne 98
rognon 98
rognure ᶠ 98
rogue 132
roi 85

roitelet 13 230
rôle 45
romain 64
roman 72 374
roman ᵐ 72 374
romance 179
romancer 327
romanche ᵐ 72
romancier 24 256
romand 74 374
romanesque 148
romanichel 104
romantique 148
romantisme 72
romarin 62
rombière ᶠ 221
rompu 81
romsteck 150
ronce ᶠ 179
ronchonneur 170
rond 82
rond(s)-de-cuir ᵐ 285
rond(s)-point(s) ᵐ 285
ronde 80
rondeau 44 277 374
rondelet 13 263
rondelle 14 374
rondeur 170
rondin 62
rondo 42 374
ronéo 42
ronflement 73
ronger 328
rongeur 143
ronronnement 166
röntgen 15
roque ᵐ 148 374
roquefort 148 230
roquet 13 230
roquette ᶠ 14
rosace ᶠ 187
rosaire ᵐ 221
rosâtre 225
rosbif 125
rose 187 294
rosé 187 374
roseau 44 277

rosée 27 374
roséole ^f 187
roseraie 220
rosette 14
rosière 221
rosse 178
rosserie 178
rossignol 178
rostre ^m 225
rot 46 230 374
rôt 45 230 374
rotary 34
rotatif 125 265
rotation 214
rote ^f 41 374
rôti 30 374
rôtie 30 220 374
rotin 62
rôtisserie 178
rôtisseur 170
rôtissoire 222
rotonde 80
rotor ^m 170
rotule ^f 42
roturier 24 262
rouage ^m 143
roublard 233
rouble ^m 225
roucoulade 147
roucoulement 73
roue 220 374
rouelle 14
rouerie 220
rouet 13 230
rouge 143
rouge(s)-gorge(s) 285
rougeâtre 144
rougeaud 144
rougeoient 144
rougeole 144
rougeoyer 87 334
rouget 13 230
rougeur 143
rouille 98
rouissage ^m 178
roulade 118
rouleau 44 277

roulement 73
roulette 14
roulis 35
roulotte 116
roumi 30
round 118
roupie 220
rouquin 148
rouspéter 330
roussâtre 225
roussette 178
rousseur 178
roussin 178
routage 143
route 131
routier 24 262
routine 165
routinier 24 262
roux 272 374
royalement 97
royalties ^f 97
royaume 97
royauté 97
ru 374
ruade 118
ruban 72
rubato 42
rubéole 41
rubicond 82
rubis 35
rubrique 148
rucher 24
rude 118
rudement 73
rudesse 14
rudimentaire 221
rudiments 275
rudoiement 224
rudoyer 87 334
rue 220 374
ruée 27
ruelle 14
ruf(f)ian 72
rugby 34
rugbyman 34
rugissement 178
rugosité 131

rugueux 132 272
ruine 165
ruineux 54 272
ruisseau 54 277
ruisseler 331
ruissellement 178
rumba ^f 163
rumeur 170
ruminant 73 230
rumination 214
rumsteck 163
rupestre 225
rupin 62
rupture 223
rural 289
ruse 187
rush 105
russe 178
rustaud 43
rustine 177
rustique 148
rustre 225
rut ^m 115
rutabaga ^m 131
rythme 34
rythmique 34

S

s(c)hako 105
s(é)ismique 148
s(é)ismologie 22
sa 1 318 359
sa(pa)jou 281
sabayon 97
sabbat 1 9 230
sabbatique 148
sabir 170
sable 225
sablier 24
sablière 221
sablonneux 54 272
sabordage 143
sabot 46 230
sabotage 143
saboteur 170

sabra I
sabre I
sac 147
saccade 149
saccage 10
saccager 328
saccharine 152
saccharose ᵐ 152
sacerdoce ᵐ 177
sacerdotal 177 289
sachem 104
sachet 13 230 375
sacoche 41
sacramentaire 222
sacramental 72 289
sacre 225
sacrement 73
sacrément 22
sacrifice ᵐ 179
sacrificiel 200 260
sacrilège ᵐ 143
sacripant 73 230
sacristain 64
sacro-iliaque(s) 285
sacro-lombaire(s) 285
sacro-saint(s) 285
sacrum 163
sadique 148
sadomasochisme ᵐ 285
safari ᵐ 30
safran 72
saga ᶠ 131
sagace 179
sagacité 177
sagaie ᶠ 220
sage 143
sage(s)-femme(s) 285
sagesse 14
sagittaire 222
sagouin 95
saharien 235 267
sahélien 235 267
sahraoui 235
saie ᶠ 220
saignée 11
saignement 11
saillie 98

sain 64 359
saindoux 275
sainement 11
saint 64 230 359
saint-honoré ᵐ 285
saint-marcellin ᵐ 285
saint-nectaire ᵐ 285
saint-paulin ᵐ 285
sainte-barbe ᶠ 285
sainte-nitouche ᶠ 285
sainteté 22
saisie 220
saisie(s)-exécution(s) ᶠ ....
.... 285
saisie(s)-arrêt(s) ᶠ 285
saisissement 178
saison 187
saisonnier 24 262
saké ᵐ 150
salace 179
salade 118
saladier 24
salaire 222
salaison 11
salamalecs ᵐ 147
salamandre ᶠ 225
salami 30
salariat 1 9 230
salaud 43
sale 375
salement 73
salésien 72 267
saleté 22
salière 10
saligaud 43
salin 62
saline 165
salinité 22
salique 148
salissure 178
salivaire 222
salive 221
salle 375
salmigondis ᵐ 35
salmis 35
saloir 170
salon 80

saloon 51
salopard 10
salope 41
salopette 14
salpêtre ᵐ 225
salpingite 62
salsifis ᵐ 35
saltimbanque 62
salubre 225
salubrité 22
salut 230
salutaire 222
salutation 214
salve 159
sam(o)uraï 237
samaritain 64
samba ᶠ 72
samovar ᵐ 170
sampan(g) 74
sana(torium) 163
sancerre 14
sanctification 214
sanction 214
sanctuaire ᵐ 221
sanctus 72
sandale 72
sandalette 14
sandow ᵐ 233
sandwich 89
sang 74 359
sang-mêlé ᵐ ᵉᵗ ᶠ 285
sanglant 73 230
sangle ᶠ 225
sanglier 24
sanglot 46 230
sangria ᶠ 97
sangsue ᶠ 74
sanguin 132
sanguinaire 132
sanguine 132
sanguinolent 132 230
sanhédrin 235
sanitaire 222
sans 72 319 359
sans-abri ᵐ ᵉᵗ ᶠ 285
sans-cœur ᵐ ᵉᵗ ᶠ 285
sans-culotte(s) ᵐ 285

sans-façon ᵐ 285
sans-fil 285
sans-gêne 285
sans-logis ᵐ ᵉᵗ ᶠ 285
sans-soin ᵐ ᵉᵗ ᶠ 285
sans-souci 285
sanscrit 35 230
sanskrit 150 230
sansonnet 13 230
santal 72 289
santé 22
santon 80 359
saoudien 63 267
saoul 375
sape ᶠ 107
saperlipopette ! 170
sapeur 170
sapeur(s)-pompier(s) ᵐ .....
.... 285
saphique 126
saphir ᵐ 126
sapidité 22
sapience ᶠ 72
sapin 62
sapinière 97
sapristi ! 30
sarabande 72
sarbacane ᶠ 147
sarcasme ᵐ 147
sarcastique 148
sarcelle 14
sarcloir 170
sarcome ᵐ 42
sarcophage ᵐ 126
sardane ᶠ 165
sarde 118
sardine 165
sardinier 24
sardonique 148
sari ᵐ 30
sarment 73
sarrasin 187
sarrau 43 276
sarriette 14
sas 177
satané 22
satanique 148

satellisation 14
satellite ᵐ 14
satiété 181
satin 62
satinette 14
satire ᶠ 30 221 375
satirique 148 375
satisfaction 214
satisfaire 347
satisfecit ᵐ ⁱⁿᵛ 147
satrape ᵐ 115
saturation 214
saturnales ᶠ 275
saturnisme 177
satyre ᵐ 34 375
satyrique 148 375
sauce 43
saucer 327
saucière 43
saucisse 43
saucisson 43
sauf 43 265
sauf-conduit(s) ᵐ 285
sauge ᶠ 43
saugrenu 43
saule ᵐ 375
saumâtre 43
saumon 43
saumoné 43
saumure 43
sauna ᵐ 43
saupoudrage 143
saur ᵐ 41 375
sauret 13 230
saurien 63 267
saurisserie 43
saut 43 230 375
saute 43 375
saute-mouton ᵐ ˢᵍ 285
sauterelle 14
sauterie 220
sauternes ᵐ 229
sauteur 264
sautillement 98
sautoir 170
sauvage 43
sauvagement 43

sauvageon 144
sauvagerie 220
sauve-qui-peut ᵐ 322
sauvegarde 43
sauvetage 43
sauveteur 170
sauvette 43
sauveur 264
sauvignon 139
savamment 3
savane 165
savant 73 230
savarin 62
savate 115
savetier 24
saveur ᶠ 170
savoir 170
savoir-faire ᵐ 285
savoir-vivre ᵐ 285
savon 80
savonnette 221
savonneux 54 272
savoureux 54 272
savoyard 97
saxe ᵐ 182
saxhorn 235
saxifrage ᶠ 182
saxo 182
saxon 182 268
saxophone 182
saynète ᶠ 16
sbire ᵐ 221
scabreux 54 272
scalaire 222
scalène 10
scalp 147
scalpel 147
scandale 147
scandaleux 54 272
scandinave 72
scanner ⁽ˢᶜᵃⁿⁿᵉᵘʳ⁾ 170
scanographie 126
scansion 215
scaphandre ᵐ 126
scapulaire 222
scarabée ᵐ 27
scarification 214

scarlatine 147
scarole 41
scatologie 220
sceau 44 **277** 375
scélérat 180 230
scellement 180
scellés 180
scénario 180
scène 180 359
scénique 180
scepticisme 180
sceptique 180 375
sceptre ᵐ 180
schéma 105
schématisation 105
schème ᵐ 105
scherzo 151
schilling 105
schismatique 105
schisme 105
schiste 105
schisteux **272**
schizoïde 237
schizophrène 151
schizophrénie 151
schlague ᶠ 105
schlitte ᶠ 105
schnaps 105
schooner 105
schuss ᵐ 105
sciage 180
sciatique 180
scie 180 359
sciemment 3
science 180
scientifique 180
scierie 220
scieur 180 375
scintillement 180
scion 180 359
scission 215
scissiparité 180
sciure 180
sclérose 187
scolaire 222
scolarisation 214
scolarité 22

scolastique ᶠ 148
scoliose ᶠ 187
scolopendre ᶠ 225
scoop [skup] ᵐ 107
scooter [skutœʀ ; skutɛʀ] 170
scorbut ᵐ 115
score 221
scorie ᶠ 35
scorpion 97
scotch 104
scout 115 230
scoutisme 177
scrabble 225
scraper 170
scribe ᵐ 110
scribouillard 98
script ᶠ 115
script ᵐ 115
scriptural **289**
scrofule ᶠ 159
scrofuleux 54
scrotum 163
scrupule 159
scrupuleux 54 **272**
scrutateur 170
scrutin 62
sculpteur 170
sculpture 223
scythe 34 180 375
se 53 305 359
séance 72
séant 73 230 359
seau 44 **277** 375
sébacé 177
sébile ᶠ 159
séborrhée ᶠ 235
sébum 163
sec 147 **258**
sécable 225
sécant 73 230
sécateur 170
sécession 215
sécessionniste 178
séchage 143
sèche 10 375
sèche-cheveux ᵐ 285
sèche-linge ᵐ 285

sèchement 10
sécher **330**
sécheresse 14
séchoir 170
second 233
secondaire 222
seconde 80
secourir **338**
secourisme 163
secours 229
secousse 178
secret 13 **263**
secrétaire 222
secrétairerie 11
secrétariat 1 9 230
secrètement 10
sécréter **330**
sécréteur 22
sécrétion 22
sectaire 222
sectateur 170
secte 30
secteur 170
section 214
sectionnement 73
sectoriel 97 260
séculaire 222
séculier 24
secundo 42
sécurité 22
sédatif 22 **265**
sédentaire 222
sédentarité 22
sédiment 73
sédimentaire 222
sédimentation 214
séditieux 210 **272**
sédition 214
séducteur **264**
séduction 214
sefar(ad)di (pl : *sefar(ad)dim*) ... 118
segment 131
segmentation 214
ségrégation 131
ségrégationniste 214
ségréger 328 330
ségréguer 330

seiche ᶠ 12 375
séide ᵐ 22
seigle ᵐ 12
seigneur 12 375
seigneurie 53
sein 65 359
seine ᶠ 12 359
seing 65 359
séisme 22
seize 186
séjour 142
sel 359
sélect 115 230
sélectif 125 265
sélection 214
sélectionneur 214
sélénium 163
self ᶠ 125
self ᵐ 125
self-control ᵐ ˢᵍ 285
self-made-man ᵐ 285
selle 14 359
sellerie ᶠ 14 359
sellette 14
sellier 14 359
selon 80
sém(é)iotique 97
semailles 98
semaine 11
semainier 11
sémantique ᶠ 148
sémaphore ᵐ 126
semblable 72
semblant 73 230
semelle 14
semence 179
semer 329
semestre 225
semestriel 260
semeur 170
semi-automatique(s) 285
semi-conducteur(s) ᵐ ......
.... 285
semi-remorque(s) ᵐ ᵒᵘ ᶠ ....
.... 285
semi-auxiliaire(s) 285
semi-public(s) ᵐ 285

semi-publique(s) ᶠ 285
semi-voyelle(s) ᶠ 87 285
sémillant 98 230
séminaire ᵐ 221
séminal 22 289
séminariste 22
semis ᵐ 35
sémite 22
sémitique 148
semoir 170
semonce ᶠ 179
semoncer 327
semoule 159
sempiternel 72 260
sénat 1 9
sénatorial 97 289
séné 22
sénéchal 22 289
sénescence 180
sénevé ᵐ 22
sénile 22
senior 140
senne ᶠ 166 359
sens 177 359
sensation 214
sensationnel 166 260
sensé 177 359
sensément 73
sensibilité 22
sensiblement 73
sensiblerie 220
sensitif 177 265
sensori-moteur(s) ᵐ 285
sensori-motrice(s) ᶠ 285
sensoriel 177 260
sensorimoteur 177 264
sensualité 177
sensuel 177 260
sente 72
sentence 72
sentencieux 209 272
senteur 170
sentier 24
sentiment 73
sentinelle 14
sentir 337
sépale ᵐ 159

séparation 214
séparatisme 22
séparément 73
sépia ᶠ 97
sept 15 291
septante 72
septembre 72
septennal 166 289
septennat 166 230
septentrion 97
septentrional 97 289
septicémie 220
septique 148 375
septuagénaire 222
septuor 15
sépulcral 147 289
sépulcre ᵐ 225
sépulture 223
séquelle 148
séquence ᶠ 148
séquencer 327
séquestration 148
séquentiel 199 260
séquestre ᵐ 225
sequin 148
séquoia ᵐ 97
sérac 147
sérail 98 279
séraphin 126
serbo-croate(s) 285
serein 65 375
sereinement 12
sérénade 10
sérénité 22
séreux 54
serf 125 359
serge ᶠ 143
sergent 73 230
sergent(s)-chef(s) ᵐ 285
sergent(s)-major(s) ᵐ 285
sériciculture 177
série 220
sériel 97 260
sérieux 54 272
sérigraphie 126
serin 62 375
seringue 132

serment 73 375
sermon 80
sermonneur 166
séro-agglutination f 285
sérologie 220
sérothérapie 117
serpe 170
serpent 73 230
serpentaire m 221
serpentin 62
serpette 14
serpillière 11
serpolet 13 230
serrage 14
serre 14 359
serre-file(s) m 285
serre-joint(s) m 285
serre-livre(s) m 285
serre-tête m 285
serrement 14 375
serrure 14
serrurerie 14
sérum m 163
servage 143
servante 72
serveur 256
serviabilité 97
service 179
serviette 14
serviette(s)-éponge(s) f .....
.... 285
servilité 22
serviteur 170
servitude 118
servocommande 164
servofrein 65
servomécanisme 147
ses pl 25 359
sésame m 187
session 215 359
sesterce m 179
set m 115
séton 80
setter 14
seuil 98
seul 53
seulement 53

sève 10
sévère 10
sévérité 22
sévices m 275
sevrer 329
sèvres m 275
sex-appeal m sg 285
sex-shop(s) m 285
sexagénaire 182
sexe 182
sexologie 182
sextant 15 230
sexto 15
sextuor 15
sexualité 15
sexuel 15 260
sexy inv 15
seyant 97 230
sforzando 186
sfumato m 42
shah 359
shaker 105
shampooing 105
shérif 359
sherpa m 105
sherry 359
shetland m 105
shilling 105
shimmy m 105
shintô 105
shintoïsme 237
shoot [ʃut] 115
shop(p)ing 105
short 230
show m 49 359
show-business m 285
shunt m 105
si 30 359
sial 289
siamois 86
sibylle f 34
sibyllin 34
sic 147
sicaire m 221
siccatif 181
side-car(s) m 285
sidéral 289

sidérer 330
sidérurgie 220
siècle 225
siège 10
siéger 328 330
sien 63
sierra f 14
sieste 15
sieur 375
sifflement 125
sifflet 125 230
sifflotement 125
sigillographie 126
sigle m 131
sigma m 131
signal 139 278
signalement 139
signalétique 148
signalisation 214
signataire 222
signature 139
signe 139
signet 30 230
significatif 139 265
signification 139
silence 179
silencieux 209 272
silentbloc m 147
silex 15 275
silhouette 235
silicate m 147
silice f 179 359
siliceux 54
silicium 163
silicone f 147
silicose f 187
sillage 98
sillon 98
silo m 42
simagrées f 275
simiesque 148
similaire 222
simili 30
similigravure 223
similitude 118
simonie 220
simoun m 163

simple 62
simplement 62
simplet 62 **263**
simplexe ᵐ 182
simplicité 62
simplification 214
simulacre ᵐ 225
simulation 214
simultané 22
simultanéité 22
simultanément 73
sinanthrope 117
sinapisme 177
sincère 10
sincèrement 177
sincérité 22
sine qua non 285
sinécure ᶠ 221
singe 143
singer **328**
singerie 220
single ᵐ 62
singleton 62
singularité 22
singulier 22 **262**
sinisant 187 230
sinistré 22
sinistre ᵐ 225
sinistrement 73
sinistrose 187
sinologie 220
sinon 80
sinueux 54 **272**
sinuosité 22
sinus ᵐ 177
sinusite 187
sinusoïde ᶠ 237
sioniste 115
sioux ⁱⁿᵛ 233
siphon 126
siphonné 126
sire 221 359
sirène 10
siroc(c)o 149
sirop 47
sirupeux 54 **272**
sis 35 359

sisal ᵐ 187
sismique 148
sismographe ᵐ 126
sistre ᵐ 225 359
site 115 375
sitôt 45 230 375
sittelle ᶠ 14
situation 214
six 182 **291** 359
sixième 188
skaï ᵐ 237
skateboard 49
sketch (pl : sketches) 104
ski 150
skieur 97 **256**
skif(f) 125
skipper 60
slalom 163
slalomeur 170
slang 72
slave 1
sleeping [slipin] 36
slicer **327**
slip 30
slogan 72
sloop [slup] 51
slovaque 148
slovène 10
slow 233
smala(h) ᶠ 233
smart 115 230
smash ᵐ 105
smicard 233
smocks ᵐ 150
smog 131
smoking 150
snack 150
snob 41
sobrement 73
sobriété 22
sobriquet 13 230
soc 147 375
sociabilité 177
social 177 **289**
social(aux)-démocrate(s) ..
.... 285
socialement 177

socialisme 177
sociétaire 222
société 22
socio-professionnel(le)(s) ...
.... 285
sociodrame 177
sociogramme 177
sociologie 220
socle 225
socque ᵐ 152 375
socquette 148
socratique 148
soda 1
sodium 163
sodomie 220
sœur 54
sofa 1
software ᵐ 221
soi 85 375
soi-disant (ˢᵒⁱ = ˢᵉ) 285
soie 220 375
soierie 220
soif 125
soiffard 125
soigneux 54 **272**
soin 85
soir 170
soirée 27
soit 86 375
soixantaine 182
soixante 182
soja ᵐ 142
sol 375
sol-air 285
sol-sol 285
solaire 222
solarium 163
soldat 1 9
soldatesque 148
solde ᶠ 118
solde ᵐ 118
soldes 275
sole ᶠ 41 375
solécisme 177
soleil 98
solennel 166 **260**
solennellement 166

solennité 166
solénoïde ᵐ 237
solfatare ᶠ 221
solfège ᵐ 10
solidaire 222
solidarité 22
solide 118
solidité 22
soliloque ᵐ 148
solipsisme 177
soliste 177
solitaire 222
solitude 115
solive 42
soliveau 44 **277**
sollicitation 214
solliciteur 170
sollicitude 160
solo 42
solstice ᵐ 179
solubilité 22
soluble 225
soluté 22
solution 214
solvabilité 22
solvant 73 230
somatique 148
sombre 81
sombrero 81
sommaire 164
sommairement 164
sommation 164 375
somme ᶠ 164
somme ᵐ 164
sommeil 98
sommelier 24
sommet 13 230
sommier 11
sommité 22
somnambule 72
somnifère ᵐ 10
somnolence 72
somnolent 73 230
somptuaire 222
somptueux 54 **272**
somptuosité 22
son 80 **320**

sonagramme 164
sonagraphe 126
sonar ᵐ 170
sonate ᶠ 115
sonatine 165
sondage 143
sonde 80
sondeur 170
songe-creux ᵐ **285**
songer **328**
songerie 220
songeur 170
sonnaille 98
sonnerie 220
sonnet 13 230
sonnette 14
sonneur 170
sonomètre 10
sonore 221
sonorisation 170
sonorité 22
sonothèque 117
sophisme ᵐ 126
sophistiqué 126
sophrologie 126
soporifique 148
soprano 42
sorbet 13 230
sorbetière 10
sorbier 24
sorbonnard 233
sorcellerie 14
sorcier 24 **256**
sordide 118
sorgho ᵐ 131
sornette 14
sort 230 375
sorte 115
sortie 220
sortilège 10
sortir **337**
sosie ᵐ 221
sot 46 **269** 375
sottement 116
sottise 116
sotto voce **285**
sou 177 **281** 375

soubassement 177
soubattre **352**
soubresaut 230
soubrette 14
souche 104
soucheter 332
souchever 329
souci 177
soucieux 54 **272**
soucoupe 147
soudain 64
soudainement 10
soudaineté 10
soudard 233
soude 118
soudoyer 87 **334**
soudure 223
soue ᶠ 220 375
soufflage 125
souffle 125
soufflerie 125
soufflet 13 230
souffleter **332**
souffleur 264
souffrance 125
souffre-douleur ᵐ **285**
souffreteux 54 **272**
soufisme 177
soufrage 143
soufre ᵐ 221
soufrière 10
souhait 230 235
souille 98
souillon 98
souillure 98
souk ᵐ 150
soûl 233
soulagement 73
soulager **328**
soûlerie 220
soulèvement 10
soulever **329**
soulier 24
soumettre **352**
soumission 215
soumissionnaire 178
soupape 107

splendeur 170
splendide 72
splendidement 73
spoliation 214
spondée m 27
spongieux 54 272
sponsor 177
spontané 22
spontanéité 22
spontanément 73
sporadique 148
spore f 221 375
sport 230 375
sportif 125 265
spot 115 230
spoutnik 150
sprat m 115
spray 16
springbok m 150
sprint 115 230
sprinter 60
spumeux 54
squale m 148
square 148
squash 105
squatter 148
squaw 148
squelette 148
stabilisateur 264
stabilité 22
stabulation 214
staccato 149
stade 177
staff 125
stage 143
stagflation 214
stagiaire 222
stagnation 214
stakhanovisme 150
stalactite f 147
stalag 131
stalagmite f 131
stalinien 63 267
stalle f 160
stance f 179
stand m 72
standard 233

standardisation 214
standing 131
staphylococcie 149
staphylocoque 126
star f 10
starlette 14
starter 235
starting-block(s) m 285
station 214
station(s)-service 285
stationnaire 222
stationnement 166
statique 148
statisticien 204 267
statistique 148
stator 170
statoréacteur 170
statu quo 375
statu (quo) 148
statuaire 222
statue 220 375
statuette 14
stature 223
statut 230 375
statutaire 222
steak 150
steamer 36
stéarine f 22
steeple 36
steeple-chase(s) m 285
stèle f 285
stellaire 14
stencil m 177
sténodactylo 34
sténographie 126
sténose f 187
sténotypiste 34
stentor 170
stéphanois 86 270
steppe f 14
stère m 10
stéréophonie 126
stéréoscope 147
stéréotype m 34
stérer 330
stérile 159
stérilement 73

stérilet 13 230
stérilisation 214
stérilité 22
sterling 131
sterne f 165
sternum m 51
stéthoscope m 117
steward 89
stick 150
stigmate m 131
stimulation 214
stimulus m 177
stipulation 214
stochastique 104
stock 150
stock-car(s) m 285
stoïcien 237 267
stoïque 237
stomacal 147 289
stomatite f 115
stop 107
stoppage 108
stoppeur 170
store m 170
stout m 115
strabisme 177
stradivarius 177
strangulation 214
strapontin 62
strasbourgeois 270
strass m 178
stratagème m 10
strate f 115
stratège m 10
stratégie 220
stratification 214
strato-cumulus m 285
stratosphère 126
stratus m 177
streptococcie 182
streptocoque m 148
streptomycine f 34
stress m 14
strict 115 230
stricto 285
stridence 179
strident 73 230

strie ... 220
strip-tease ᵐ ˢᵍ ... 285
strip-teaseuse(s) ᶠ ... 285
stroboscope ᵐ ... 147
strombolien ... 63 267
strontium ᵐ ... 181
strophe ᶠ ... 126
structural ... 289
structuration ... 214
structure ... 170
strychnine ᶠ ... 151
stuc ... 147
studieux ... 54 272
studio ... 42
stupéfaction ... 214
stupéfait ... 230
stupéfiant ... 73 230
stupeur ... 170
stupide ... 118
stupidité ... 22
stupre ᵐ ... 225
style ... 34
stylet ... 34 230
styliste ... 34
stylisticien ... 204 267
stylo ... 34
stylo(s)-feutre ᵐ ... 285
stylographe ... 126
su ... 177
suaire ᵐ ... 221
suave ... 1
suavité ... 22
subalterne ... 165
subconscient ... 180 230
subdéléguer ... 330
subit ... 35 230 375
subitement ... 73
subito ... 42
subjectif ... 15 265
subjectivité ... 15
subjonctif ... 142
sublimation ... 214
sublime ... 163
sublunaire ... 222
submerger ... 328
submersion ... 215
subordination ... 214

suborneur ... 170
subreptice ... 179
subrogatoire ... 222
subroger ... 328
subséquemment ... 3
subséquent ... 148 230
subside ᵐ ... 109
subsidiaire ... 109
subsistance ... 179
subsonique ... 109
substance ... 179
substantiel ... 199 260
substantiellement ... 73
substantif ... 72 265
substantivation ... 214
substitut ... 230
substitution ... 214
substrat ᵐ ... 230
subterfuge ᵐ ... 143
subtil ... 159
subtilement ... 224
subtilité ... 22
suburbain ... 64
subvention ... 214
subversif ... 177 265
suc ... 147
succédané ... 149
succéder ... 330
succès ... 149
successeur ... 149
successif ... 149 265
succession ... 215
successivement ... 182
successoral ... 182 289
succinct ... 66 230 375
succinctement ... 182
succion ... 182
succulent ... 149 230
succursale ... 149
sucer ... 327
sucette ... 177
suçon ... 179
sucre ... 147
sucrerie ... 220
sucrier ... 24 262
sud ... 118
sud-américain(e)(s) ... 285

sud-africain(e)(s) ... 285
sud-est ... 230 285
sud-ouest ... 230 285
sudation ... 214
sudiste ... 115
sudorifique ... 148
sudoripare ... 221
suédois ... 86 270
suée ... 27
sueur ... 170
suffisamment ... 3
suffisance ... 187
suffisant ... 73 230
suffixe ... 182
suffocant ... 73 230
suffocation ... 214
suffrage ... 143
suffragette ... 14
suggérer ... 330
suggestif ... 133 265
suggestion ... 133
suggestivité ... 133
suicidaire ... 222
suicide ... 177
suie ᶠ ... 220
suif ᵐ ... 125
suiffeux ... 54
suint ... 230
suisse ... 178
suite ... 115
sujet ... 13 230
sujétion ... 214
sulfamide ᵐ ... 118
sulfatage ... 143
sulfate ᵐ ... 115
sulfite ᵐ ... 115
sulfure ᵐ ... 170
sulfureux ... 54 272
sulfurique ... 148
sulky ᵐ ... 34
sultan ... 72
sultanat ... 1 9
sultane ... 165
sumérien ... 63 267
summum ... 51
sunlight ᵐ ... 230
sunnite ... 166

super 375
superbe 170
supercherie 220
superfétatoire 222
superficie 179
superficiel 200 260
superficiellement 14
superflu 177
supérieur 170
supérieurement 224
supériorité 22
superlatif 125
superman 163
supermarché 22
supernova f 42
superposition 214
supersonique 148
superstitieux 210 272
superstition 214
superstrat 230
superstructure 170
supervision 187
suppléance 179
suppléant 73 230
supplément 73
supplémentaire 222
supplétif 108 265
supplication 214
supplice m 179
supplique f 148
support 230
supposition 214
suppositoire 222
suppôt 45 230
suppression 215
suppuration 214
supputation 214
supra 1
supranational 181 289
supraterrestre 14
suprématie 181
suprême 10
suprêmement 10
sur 375
sûr 375
sur-le-champ 285
sur-moi 285

surabondamment 3
surabondance 72
suraigu .... II 266
suralimentation 214
suranné 165
surate f 115
surcharger 328
surchauffe f 125
surchoix 86
surcompensation 214
surcroît 86
surdité 22
surdoué 22
sureau 44 277 375
surélever 329
sûrement 73
surenchère 72
suréquipement 148
suret 13 230
sûreté 115
surexcitation 181
surexposition 181
surf 60
surface 179
surfacer 327
surfaire 347
surfait .... II 230 375
surfin 62
surgeler 331
surgeon 144
surglacer 327
surhomme 235
surhumain 235
surin 62
surintendance 72
surjection 214
surjeter 332
surlendemain 64
surmenage 143
surmener (se) 329
surmoi 85
surmulot 46 230
surmultiplication 214
surnager 328
surnaturel 260
surnom 81
surnombre 81

surnuméraire 222
suroît 86
surpayer 333
surpeuplement 53
surplis 35
surplomb 81
surplus 229
surpopulation 214
surprise 187
surproduction 214
surprotéger 328 330
surréalisme 171
surréel 260
surrégénérateur 170
surrénal 289
sursaut 43 230
sursemer 329
surseoir 343
sursis 35
sursitaire 222
surtaxe 182
surtout 230
surveillance 98
survêtement 10
survie 35
survivance 72
survol 159
sus 177
sus-dominante(s) f 285
sus-tonique(s) f 285
susceptibilité 180
susceptible 180
susdit 35 230
susmentionné 177
susnommé 164
suspect 230
suspens 177
suspense m 72
suspensif 72 265
suspension 215
suspicieux 209 272
suspicion 216
sustentation 214
susurrement 177
suture 223
suzerain 186
suzeraineté II

svastika m 150
svelte 115
sveltesse 14
swahili 235
sweater [switœr ; swetœr] 36
sweatshirt m 285
sweepstake 36
swing 131
sybarite f 34
sycomore m 34
syllabaire m 34
syllabe 34
syllabique 148
syllabus 160
syllogisme 143
sylphe m 126
sylphide f 34
sylvain 64
sylvestre 34
sylvicole 34
sylviculture 34
symbiose 66
symbole 66
symbolique 66
symétrie 34
symétrique 148
sympathie 66
sympathique 117
symphonie 66
symphonique 148
symphyse f 66
symposium m 163
symptomatique 66
symptôme 66
synagogue f 132
synapse f 34
synchrone 66
synchronique 151
synchronisme 151
synclinal 66 289
syncopal 66 289
syncope 66
syncrétisme 66
syndic 66
syndical 66 289
syndicat 1 9
syndrome m 66

synecdoque f 148
synesthésie 117
synodal 34 289
synode 34
synonyme 34
synonymie 34
synopsis m ou f 34
synoptique 148
synovie f 34
syntacticien 204 267
syntactique 66
syntagmatique 66
syntagme m 131
syntaxe 66
syntaxique 148
synthèse 117
synthétique 148
synthétiseur 66
syphilis 126
syphilitique 34
syriaque 148
syrinx m ou f 62
systématicien 204 267
systématique 148
systématisation 214
système 34
systémique 148
systole f 34
systolique 148

t

t 230
t(h)éorbe m 117
T.V.A. (taxe à la valeur ajoutée)
.... 285
ta 1 376
tabac 233
tabagie 220
tabatière 221
tabellion 14
tabernacle m 225
tablature 223
table 225
tableau 44 277
tablée 27

tabletier 24
tablette 14
tabletterie 14
tablier 24
tabou 110 281
tabouret 13 230
tabulaire 222
tabulateur 264
tabulatrice 179
tac 147
tache 376
tâche 2 5
tâche 376
tâcheron 80 268
tacheter 332
tacheture 221
tachisme 151
tachycardie f 151
tacite 179
taciturne 179
tacle m 225
tacot 46 230
tact 115 230
tacticien 204 267
tactile 159
tactique 148
tænia m 15
taffetas 229
tafia m 1
tagliatelles f pl 275
tahitien 205 267
taïaut ! 237
taie 11 220 376
taïga 237
taille 98
taille(s)-douce(s) f 285
taille-crayon(s) m 285
tailleur 98
taillis 98
tain 64
taiseux 54
talc 147
talent 73 230
talentueux 54 272
talion 97
talisman 72
talkie(s)-walkie(s) m 285

talmud	131
talmudique	148
taloche	225
talon	80
talonnade	166
talonnette	14
talonneur	170
talus	229
tam(s)-tam(s) ^m	285
tamanoir	170
tamarin	62
tamaris	177
tambouille	98
tambour	72
tambour(s)-major(s) ^m	285
tambourin	62
tamis	35
tampon	72
tamponnement	73
tamponnoir	72
tan	72 376
tan(n)in	62
tancer	327
tanche	72
tandem ^m	72
tandis	35
tandis que	285
tangage	143
tangence	72
tangentiel	199 260
tangibilité	22
tango	42
tangon	80
tanière	97
tank	150
tanker	170
tannage	166
tannerie	166
tanneur	166
tant	73 230 376
tant mieux	285
tante	72 376
tantième	10
tantinet	13 230
tantôt	230
tao	42
taoïsme	237

taon	1 376
tapage	143
tapager	328
tapageur	170
tape	107
tape-à-l'œil	285
tapecul	233
tapinois	86
tapioca	147
tapir	170
tapis	35 376
tapis-brosse(s) ^m	285
tapisserie	178
taque ^f	148
taquet	13 230
taquin	62
taquinerie	220
taratata !	1
taraud	43 376
tard	376
tardif	125 265
taré	22
tare ^f	221 376
tarentelle	14
tarentule ^f	72
targette	14
targui	132
targum	51
tarière	221
tarif	125
tarifaire	222
tarification	214
tarissement	178
tarot	46 230 376
tarse ^m	177
tartan	72
tartare	221
tarte	115
tartelette	14
tartine	165
tartre ^m	225
tartreux	54 272
tartuf(f)e	125
tas	1 229 376
tasse	178
tasseau	44 277
tassement	178

taste-vin ^m	285
tatar	170
tatillon	98
tâtonnement	166
tâtons	275
tatouage	143
taudis	35
taule	43 376
taupe	43 376
taupinière	97
taureau	44 277
taurillon	98
tauromachie	220
tautologie	220
taux	43 275 376
tavelure	221
taverne	165
tavernier	24
taxation	181
taxe	182
taxi	182
taxidermie	220
taxinomie	220
taxiphone	126
taxonomie	182
tayaut !	97
taylorisme	16
tchador	104
tchèque	104
te	53
te(c)k	150
té ^m	22 376
team	36
technicien	151 267
technicité	151
technicolor	151
technocratie	181
technologie	151
teckel	150
tectonique	148
tee-shirt(s) ^{(ou T-shirt(s))} ^m	285
téflon ^m	80
tégument	131
teigne ^f	12
teigneux	139 272
teindre	345

teint 65 230 376
teinture 65
teinturier 24 256
tel 376
télé 22
télé-communication ....
.... 214 285
télé-enseignement 285
télécommande 164
téléférique 148
télégramme 164
télégraphe 126
téléguidage 132
téléinformatique f 285
télématique 148
télémètre 225
télémétrer 330
téléobjectif 15
télépathie 117
téléphérique 126
téléphone 126
téléphonique 148
télescope 107
télescopique 148
téléscripteur 170
télésiège 143
téléspectateur 256
téléviseur 170
télévisuel 187 260
télex 182 275
tell 14 376
tellement 14
tellurique 148
téméraire 222
témérité 22
témoignage 139
témoin 93
tempe 72
tempera f 72
tempérament 73
tempérance 72
température 72
tempérer 330
tempête 72
tempétueux 54 272
temple 72
tempo 72

temporaire 72
temporal 72 289
temporalité 72
temporel 72 260
temporisation 214
temps 72 376
tenable 225
tenace 179
ténacité 22
tenaille f 98
tenancier 24 256
tendance 72
tendanciel 200 260
tendancieux 209 272
tender 60
tendeur 58
tendinite 72
tendon 72
tendre 225
tendresse 14
tendron 80
ténèbres f 275
ténébreux 54 272
teneur 58
ténia m 140
tennis 166
tennisman 166
tenon 80
ténor 170
tension 215
tensoriel 97 260
tentaculaire 11
tentacule m 72
tentateur 72 264
tentation 214
tentative 72
tente 72 376
tenture 72
ténu 22
tenue 233
ter 376
tératogène 10
tercet 13 230
térébenthine f 117
tergal 131 289
tergiversation 214
terme 163 376

terminaison 187
terminal 289
terminologie 220
terminus 177
termite m 115 376
termitière 10
ternaire 11
terne 165
ternissure 178
terrain 14
terrasse 14
terrassement 14
terre 14 376
terre(-)à(-)terre 285
terre-neuvas m 285
terre-plein(s) m 285
terreau 44 277
terrestre 14
terreur 14
terreux 54 272
terri(l) 14
terrible 14
terrien 63 267
terrine 14
territoire 222
territorial 14 289
territorialité 14
terroir 170
terrorisme 14
tertiaire 195
tertio 181
tertre 225
tes pl 25
tessiture f 178
tesson 178
test 115 230
testament 73
testamentaire 222
testateur 58
testicule m 147
testimonial 15 289
testostérone f 285
têt 10 230 376
tétanos 177
têtard 233
tête 10
tête-à-queue m 285

tête-à-tête ^m	**285**	
tête-bêche	**285**	
tétée	27	
téter	**330**	
tétine	165	
téton	80	
tétraèdre ^m	225	
tétras	22	
tette ^f	14	
têtu	10	
teuton	53	
teutonique	53	
texte	115	
textile	115	
textuel	**260**	
texture	115	
thaï	237	
thalamus	117	
thalassothérapie	117	
thaler ^m	117	
thalidomide ^f	117	
thalle ^m	117 376	
thanatologie	117	
thaumaturge	43	
thé	22 376	
théâtral	117 289	
théâtre	117	
thébaïde	237	
théier	24	
théière	117	
théiste	117	
thématique	148	
thème	117	
théocratie	181	
théodicée ^f	117	
théodolite ^m	117	
théogonie	117	
théologal	117 289	
théologien	63 267	
théorème	117	
théorétique	148	
théoricien	63 267	
théorie	117	
théorique	148	
théosophe	126	
thérapeute	53	
thérapeutique	53	

thérapie	117	
thermal	117 289	
thermes ^m	117 376	
thermie	117	
thermique	148	
thermodynamique	117	
thermomètre	117	
thermonucléaire	117	
thermos ^{m ou f}	117	
thermostat	1 9	
thésaurisation ^f	43	
thesaurus	43	
thèse	117	
thêta	117	
thibaude ^f	43	
thon	117 376	
thonier	117	
thora ^(ou torah) ^f	117	
thorax	182 275	
thrène ^m	117	
thriller	60	
thrombose ^f	117	
thuriféraire	117	
thuya ^m	97	
thym	66 376	
thymus ^m	117	
thyroïde	237	
tiare ^f	170	
tibia ^m	97	
tic	147 376	
ticket	150 230	
tiède	10	
tiédeur	170	
tien	63	
tiercé	179	
tierce ^f	179	
tiercer	**327**	
tiers ^(f : tierce)	**273**	
tiers-temps ^{m sg}	**285**	
tige	143	
tignasse	139	
tigre	225	
tigresse	14	
tilbury	34	
tilde ^m	115	
tilleul	98	
tilt ^m	115	

timbale	62	
timbre	62	
timbre(s)-amende(s) ^m	**285**	
timbre(s)-poste ^m	**285**	
timide	115	
timidité	22	
timon	80	
timonerie	220	
timoré	22	
tinette	14	
tintamarre	62	
tintement	73	
tintouin	62	
tique ^f	148 376	
tir	376	
tirade	115	
tirage	143	
tiraillement	98	
tirailleur	98	
tire ^f	221 376	
tire-au-flanc ^m	**285**	
tire-bouchon(s) ^m	**285**	
tire-d'aile ^(à)	**285**	
tire-fesse(s) ^m	**285**	
tire-fond ^m	**285**	
tire-lait ^m	**285**	
tire-veille ^m	**285**	
tirelire ^f	221	
tiret	10 230	
tirette	14	
tireur	58 256	
tiroir	170	
tiroir(s)-caisse(s) ^m	**285**	
tisane	187	
tison	187	
tisonnier	24	
tissage	178	
tisserand	74	
tissu	178	
titan	72	
titane ^m	163	
titanesque	148	
titre	225	
titulaire	222	
toast ^m	49	
toboggan	72	
toc	147 376	

tocard 233
toccata f 182
tocsin 62
toge f 143
tohu-bohu m sg 285
toi 85 376
toile 85
toilettage 14
toilette 14
toise f 187
toison 187
toit 86 376
toiture 223
tôle f 45 376
tolérance 72
tolérer 330
tôlerie 220
tôlier 24
tollé 22
toluène m 10
tom(m)ette 14
tomahawk 235
tomate 115
tombal 81 289
tombe 81
tombeau 44 277
tombée 81
tombereau 44 277
tombola f 81
tome m 41 376
tomme f 164 376
tommy m (pl : tommies) 34
tomographie 126
ton 80 376
tonal 159
tonalité 22
tondeur 264
tonicité 22
tonique 148
tonne 166
tonneau 44 277
tonnelet 13 230
tonnelle 14
tonnellerie 14
tonnerre 14
tonsure 177
tonte 80

tonus 177
top 107 376
topaze f 186
tope ! 107 376
topinambour m 72
topique 148
topo m 42
topographie 126
topologie 220
toponyme 34
toponymie 34
toquade 148
toquante 148
toquard 148
toque 148 376
torah f 233
torche 221
torchère 10
torchis 35
torchon 80
tord-boyaux m 87 285
tore m 376
toréador 170
torero 42
torgnole 139
toril m 159
tornade 41
toron 80
torpédo 41
torpeur 170
torpille 98
torpilleur 98
torréfaction 214
torrent 73 230
torrentiel 199 260
torride 376
tors 376
torsade 177
torse m 41
torsion 215
tort 230 376
torticolis 35
tortillard 98
tortionnaire 181
tortue 41
tortueux 54 272
torture 223

torve 41
tory (pl : tories) 34
tôt 45 230 376
total 278 289
totalement 73
totalisateur 58
totalitaire 11
totalité 22
totem 163
totémique 148
toton 80
touareg 131
toubib 110
toucan 72
touche 225
touche-à-tout 230 285
toue f 220
touffe 125
touffu 125
toujours 229
toundra f 1
toupet 13 230
toupie 35
touque f 148
tour f 376
tour m 376
tourangeau 44 277
tourbe f 110
tourbeux 54 272
tourbier 24
tourbillon 98
tourbillonnement 98
tourelle 14
touret 13 230
tourie f 220
tourillon 98
tourisme 187
touristique 148
tourmaline f 163
tourment 73
tourmente 72
tourmentin 62
tourne-disque(s) m 285
tournebroche m 225
tournedos m 229
tournée 27
tournemain 64

transocéanique 148
transparaître **348**
transparence 72
transparent 73 230
transpercer **327**
transpiration 214
transplant 73 230
transplantation 214
transport 230
transporteur 170
transposition 214
transsaharien 235 **267**
transsibérien 63 **267**
transsubstantiation 181
transvasement 187
transversal 177 **289**
transversalement 73
trapèze ᵐ 186
trapéziste 186
trapézoïdal **289**
trappe 108
trappeur 170
trappiste 108
trapu 107
traque ᶠ 148 376
traquenard 148
traqueur 148
trattoria ᶠ 97
traumatisme ᵐ 43
traumatologie 43
travail 98 **279**
travailleur 98 **264**
travailliste 98
travée ᶠ 27
travel(l)ing ᵐ 224
travers ᵐ 229
traverse 177
traversée 27
traversier 24
traversin 62
travestissement 73
traviole 42
trayeur 97
trébuchet 13 230
tréfilage 143
tréfilerie 220
trèfle ᵐ 10

tréfonds ᵐ 229
treillage 98
treillager **328**
treille 98
treillis 98
treize 186
treizième 12
treizièmement 186
trekking 150
tréma ᵐ 22
tremble ᵐ 72
tremblement 73
tremblote 72
tremblotement 73
trémie ᶠ 35
trémolo 22
trémoussement 178
trempage 72
trempe ᶠ 72 376
trempette 14
tremplin 72
trench-coat(s) ᵐ **285**
trentaine 11
trente 72
trente(-)et(-)un (sur son) .. **285**
trente-et-quarante ᵐ **285**
trépan 72 376
trépanation 214
trépas 18
trépidation 214
trépied 25
trépignement 139
très 10 376
trésor 170
trésorerie 35
trésorier 24 256
tressage 14
tressaillement 98
tresse 14
tréteau 44 277
treuil ᵐ 98
trêve 10
tri 30
triade 97
triage 97
trial ᵐ 97
triangle 97

triangulaire 222
triangulation 214
triathlon 117
triatomique 148
tribal 376
tribalisme 163
tribord 233
tribu ᶠ 110 376
tribulation 214
tribun 67
tribunal 278 289
tribune 165
tribut ᵐ 376
tributaire 222
tricentenaire 179
tricéphale 126
triceps ᵐ 177
triche ᶠ 225
tricherie 35
tricheur 170
trichromie 151
trick ᵐ 150 376
tricolore 221
tricorne 165
tricot 46 230
tricoteur 256
tricycle ᵐ 34
trident ᵐ 73
tridimensionnel 215 260
trièdre ᶠ 225
triennal 166 289
trière 10
trieur 170
triforium 163
trigonométrie 35
trilatéral 289
trilingue 132
trille ᵐ 98
trillion 98
trilogie 35
trimaran 72
trimardeur 170
trimbal(l)age 62
trimestriel 260
trimmer 60
trimoteur 170
tringle 62

trinitaire 222
trinité 22
trinitrotoluène 10
trinôme 45
trinquet 148 230
trio 42
triomphal 81 **289**
triomphalement 126
triomphateur 81 **264**
triomphe ᵐ 81
trip ᵐ 107
tripaille 98
tripartite 115
tripartition 214
tripatouillage 98
tripatouilleur 98
tripe 107
triperie 220
tripette 14
triphasé 126
tripier 24
triplace 179
triple 225
triplement 73
triplés **275**
triplette 14
triplex 15
tripode 41
triporteur 170
tripot 46 230
tripotage 143
triptyque ᵐ 34
trique ᶠ 148 376
trirème ᶠ 10
trisaïeul (pl en -ieuls ou -ieux) ....
.... 237 **285**
trisannuel 166 **260**
triste 115
tristesse 14
triton 80
trituration 214
triumvirat 230
trivalent 73 230
trivial **289**
trivialement 73
trivialité 22
troc 147 376

trocart 230
troène ᵐ 10
troglodyte ᵐ 34
troglodytique 34
trogne ᶠ 139
trognon 139
troïka ᶠ 237
trois 86 **291**
trois-mâts ᵐ **285**
trois-quarts ᵐ **285**
troisième 10
troisièmement 73
troll ᵐ 376
trolley 16
trolleybus 16
trombe ᶠ 81
trombine 81 376
tromblon 81
trombone ᵐ 81
trompe 81
trompe-l'œil ᵐ **285**
trompe-la-mort 230 **285**
tromperie 35
trompeter 332
trompette ᶠ 14
trompette ᵐ 14
trompettiste 81
trompeur **264**
trompeusement 53
tronc 82
tronçon 179
tronçonnage 179
tronçonneuse 53
trône 45
trop 47 376
trop-perçu(s) ᵐ **285**
trop-plein(s) ᵐ **285**
trope ᵐ 41
trophée ᵐ 126
tropical 147 **289**
tropique ᵐ 148
tropisme ᵐ 163
troquet 13 230
trot 46 230 376
trotskiste 150
trotte 116
trotteur 170

trottinette 14
trottoir 170
trou 115 **281**
troubadour 170
trouble 225
trouble-fête **285**
trouée 27
troufion 80
trouille 98
troupe 107
troupeau 44 **277**
troupier 24
troussage 178
trousse 178
trousseau 44 **277**
trouvaille 98
trouvère ᵐ 221
troyen 97
truand 74
truanderie 35
trublion 80
truc 147 376
trucage 147
truck 150 376
truculence 72
truculent 73 230
truelle 14
truffe 125
truffier 24 **262**
truie 220
truisme ᵐ 163
truite 115
trumeau 44 **277**
truquage 148
truqueur 148 **264**
trusquin 148
trust [trœst] 60
trusteur 60
tsar 170
tsarine 165
tsigane 165
tu 115
tub 60
tuba ᵐ 1
tube 110
tubercule ᵐ 147
tuberculeux 54 **272**

tuberculine f 147
tuberculose 187
tubulaire 222
tubuleux 54
tubulure 223
tudesque 15
tue-mouche(s) m 285
tue-tête (à) 285
tuerie 220
tueur 264
tuf 125
tuile 159
tuilerie 35
tulipe 107
tulle m 160
tuméfaction 214
tumescence 180
tumescent 180 230
tumeur 170
tumoral 289
tumulaire 222
tumulte 115
tumultueux 54 272
tumulus 177
tuner m 15
tungstène m 67
tunique 148
tunisien 63 267
tunnel 159
turban 72
turbin 62
turbine 165
turbo 42 376
turbocompresseur 14
turbopropulseur 170
turboréacteur 170
turbot 46 230 376
turbotière 221
turbulence 72
turbulent 73 230
turc 147
turf 60
turfiste 60
turgescent 180 230
turlututu ! 115
turne f 165
turpitude 30

turquerie 148
turquoise 148
tussor(e) m 178
tutélaire 222
tutelle 14
tuteur 264
tutoiement 224
tutoyer 87 334
tutti quanti 285
tutti inv 116
tutu 115
tuyau 97 276
tuyautage 97
tuyauterie 97
tuyère 97
tweed m 36
tweeter 36
twist 36 230
tympan 66
tympanon 66
type 34
typhoïde 237
typhon 126
typhus 126
typique 34
typiquement 34
typographe 34
typologie 34
tyran 34 376
tyranneau 44 277
tyrannicide 30
tyrannie 30
tyrannique 148
tyrolien 72 267
tzar 72
tzigane 72

u

ubac m 147
ubiquité 148
ubuesque 148
ukase m 150
ulcération f 214
ulcère m 10
ulcérer 330

ulcéreux 54 272
ultérieur 170
ultimatum 163
ultime 163
ultra 1
ultra-chic(s) 285
ultra-court(s) 285
ultramoderne 42
ultrason 177
ultraviolet 13 263
ululement 73
un 67
unanime 163
unanimement 73
unanimité 22
underground
[œndœrgraud ; œdergr(a)und] 60
une 165 364
uni 30
unicellulaire 14
unicité 22
unidirectionnel 214 260
unification 214
uniformément 73
uniformité 22
unilatéralement 73
unilingue 132
uniment 73
union 140
unionisme 140
unipare 221
unique 148
uniquement 148
unisson 178
unitaire 222
unité 22
univers 229
universalité 22
universaux 231
universel 260
universitaire 222
université 22
univocité 179
univoque 148
uppercut m 115
upsilon m 80
uranifère 10

uranium 163
urbain 64
urbanisme 163
urbanité 22
urbi et orbi 285
urée f 27
uretère m 221
urètre m 225
urgence 72
urger 328
urinaire 222
urinoir 170
urique 148
urne f 165
urologie 220
urticaire f 11
uruguayen 97
us m 177
usage 187
usinage 187
usité 22
ustensile 177
usuel 187 260
usufruit 230
usuraire 222
usurpateur 264
usurpation 214
ut 115 230 364
utéro-vaginal (pl en -aux) 285
utérus m 177
utilement 73
utilisateur 264
utilité 22
utopie 220
uvulaire 222
uvule f 159

V

v(')lan ! 72
va-et-vient m inv 285
va-nu-pieds 285
va-t-en-guerre m 285
va-tout m 285
va-vite (à la) 285
vacance 72

vacancier 24 262
vacant 73 230
vacarme 147
vacataire 222
vacation 214
vaccin 182
vaccination 181
vache 221
vacher 24
vacherin 62
vachette 14
vacillement 98
vacuité 22
vadrouille 98
vagabond 82
vagabondage 143
vagin 62
vaginal 289
vague 132
vague à l'âme m 285
vaguelette 132
vaguemestre 132
vahiné f 235
vaillamment 3
vaillance 98
vaillant 98 230
vaille que vaille 285
vain 64 377
vaincre 344
vainement 11
vainqueur 148
vair 11 377
vairon 11
vaisseau 44 277
vaisselier 24
vaisselle 14
val (pl vals et vaux) 278
valablement 73
valence f 72
valériane f 97
valet 13 230 377
valeter 332
valétudinaire 222
valeur 170
valeureux 54 272
valide 159
valise 187

vallée 27 377
vallon 80
vallonné 166
vallonnement 166
valorisation 214
valse 177
valve 159
vamp f 72
vampire m 72
van 72 377
vanadium 53
vandale 72
vanille 98
vanilline 98
vanité 115
vaniteux 54 272
vannage 143
vanne 166
vanneau 44 277
vannerie 35
vantail m 72 377
vantard 233
vapeur 170
vaporeux 54 272
vaporisation 214
var 170
varan 72 377
varappe f 108
varech 151
vareuse 53
variance 72
variante 72
variation 214
varice 179
varicelle 14
variété 22
variole 41
variqueux 148 272
varlope f 41
vasculaire 147
vase 187
vasectomie 35
vaseline 187
vaseux 54 272
vasistas m 54
vasoconstricteur(s) m 285
vasodilatateur(s) m 285

vasodilatation(s) f 285
vasque f 148
vassal 178 278
vassalité 22
vaste 177
vatication 214
vau-l'eau (a) 43 285 377
vaudeville m 98
vaudevillesque 98
vaudou 43 281
vaurien 63
vautour 43
veau 44 277 377
vecteur 15
vectoriel 15 260
vedettariat 14 230
vedette 14
védique 148
végétal 278
végétarien 63 267
végétatif 125 265
végéter 330
véhémence 235
veille 98
veillée 98
veilleur 98 256
veilleuse 98
veinard 12
veine 12 377
veineux 12 272
veinule 12
vêlage 10
vélaire 222
veld(t) m 115
vélin 62
velléitaire 22
velléité 22
vélo 42
véloce 41
vélocité 22
vélodrome 42
velours 229
velouté 22
velu 53
velum 163
venaison 11
vénal 289

vénalité 22
vendanger 328
vendangeur 256
vendetta f 14
vendeur 170
venelle f 14
vénéneux 54 272
vénérer 330
vénérien 63 267
veneur 170
vénézuélien 186 267
vengeance 144
venger 328
vengeur 170
véniel 140 260
venimeux 54 272
venin 62
vénitien 205 267
vent 73 230 377
vente 72
venteux 54 272
ventilateur 170
ventilation 214
ventouse 187
ventral 72 289
ventre 221
ventricule m 147
ventriloque 148
ventripotent 73 230
venue 220 377
vêpres f 275
ver 377
véracité 22
véranda 72
verbal 289
verbeux 54 272
verbiage 143
verbiager 328
verdâtre 225
verdeur 170
verdict 115 230
verdoyer 87 334
verdure 223
véreux 54 272
vergé 22 377
verge f 143
verger 24 377

vergeture f 143
verglacé 131
verglacer 327
verglas 1 8
vergogne f 41
véridique 148
vérificateur 170
vérification 214
vérin 62
vérisme 53
véritable 225
vérité 22
verlan 72
vermeil 98 261
vermicelle m 14
vermifuge 143
vermillon 98
vermine 163
vermisseau 44 277
vermoulu 170
vermout(h) 117
vernaculaire 222
verni 30 377
vernis 35 377
vernissage 178
vérole 41
verrat 14 230
verre 14 377
verrière 14
verroterie 14
verrou 14 281
verrouillage 98
verrue 220
vers 377
versant 73 230
versatile 177
versatilité 22
versement 73
verset 13 230
versificateur 170
version 215
verso 42
vert 230 294 377
vert-de-gris m 285
vertébré 22
vertèbre f 225
vertical 147 289

verticalement 73
verticalité 22
vertigineux 54 272
vertu 115
vertueux 54 272
verve f 221
verveine 12
vésicule f 187
vespa 177
vespéral 177 289
vesse(s)-de-loup f 285
vesse f 14
vessie 14
vestale f 177
vestiaire m 221
vestibule m 177
vestige m 143
vestimentaire 222
vêtement 73
vétéran 72
vétérinaire 222
vétille f 98
vêtir 337
veto 42
vétuste 177
vétusté 22
veuf 53 265
veule 58
veulerie 58
veuvage 53
vexation 15
vexatoire 15
viabilité 22
viable 225
viaduc 147
viager 24
viande 72
viatique m 148
vibraphone 126
vibration 214
vibrato 42
vibrion 97
vibrisse f 178
vicaire m 221
vicariat 97 230
vice 179 377
vice versa 285

vice-amiral(aux) m 285
vice-présidence(s) f 285
vice-président(s) m 285
vicieux 54 272
vicinal 179 289
vicissitude 178
vicomte 81
victime 163
victoire 222
victorieux 54 272
victuailles f 98
vidange 72
vidanger 328
vide 118
vide-ordures m 285
vide-poches m 285
vidéo 42
vidéocassette 14
videur 264
vie 35
vieil 98 261
vieillard 98
vieillesse 98
vieillissement 98
vieillot 98 269
vielle 14
vierge 143
vieux 54 273
vif 125 265
vif-argent m sg 285
vigie 35
vigilance 72
vigile 143
vigne 139
vigneron 139
vignette 139
vignoble 139
vigogne f 131
vigoureux 54 272
vigueur 132
viking 150
vil 377
vilain 64
vilebrequin 148
vilenie 35
villa 160
villageois 86 270

ville 377
ville(s)-dortoir(s) f 285
villégiature 143
vin 62 377
vinaigrette 14
vindicatif 62 265
vindicte f 62
vineux 54 272
vingt 62 230 377
vingtaine 221
vinicole 147
vinylique 34
viol m 41 377
violacé 42
violacer 327
violation 214
viole f 41 377
violemment 3
violence 72
violent 73 230
violet 13 263
violeter 332
violette 14
violon 80
violoncelle 14
vipère 10
virage 143
virago f 131
viral 289
virée 27
virginal 289
virginité 22
virgule 131
viril 159
virilement 73
virilité 22
virole f 41
virologie 35
virtualité 22
virtuel 260
virtuellement 14
virtuosité 22
virulence 72
virus 177
vis 177 377
vis-à-vis 285
visa 187

visage ... 143
viscéral ... 180 **289**
viscère m ... 180
viscosité ... 22
visée ... 27 377
viseur ... 170
visibilité ... 22
visière ... 10
vision ... 80
visionnaire ... 222
visite ... 187
visiteur ... **264**
vison ... 187
visqueux ... 148 **272**
visserie ... 178
visuel ... 187 **260**
vitalité ... 22
vitamine f ... 30
vite ... 30
vitesse ... 14
viticole ... 98
vitrail ... 98 **279**
vitreux ... 54
vitrification ... 214
vitrine ... 30
vitriol ... 97
vitupération ... 214
vitupérer ... 330
vivace ... 179
vivacité ... 22
vivarium ... 51
vivement ... 73
viveur ... 170
vivipare ... 221
vivisection ... 214
vivoir ... 170
vivres m ... **275**
vivrier ... 24
vizir ... 186
vocable ... 225
vocabulaire ... 222
vocal ... 147 **289**
vocalique ... 148
vocalisateur ... 170
vocatif ... 147
vocation ... 214
vocifération ... 214

vociférer ... **330**
vocodeur ... 170
vodka f ... 150
vœu ... 59
vogue ... 132
voici ... 179
voie ... 86 377
voilà ... 2
voile ... 85
voilette ... 14
voilier ... 24
voilure ... 223
voire ... 222
voirie ... 35
voisinage ... 187
voiture ... 223
voiture(s)-restaurant(s) f **285**
voiture(s)-bar(s) f ... **285**
voix ... 86 275 377
vol ... 41 377
volage ... 143
volaille ... 98
volant ... 73 230
volatil ... 42 377
volatile m ... 377
volcan ... 72
volcanique ... 148
volcanologue ... 132
volée f ... 27
volet m ... 11
voleter ... 332
voleur ... 170
volière ... 221
voliger ... 328
volition ... 214
volley ... 16
volley-ball ... **285**
volleyer ... 335
volleyeur ... 97 **264**
volontaire ... 222
volontariat ... 1 9 230
volonté ... 22
volontiers ... 229
volt m ... 115 377
voltaïque ... 237
voltamètre ... 225

voltampère ... 72
volte f ... 41 377
volte-face f ... **285**
voltige f ... 143
voltiger ... **328**
volubile ... 30
volubilité ... 22
volume ... 42
volupté ... 22
voluptueux ... 54 **272**
volute f ... 42
vomitif ... 42 **265**
voracement ... 73
voracité ... 22
vos pl ... 42 377
vosgien ... **267**
vote ... 41
votif ... 42 **265**
votre ... 41 377
vôtre ... 45 377
vous ... 229
vousoyer ... 87 **334**
voussoyer ... 87 **334**
voussure ... 178
voûte ... 115
voûté ... 22
vouvoiement ... 224
vouvoyer ... 87 **334**
vox populi f ... **285**
voyage ... 97
voyager ... 87 **328**
voyageur ... 97 **264**
voyance ... 97
voyelle ... 97
voyeur ... 97 **264**
voyou ... 97 **281**
vrac ... 147
vrai ... 11
vraiment ... 11
vraisemblance ... 72
vrille ... 98
vrombissant ... 81 230
vu que ... **285**
vue ... 377
vulcanisation ... 214
vulgaire ... 131
vulgarisation ... 214

vulgarité 22
vulnérabilité 22
vulnérable 225
vulnéraire 222
vulve ᶠ 159
vumètre 225

W

wagnérien 63 **267**
wagon(s)-citerne(s) ᵐ ..**285**
wagon(s)-restaurant(s) ᵐ ...
...............................**285**
wagon(s)-bar(s) ᵐ **285**
wagon(s)-lit(s) ᵐ **285**
wagonnet 13 230
walkman ᵐ 89
wallon 80
wapiti ᵐ 30
wassingue ᶠ 132
water-closet(s) ⁽ᵂ·ᶜ·⁾ ᵐ ...**285**
water-polo ᵐ **285**
watergang 74
wateringue ᶠ 132
waters 89
watt ᵐ 89
wattman ⁽ᵖˡ: ʷᵃᵗᵗᵐᵉⁿ⁾ 89
welter 15
western ᵐ 15
westphalien 126 267
whisky ⁽ᵖˡ: ʷʰⁱˢᵏⁱᵉˢ⁾ 89
whist 30 230
white spirit(s) ᵐ **285**
wigwam ᵐ 163
windsurf 60
wisigoth 117
wolfram ᵐ 1

X

xénon 188
xénophobie 126
xérès 188
xérographie 126
xérophtalmie 126

xi 182
xylographe ᵐ 126
xylophage ᵐ 126
xylophone ᵐ 126

y

y 34 364
ya(c)k 97
yacht 97 230
yang ᵐ 97
yankee 97
yaourt 97 230
yard ᵐ 97
yearling 36
yéménite 97
yen 97 364
yéti ᵐ 97
yeux ᵖˡ 54
yiddis(c)h 105
yin ᵐ 97
yod 97
yog(h)ourt 97 230
yoga 97
yogi 97
yole ᶠ 97
yougoslave 97
youyou 97 281
ypérite ᶠ 34

Z

zazou 186 281
zèbre 10
zébrer **330**
zébrure 22
zébu 186
zélateur 170
zélé 22
zèle 10
zélote 186
zen 186
zénith 117
zéphyr 34

zeppelin 186
zéro 186
zeste ᵐ 115
zêta 10
zézaiement 224
zézayer **333**
zibeline 186
zigzag 186
zinc 62
zincifère 179
zingage 143
zingueur 132
zinnia ᵐ 166
zinzin 62
zizanie 35
zloty ᵐ 34
zodiacal 147 **289**
zodiaque ᵐ 148
zombi(e) ᵐ 81
zona ᵐ 186
zonage 186
zonard 233
zone 186
zonure 223
zoo 42
zoolâtre 42
zoologie 42
zoom ⁽ᶻᵘᵐ⁾ ᵐ 186
zoomorphe 42
zoophilie 42
zoophobie 42
zouave ᵐ 186
zut ! 186
zygomatique 34
zygote ᵐ 34

Cet ouvrage est composé en Gill Sans et en *Perpetua*.
Le Gill Sans est un caractère « bâton » ; son dessin associe la simplicité
des formes géométriques à une vivacité du trait
qui rend sa lecture fluide et agréable.
Il est utilisé pour le texte courant, pour énoncer « la règle »
et pour la commenter.

ABCDEFGHIJKLMNOPQRSTUVWXYZ
abcdefghijklmnopqrstuvwxyz

ABCDEFGHIJKLMNOPQRSTUVWXYZ
abcdefghijklmnopqrstuvwxyz

Le *Perpetua* est un caractère « à empattement » ; son italique, raffiné,
rappelle l'écriture et la littérature.
Il est utilisé pour les exemples et dans les listes.

ABCDEFGHIJKLMNOPQRSTUVWXYZ
abcdefghijklmnopqrstuvwxyz

ABCDEFGHIJKLMNOPQRSTUVWXYZ
abcdefghijklmnopqrstuvwxyz

Ces deux caractères, bien que très différents, furent créés
par le même dessinateur, Éric Gill, dans les années 20.
Ils se complètent ainsi grâce à certaines caractéristiques
communes dues à la main de leur créateur.

Conception graphique et réalisation :
c-album — Laurent Ungerer, Jean-Baptiste Taisne, Muriel Bertrand, Bruno Charzat

Flashage :
Touraine Compo

Achevé d'imprimer par
Grafica Editoriale Printing, Bologna - Italie
Dépôt légal n° 18709 - Avril 2002